사랑의 變奏曲

송원희宋媛熙

서울 출생.
동국대 영어영문학과에서 공부했고, 1955년『문학예술』에「화사」,「식민지」가 추천되어 문단에 등단했다.
문학상. 일붕문학상, 동포문학상, 한국문학상, 이주홍문학상 본상, 許筠문학상, 東國文學人상 玉環문화훈장을 수훈했다.

주요작품으로는
제1창작집『花蛇』, 제2창작집『비틀거리는 中間』, 제3창작집『잃어버린 날개』, 제4창작집『회색빛 기행』, 제5창작집『노인과 탈옥수』.
중편집으로『고려청자』,『千山의 天使峯』,『阿斯達과 어버지를 찾아서』,『大鵬이라는 새』등.
장편집으로『고독의 문』,『大地의 꿈』,『여신들의 피리소리』,『목마른 땅』,『그날 춤을 추리라(상하)』,『길』,『두 사나이』등.
동화집『아코디언 아저씨』와 수필집과 꽁트집『나에겐 꿈이 있다』여행기 등이 있다.

봄을 처음 느꼈던 어느 날

초판1쇄 인쇄 | 2007년 9월 19일
초판1쇄 발행 | 2007년 9월 29일

지은이 송원희
펴낸이 홍기원
펴낸곳 민속원

총 괄 홍종화
관 리 최학석
편 집 오경희 · 조정화 · 오성현 · 신나래 · 방기은
영 업 박정대
표 지 전영랑

주 소 서울시 마포구 대흥동 337-25
전 화 02) 804-3320, 805-3320, 806-3320
팩 스 02) 802-3346
등 록 제18-1호
이메일 minsok1@chollian.net
홈페이지 www.minsokwon.com

값 17,000원
ISBN 978-89-5638-457-3 03810

| 송원희 隨想集 |

봄을 처음 느꼈던 어느 날

사랑의 變奏曲

민속원

돌아보며

돌아보면 지난 발자취는 모두 아름답다. 반듯하게 걸어 온 발자취도 아름답지만 방황하며 빼뚤빼뚤 흐트러진 발자국도 그런대로 웃으면서 바라보는 즐거움이 있다.

바쁘게 앞만 보고 살지 말자. 싫었던 일도, 미움도, 즐거웠던 일도, 슬픔도. 어제의 추억 없이 오늘도 미래도 없다. 오늘은 어제와는 다른 날이지 않은가. 발을 멈추고 뒤를 돌아보자. 행복을 느끼는 것은 그 모든 것을 품어주는 성숙한 마음가짐이 아닌가.

그런 의미에서 여기 과거의 글들을 모았다. 이제는 고인이 되신 선배문인들의 모습이며 작가의 사생활 이야기 등이다. 27년 전에 쓴 글들이다.

27년 전 부산의 문학의 거목이신 향파 이주홍 선생님이 각각 다른 지역의 작가들 시인들 아홉 명을 모아 『갈숲』 동인지를 창간하셨다. 서울작가로선 박순녀 작가와 나, 둘이었다. 우리들은 이주홍 선생님의 어여쁨을 받은 작가들 이었던 것 같다.

이주홍 선생님은 시대를 초월한 멋스러운 분이었다. 아마 지금 이 자리에 계셔도 세련되신 분이라는 말을 들을 분이시다. 멋이란 정해진 상수자리를 고집하는 것이 아니라 언제나 기발한 아이디어를 창출해내는 창조적 에너지 아닐까.

한해에 네 번 간행하는 계간지였지만 갈숲 동인지는 50페이지를 넘지 않게 스마트했고 타블로이드 판에 종이는 아트지였다.

표제는 『갈숲』이라 선생님의 멋있는 자필이었고 나올 때마다 둘레에 다른 칼라를 입혔으니 호화판이었다. 지금은 이런 것들이 흔하겠지만 당시에는 새로운 스타일의 동인지였다. 이 비용은 선생님이 재력이 있으신 것도 아니었으니, 선생님의 사랑하는 제자들이 계속 감당해준 것을 생각할 때면 부산 분들의 인심을 과히 짐작할 수 있다. 주변에서 모두가 선망했었다. 원로작가 박종화 선생님이 『갈숲』을 손에 들으시고 "갈숲이라…… 향파의 맵시가 들어나는군"하셨다.

이주홍 선생님은 당시 출판에 대해 20년 30년을 앞을 바라보신 것이 아닌가 싶다. 여하튼 당시로서는 멋과 품위를 갖춘 동인지였다.

『갈숲』 동인지는 이주홍 선생님이 작고하신 후에도 동인들에 의해 얼마간 계속되었지만 이주홍 선생님만큼의 열정들이 없어 36회인가에서 종식되고 말았다.

책장 한구석으로 밀려난 『갈숲』을 챙겨보니 27년 전의 잊었던 일들이 아득히 저장된 대뇌피질 속에서 실크 실타래 모양 풀어져 나왔다. 모아보니 수필, 짧은 꽁트, 여행기 등으로 두툼하게 꾸며도 두 권도 넘칠 것 같아 일차로 한 권으로 추려보았다. 계륵같이 별것도 아닌 글들이지만 한 글자 한 글자가 내 삶의 흔적이라 먼지 속에 묻어 두기도 안쓰러워 엮어보았다. 이런 글을 민속원 홍기원 사장님께서 출판해주셔서 너무 감사하게 생각한다.

차례

Chapter 4

Chapter 5

Chapter 1

비둘기 이야기

비둘기의 자유自由

아이들이 다 자란 탓인지, 그래서 어떤 적적함을 느꼈는지, 남편은 어느 날 비둘기 한 쌍과 그들이 거처할 예쁜 집과 모이 등을 한 아름 사왔다. 조류상에서는 약 두 달 동안 날아가지 못하게 해 주고 모이를 주어 길들이면 내 집 식구가 될 거라고 했다한다.

비둘기는 우리 인간에게 있어 평화의 상징, 자유의 상징으로 불려져서 그런지 여느 새보다 친근감이 들어, 나도 그들을 반갑게 맞아들였다. 수놈은 작은 팥알만한 주황색 눈에, 윤기가 자르르 흐르는 회색 목덜미엔 녹색이 약간 섞여, 움직일 때마다 반짝였다. 게다가 양 날개 끝이 흑색으로 장식되어 날개를 폈을 땐 마치 귀부인의 부채처럼 화려하다. 암놈은 엷은 갈색으로 수놈만은 못한 것 같으나, 그런대로 아름답다.

길들이기 위해서는 우선 날아가지 못하게 해야 하는데, 날개를 양쪽으로 묶던지, 날개 끝을 잘라주는 방법이 있고, 또 한 가지는 비둘기 날개의 제일 긴 깃털을 아주 뽑는 법이라고 한다. 그러나 그것은 아무리 생각해도 좀 잔인할 것 같아, 차라리 등 뒤로 양 날개를 묶어주었다. 우리 부부는 모이 그릇과 물그릇을 비둘기 집 앞에 놓아주고는 그 것을 쪼아 먹는 것을 보며 흐뭇해했다.

그날 밤, 잠자리에 든 남편은 몇 번 몸을 뒤척이더니 별안간 자리에서 일어났다.

"안 되겠어 비둘기 말이야. 묶은 것을 풀어주고 날개를 좀 자르는 편이 더 낫겠어. 저놈이 묶여있으니 얼마나 거북하겠어. 도저히 잠이 올 것 같질 않아"

그는 마당으로 나가 결박한 비둘기를 풀어주며 이렇게 말했다.

"미안하다. 널 이렇게 묶어놓고 잠을 자려니 가슴이 아프구나."

우리는 피가 나지 않을까 염려하면서 될 수 있는 대로 얇게 끝을 잘랐다. 다음날 보니, 비둘기는 겨우 뜰에 있는 두자 가량의 돌 위로 날아오를 수 있을 정도였다. 그리고 잔디 위를 아장아장 걸어 다니고 있었다.

나는 원고를 쓰다가도 혹시나 날아갈까 걱정이 되어, 하루 몇 번씩 창밖의 비둘기를 보고야 안심이 되었다. 그런가 하면 남편은 전화를 걸어, 비둘기가 어떻게 지내느냐, 모이는 주었느냐고 묻곤 했다.

비둘기 모이는 아침에 남편이 자리에서 일어나자마자 주고, 오후 두 시쯤 내가 주고, 비둘기가 자러 들어가기 전인 여섯시쯤 해서 세 번째 모이를 준다. 마치 닭을 모으듯이 "구구"하며 그릇에 모이를 담아 내놓는다. 처음에는 내가 없어야만 다가와 먹더니, 한 열흘쯤 지나서는 소리를 듣고 고개를 갸우뚱거리며 다가와 쪼아 먹는다. 한번은 현관 앞까지 와서 놀고 있다. 아차! 나는 모이 줄 시간이 넘은 것을 알고 비로소 밖으로 뛰어 나갔다.

모이 그릇을 들고 광으로 들어가면 벌써들 광문 앞까지 따라온다. 비둘기들이 모이를 다 먹고 물러나면 다음엔 참새들이 와서 먹고, 그 남은 것을 다음에는 어디서 냄새를 맡았는지 쥐생원이 와서 먹는다.

참새까지는 허용할 수 있으나, 쥐생원까지 먹여 살찌울 수는 없어, 나는 비둘기가 다 먹는 것을 기다려 얼른 모이 그릇에 뚜껑을 해두기로 했다. 그러지 않아도 우리 마당에는 아침마다 까치가 날아와 그 예쁜 자태로 잔디밭을 두어 바퀴 거닐다 가기 때문에 쥐약조차 선불리 놓을 수 없는 것이다.

어느덧 이렇게 두 달이 지났다. 나는 글을 쓰다가도 하루에 몇 번씩 창밖을 내다보는 버릇이 생겼다. 마치 예전에 내 어린 아들이 먼데 가지 않고 잘 놀고 있나 걱정되는 꼭 같은 심정이다. 이들이 잔디 위에 앉아 서로의 털을 쪼아주고, 또 부리를 맞대고 입맞춤하는 모습은 너무나 귀엽다. 이제 가을쯤엔 알을 낳겠지. 그러면 식구가 늘겠지 하는 기대까지 들어, 가슴이 뿌듯하기도 했다.

그러던 중 비둘기는 가끔 날개를 활짝 벌리고는 당장 날아갈 듯한 날갯짓을 하루에도 몇 번씩 하는 것이 아닌가. 처음에는 날고 싶어 하는 몸부림 같아 측은했다. 그러더니 비둘기는 약간 높은 장독 위까지 날아오를 수 있었다. 자른 날개가 좀 자라니, 자꾸만 날려고 하는 것 같았다. 그것은 무척 힘들어보였다. 1미터 정도의 장독 위를 오르려면 몇 번이고 푸드덕 거려야 겨우 올랐고, 다시 날개를 활짝 피고 내려오는 것이 아닌가. 이 끈질긴 비둘기의 노력이 무척 감동적이었다. 이제는 비둘기는 장독에서 광 지붕 위까지 날 수 있었다. 그러는 동안 두 달이 좀 넘었다.

광 지붕 위까지 오르내리는 비둘기가 이제는 우리 식구가 다 된 줄 알았는데, 어느 날 수놈 한 마리가 기어이 아주 먼 곳으로 날아가 버렸다.

“두 달 가지고는 적응이 안 되는 모양이야.”

한동안 우리 식구는 모두 침울했다. 우리는 남은 암놈의 깃을 조금 더 자를 수밖에 없었다. 나는 그날부터 날아간 비둘기가 혹시나 다시 돌아오기를 기다려 모이 그릇에 뚜껑을 하지 않았다. 참새 떼가 와서 한참을 먹고 가면, 쥐생원이 마음 놓고 들락거린다. 남편과 아이들은 저녁에 돌아오면 의례히 비둘기가 돌아오지 않았나 물었다. 그런데 무엇보다도 혼자 남은 암놈의 날개가 축 처진 외로운 모습을 보기가 안됐다. 우리는 다시 수놈을 구해왔다. 이놈은 전신이 새까만 좀 사나운 놈이어서 날개를 잘라 주었는데도 하루 몇 번씩 퍼덕이며 나는 연습을 했다. 아무래도 제일 긴 것을 뽑아줘야 하나보다는 생각을 하면서도 피가 나거나 아플 것 같아, 대신 끈을 길게 하여 다리를 묶어놓았다. 처음에는 여전히 못 견디어 발버둥을 치더니 얼마 후엔 체념한 듯 잠잠했다. 우리는 모두 인제 되었나 싶어 안심을 했다. 그러던 어느 날 그는 얼마동안 날갯짓을 한 후 부리로 끈을 쪼아 끊고 날아가 버렸다.

남편은 또 비둘기를 사왔다. 그리고는

"당분간은 날갯짓만 하면 조금씩 잘라야겠어"

했다. 그때 옆에 있던 우리집 작은놈이,

"그래도 소용없을 거예요. 비둘기의 생리는 나는 것 아니에요. 그리고 자유의 상징이잖아요. 어떻게 해서든지 날고 말거에요. 계속 깃을 자르더라도. 다른 방법을 취하는 것이 좋을 것 같아요."

그놈의 말에 우리 부부는 얼굴을 마주 보았다.

"무슨 방법? 어디 네 의견 좀 들어보자."

"스스로 오게 하는 거예요. 모이를 항상 준비해 놓고."

"그것도 일리는 있지만, 모이만 먹고 가버리면 어쩌니?"

"우리 집 뜰에 와서 모이를 먹는 것도 좋잖아요."

"그래, 네 말이 맞다 더 이상은 날개를 자르지 말자꾸나. 새들이 저절로 날아올 수 있는 환경을 만들도록 하지"

그래 우리는 더 이상 비둘기 날개를 자르지 않기로 했다. 움직이는 것, 생명이 있는 것은 결코 어느 한 개인이 소유할 수 없는 것이다. 꼭 소유하고 싶다면, 집안에 가둔다든지 새장에 가두고 나만 보면 될 것이다. 그러나 그것은 그의 삶을 빼앗는 것이 된다. 자연은 결코 나 혼자서만 즐길 수 있는 것이 아니다. 지구상의 모든 생물들에겐 그들이 살아나갈 권리가 있는 것이다.

그날 이후 우리부부는 비둘기에게 자유를 주기로 했다. 더는 날개를 자르지 않고, 날아가더라도 언제든지 다시 돌아올 수 있도록, 또 기타의 다른 새들도 날아오도록 비둘기 집과 모이는 늘 뜰에 준비해 놓기로 했다. 뭇 참새가 날아와 먹고 가도 좋고, 쥐생원이 판을 치고 먹어치워도 눈감기로 했다. 아침마다 문안 인사를 오는 까치 때문에 쥐약도 놓을 수 없는 우리는 새들이 뜰에 와서 노는 것을 보기 위해선 할 수 없이 얄미운 쥐생원까지 먹이게 된 것이다.

"할 수 없지. 더 좋은 것을 위해선 그에 따르는 희생도 감수해야지"

퍽 오래 전에 읽은 토마스 하이디의 「테스」 중 한 장면이 생각난다. 농장에 실습 나온 엔젤은 우유 짜는 여러 아가씨들 중에서 테스를 연모하게 된다. 하루는 엔젤이 이들과 함께 작은 냇물을 건너게 되었는데, 엔젤은 테스를 업어 건네주기 위해서 다른 여자들까지 업어 물을 건네주는 고초를 겪게 된다. 나는 이 이야길 식구들에게 했다.

"맞아, 좋은 것을 위해선 싫은 것도 참아야지. 뭐든지 다 좋기만 할 수는 없으니까"

두 마리나 비둘기를 놓친 얼마 후, 큰딸 아이가 새벽 산책을 나갔다가 길가에서 노는 서너 마리의 비둘기를 보았는데 그 중 두 마리가 분명 우리집 비둘기였다고 한다. 목덜미에 초록색이 반짝이는 것과, 검은 깃털에 아직도 발목엔 때탄 실 끝이 매달려 있더라는 것이다.

"아주 심심해들 보이던데요"

"그래 다행이구나. 이제 곧 우리 비둘기들이 날아가 다 데리고 오겠지."

선악의 공존이라고나 할까. 지금 창 밖을 내다보니 비둘기가 먹고 간 뒤에 쥐생원 한 마리가 그 작은 눈을 잔망하게 두리번거리며 비둘기 모이그릇으로 다가온다. 나는 속으로 중얼거렸다.

"요놈, 너야말로 비둘기 덕을 보는 놈이로구나."

1978.12

돌풍 속의 비둘기

11월이 다 갔는데도 겨울 날씨답지 않게 기온은 온화하기만 하다. 평년 같으면 김장도 이미 끝날 무렵이나, 날씨 탓으로 시장에는 아직도 많은 배추가 주부들을 기다리고 있었다. 나도 하늘의 눈치를 보며 하루하루 김장을 뒤로 미루었다.

아침에 학교 가려고 집을 나서던 작은 놈이 돌아와 우산을 달라고 했다. 빗방울이 떨어진다는 것이다.

"겨울에 무슨 비가 오겠니, 빗방울이나 뿌리고 추위 재촉하겠지."

"좀 후덥지근한 게 비가 많이 올 것 같은데요."

아이가 우산을 가지고 나간 뒤, 남편과 나는 다시 하늘을 쳐다보았다. 하늘은 앞집 지붕 위에 까지 무겁게 내려 앉아 있었다.

"비가 정말 올 모양이죠."

"글쎄, 우린 김장 어떻게 됐오?"

"날씨가 이렇게 포근하니, 빨리하면 시어질 것 같아 더 좀 두고 보려구요."

"그러다가 별안간 기온이 내려가면 고생할텐데……."

"김치 독도 땅에 묻어 놓았고, 배추만 들여오면 되는 걸요."

어제까지 김치독이랑 양념거리는 다 준비가 끝났던 것이다. 남편도 출근한 뒤, 일주일에 두 번 오는 날을 맞추어 외출을 하는 처지이다.

"어디 나가시려구요."

"응, 두어 시간 나갔다 올 테니 집 좀 잘 봐주어요."

"김장은 언제 하시려구요?"

"글쎄 날이 이렇게 따뜻해서야……."

내가 문 밖을 나설 때는 간간이 뿌리던 비가 멎고 있었다. 나는 들었던 우산을 다시 놓고 나갔다. 그런데 두어 시간 후 집에 돌아올 때는 제법 비가 부슬부슬 내려 비를 좀 맞았다.

집안에 들어서자, 비를 맞은 탓인지 몸이 으슬으슬하여 따뜻한 아랫목에 누워 있다가 깜빡 잠이 들고 말았다.

돌연 유리창이 덜컹거리고 무엇인가 요란스레 떨어지는 소리가 나서 눈을 떴다. 창 밖은 거의 어둠이 내려 있었다. 밤이 된 줄 알았다. 그러나 시계는 3시를 가리키고 있었다.

"아줌마, 이게 무슨 소리야?"

"아이쿠, 야단났어요. 태풍이 부나 봐요. 우박까지 쏟아져요."

방안이 책도 볼 수 없을 정도로 어두워졌다. 나는 스탠드를 켰다. 얼마 후 나는 문득 비둘기 생각이 나서 밖으로 나갔다. 모이 줄 시간이 한 시간이나 지나있었다. 우박은 멈췄으나 바람은 여전히 세었다. 마당의 모이 그릇이 흙탕물로 흥건히 더럽혀져 있었다. 우선 모이 그릇부터 씻었다. 깨끗이 닦은 후 모이를 담아 비둘기를 "구구 구우"하며 불렀다. 그런데 어쩐 일인지 한 마리도 나타나지 않았다. 보통 때 같으면 내가 마당만 나가도 발밑까지 날아와 노는 비둘기들이었다. 나는 우선 비둘기 집속을 들여다보았다. 그 속에도 안보였다. 다음은 나무

뒤, 뒷마당 등을 골고루 찾았다. 그래도 없었다. 혹시나 해서 광문도 열어보았다.

"아줌마, 비둘기 못 봤우? 비둘기가 안보이네."

"글쎄요, 아주머니 들어오실 때에도 마당에서 놀던데요."

"그럼 우박 때문에 어떻게 된 것 아냐?"

마침내 강아지 집 속까지 찾아보았다.

"개가 무서워 설마 그 속까지 들어 갔을려구요, 아마 날아갔나 봐요."

"아줌마 혹시 대문 열어놓지 않았어요?"

"그런 일 없어요, 누구 나간 사람이나 있나요?"

"그럼 우박에 놀라 날아갔나?"

"그런지도 모르죠."

어두워지자 아이들이 하나씩 둘씩 들어왔다. 나는 이들에게 비둘기의 실종을 알렸다. 아이들은 손전등을 들고 나가 마당을 한바퀴 돌고 들어왔다.

"없는데요. 정말 날아갔나?"

"아빠한테 뭐라고 하니? 걱정이다."

"내일이라도 빨리 비둘기를 사다놓아야지요."

"또 비둘기를 길러? 날아갔을 때마다 집안이 이렇게 우울한데."

마지막으로 남편이 귀가했다. 저녁식사가 끝날 때까지 입을 닫고 있다가, 결국은 비둘기의 실종을 알렸다. 남편은 믿어지지 않는다는 듯이 역시 전지를 들고 마당으로 나갔다. 한밤중에 마당에서 남편이 "구… 구우…"하고 비둘기를 부르는 소리가 처량하게 들려왔다. 얼마 후 실망과 우울과 회의까지 겹쳐 침통한 얼굴을 한 그가 들어왔다.

"모를 일이야 날아가다니 문을 열어 놓았을 거야."

남편은 비둘기가 날아간 것을 믿으려들지 않았다.

"문은 아무도 안 열어놓았어요. 그동안 날개가 자랐고, 게다가 돌풍과 우박에 놀라 도망갔나 봐요."

"날아갔다면 벌써 날아갔을 거야, 지붕 위까지도 날아다니는데, 또 도망갔다면 자기 집으로 도망칠 일이지, 알지도 못하는 곳으로 갈 리가 없어 작은 놈은 자른 날개가 아직 도망갈 정도로 자라진 않았을 텐데."

하긴 그랬다. 큰 놈은 우리 집에 온지 오래되었고, 또 이제는 자유자재로 날 수도 있다. 내가 모이를 주려고 모이 그릇을 들고 광으로 들어가면 날개짓을 하며 높이 올라 한바퀴 빙 돌며 멋진 원무圓舞를 해보이곤 한다. 모이를 줄 때마다 그렇게 하는 것을 보면 녀석이 꽤나 기분이 좋구나 하는 것을 알 수 있었다.

"그런 비둘기가 바람이 불었다고 다른 곳으로 날아가겠어?"

남편은 아직 믿지 않고 있었다. 그는 꼭 대문을 잘못 열어 놓아서 밖으로 나갔을 것으로 단정하려 했다.

그날 밤, 온 식구는 비둘기의 실종으로 저기압상태가 되고 말았다. 밖에는 여전히 비가 오락가락 했다. 이놈들이 지금 어느 집 처마 끝에 서라도 있을까. 저녁 모이나 먹었을까. 비나 안 맞고 있는지 몰라. 아니면 낮에 쏟아진 우박에 머리를 맞고 어디엔가 쓰러져 떨고 있진 않는지 우리 식구들은 제각기의 생각에 잠겨 있었다.

그날 일기에 나는 <1978.11.30 비바람 우박 돌풍으로 비둘기 실종>이라고 기입했다.

다음날 새벽, 나는 문득 비둘기 울음소리에 눈을 떴다. 비둘기 집은 안방 바로 창밖에 있어서, 우리는 늘 비둘기 울음소리에 기상 나팔소리처럼 눈을 뜨곤 했었다. 그러나 없어진 비둘기의 울음소리가 들릴 리 없었다. 나는 내 귀를 의심하면서 다시 귀를 기울였다. 그러나 역시 착각이었던 모양이었다. 두 번 다시 그 소리는 들리지 않았다. 옆을 보니 남편도 깨어 있었다.

"혹시 비둘기 울음소리 듣지 못했어요?"

"아니."

"그럼 꿈 속 이었나 봐요. 꿈에 비둘기가 광 마루 속에서 나오잖아요."

그것은 꿈이었다. 광은 있어도 광 마루는 없다.

"하지만 난 비둘기 울음소리에 깼는데……."

"꿈 속이겠지."

"어디 가서나 잘 살았으면 좋으련만."

가슴한 구석이 텅 빈 듯 허전해 왔다.

"짐승이란 길들일게 못돼요. 비둘기를 데려온 지 얼마나 되지요? 한 다섯 달?"

"이상하지 옛날에 할머니께서 식구들의 생일, 난 시간 까지를 죄 기억하고 계시는 것이 그리도 신통하게 생각되었거든. 그런데 나처럼 기억력 나쁜 사람이 비둘기 데려온 날짜를 기억하고 있어. 큰놈은 5월30일이고, 작은 놈은 9월20일이야."

나는 남편의 그 말에 놀랐다. 확실히 그는 자질구레한 일들은 별로 기억하는 것이 없었다. 그러나 마치 내가 내 아이들을 낳을 때의 그 시간과 그 공간의 분위기를 다 기억하듯이, 그는 비둘기에 대한 모든 것을 기억하고 있는 것이다. 자기 손으로 몇 번이나 새 집에 가서 부탁하여 품에 안고 온 것이니 그럴 수밖에 없을 터이지만……. 그 정성과 애정이 보통이 아니었다. 그러니 나대로 비둘기의 실종이 마치 내 잘못인 냥 미안할 수밖에 없다.

남편은 언제나처럼 자리에서 일어나 마당으로 나갔다. 매일 아침 비둘기의 모이를 주러 나가는 습관이었다. 나는 부엌으로 나가 아침 준비를 했다.

식사 준비가 다 되었는데도 웬일인지 남편이 들어오지 않았다. 출근시간이 다되어가는데 너무 늦는다 싶어 창 밖을 내다보다 순간 내 눈을 의심했었다. 실종되었던 비둘기 두 마리가 열심히 모이를 조아먹고, 남편은 그것을 바라보고 있지 않은가.

"여보, 어떻게 된 일이에요?"

나도 부지런히 마당으로 뛰어나갔다. 남편은 별로 웃지도 않고 설명해주었다.

그는 뜰로 나가면서 비둘기 울음소리를 들었다는 얘기에다 또 어디엔가 비둘기가 있을 것만 같은 기분에 마당을 몇 바퀴 돌았다. 그러자 어디선가 아주아주 먼 곳에서 "꾸꾸……" 소리가 나는 것을 분명히 들었다. 그래서 이건 필경 옆집 어디엔가 있나보다 생각하여 사다리를 놓고 옆집을 들여다보며 비둘기를 찾았다. 그러나 보이지 않았다. 다음은 대문을 열고 나가 집 주위를 돌았다. 그래도 비둘기는 보이지 않았다. 다시 돌아와 마당 가운데에 서 보았다. 얼마큼 지나서 무슨 생각에선지 갑자기 동쪽 마당 구석에 묻힌 김칫독 위에 엎어둔 대야에 시선이 가고, 그것을 열어보고 싶은 생각이 들었다. 그랬더니 그 빈 항아리 속에서 비둘기 두 마리가 고개를 쳐들고 있더라는 것이다.

"어떻게 그 속으로 들어갔을까요?"

나는 도무지 납득이 안 갔다.

"주먹이 들어갈 만한 틈이 있더군, 아마 어제 그 우박에 놀라 그 속으로 숨는다는 것이 빈 항아리에 빠진 모양이야."

설마 비둘기들이 뚜껑 덮은 빈 김칫독 속에 들어있을 줄이야 꿈엔들 생각이나 할 수 있을까.

"그러나 저러나, 당신 어떻게 저 속을 볼 생각이 들었어요?"

나는 그것이 신기했다.

"나도 모르겠어, 비둘기 소리가 또 들리지나 않을까 해서 한참 서 있는데 무심코 저 대야가 보이잖아. 아마 육감인가 봐."

저 항아리는 이제 며칠 후 김장때에나 열어볼 것이었다. 그때까진 아무도 그것을 열 사람은 없을 것이다. 그때쯤 열어본다면 두 마리 비둘기 시체에 우리는 얼마나 놀랐을 것인가. 생매장을 할 뻔 했던 비둘기를 상상만 해도 몸이 오싹해진다.

남편이 출근한 후 나는 어제까지와는 또 다른 기분으로 비둘기를 바라보았다. 꼭 날아가 버린 줄 안 비둘기였다. 아니면 빈 항아리 속에서 죽어버렸을 비둘기이다. 도대체 무엇이 저 비둘기를 살렸을까. 그것은 남편의 비둘기에 대한 사랑이었다. 온 식구가 다 날아갔다고 체념했어도 그만은 그것을 믿으려 하지 않았다. 그의 그 끈질긴 믿음과 애정이 비둘기를 구해낸 것이다. 돌풍 속의 비둘기를 구해낸 것이다.

1979. 5

침범자侵犯者가 있었다

비둘기를 사올 때 남편은 머지않아 많은 비둘기가 우리 집 지붕 위와 마당에 가득히 오르내릴 것이라는 희망에 부풀었다. 날개를 자르는 것은 비둘기한테는 좀 안됐지만 내 집 식구를 만들 때까지는 어쩔 수 없다고 생각하며 몇 번 비둘기 날개를 잘랐다. 그리곤 비둘기가 빨리 알을 낳고, 그것을 품어 까기를 기다렸다. 날아가 버린, 첫 번째 비둘기와 지금 남은 비둘기는 사이가 무척이나 좋았었다. 서로 부리를 맞대는가 하면, 서로 몸을 쪼아 주기도 하고, 잔디 위에 나란히 앉아 있는 것은 정말 한 폭의 그림 같았다.

그런데 새로 데려온 비둘기와는 사이가 좋지 않았다. 첫째 먼저 비둘기가 나중에 온 비둘기를 집에 들어오지 못하게 쪼아 내쫓았다. 그래서 새로 온 비둘기는 밖에서 떨고 있었다. 비둘기는 해가 지고 좀 어둑어둑해지면 집에 들어가는데, 집 싸움은 그때부터 시작되었다. 남편은 아무리 늦어도 밖에 나가 밖에서 떠는 비둘기를 집에 넣어 주었다, 그래도 먼저 비둘기는 오밤중에도 집에 들어온 비둘기를 내쫓았다. 이

것도 성가신 일이었다. 나는 단지 둘뿐인데 사이가 좋지 않은 것이 의문이었는데, 남편은 아마 수놈이 너무 어려 암놈을 사랑할 줄 몰라서 그럴 것이라고 추측했다.

그래서 우리는 이 수놈이 자랄 때까지 기다릴 수밖에 없었다. 밤마다 쫓겨나는 비둘기를 열심히 한 집에 넣어주는 일을 게을리 하지 않았다. 싸움은 몇 달이 지나도 여전했다. 그런데 일방적으로 당하기만 하던 새로운 작은 놈이 큰 비둘기에게 저항하기 시작했다. 이 변화는 우리를 반갑게 했다.

"이제야 힘의 균형이 잡히는 것 같군, 그럼 곧 알도 낳게 되겠지."

그러나 사이는 여전히 좋아질 것 같지 않았다. 나는 암만해도 이 둘은 궁합이 안 맞는 것 같으니, 비둘기를 또 한 마리 데려오자고 제의했다. 조류상에서 알아보니 두 놈이 다 암놈이었다. 그래서 수놈 비둘기를 사오기로 했다.

조류상에 가서도 금방 비둘기를 사오는 것이 아니었다. 먼저 돈을 주고 비둘기를 구해달라고 하면, 얼마 후後 비둘기를 구했으니 찾아가라고 연락이 온다.

"조류상에서는 비둘기를 어디서 구해오죠?"

우리들은 이것이 또 의문이었다. "산비둘기는 아니겠고, 어쩜 길 잃어버린 시청市廳 비둘기를 잡아 오는지도 몰라요."

"아빠 제게 돈을 주세요, 제가 시청 앞에 가서 잡아올께요."

비둘기 이야기는 우리 집 식탁을 보다 즐겁게 해주었다.

어느 날 비둘기를 구해놓았으니 가져가라는 연락이 왔다.

새로 온 수놈 비둘기는 머리와 목덜미에 까만 털이었고 몸은 붉은 생긴데 흰색도 섞여, 언뜻 보면 화려한 것 같으면서도 지저분하고 품위가 없어보였다. 우리는 이 비둘기를 까만 놈이라고 불렀다. 먼저 놈들이 암놈이니 새로운 수놈의 출현은, 이들에게 대환영이 될 줄 믿었다. 그러나 이것도 우리의 오산이었다.

텃세는 더욱 심했다. 세 마리 중에 제일 오래된 놈이 가장 강했다. 까만 놈은 집은 물론 모이조차도 못 먹게 했다.

비둘기의 싸움은 처음엔 부리로 싸우다가 나중엔 두 날개로 싸우는데, 그 모양은 보기 안쓰러울 정도로 치열했다. 그래서 모이그릇을 따로 만들어 주기도 했지만 여전히 마찬가지였다. 나는 수놈이 쫓겨 다니는 것이 딱하기도 했지만, 암놈이 너무 극성맞게 거센 것도 영 보기 좋지 않았다. 그래 나는 딸들에게도 들으라고 이런 말을 하였다.

"저 봐라, 암놈이 저렇게 세차니 수놈이 사랑을 속삭일 틈도 없구나. 사람도 마찬가지야."

그러면 남편은 달리 말했다.

"저런 바보 같으니, 수놈 망신은 저놈이 다 시키지 않아."

세 마리의 비둘기는 조금도 화합할 줄을 몰랐다. 누가 그랬던가, 비둘기는 평화의 상징이라고.

알고 보니 비둘기들은 집을 점유하려는 의욕이 강해, 제일 큰 싸움이 집싸움이라는 것이다. 그래서 남편은 또 하나의 비둘기 집을 지어 주었다. 새집은 직선적인 아파트 같다고 하여 "맨션"이라고 불렀다.

어느 날 모이를 주고 돌아서려는데 암놈들이 모이그릇에 얼씬도 못하고 목덜미에 털만 일으키고 있었다. 수놈이 모이를 다 먹고 물러나니까 그때서야 암놈들이 모이 앞으로 갔다. 이것도 보기 좋은 광경은 아니었다.

저녁을 먹으면서 나는 남편에게 이 새로운 변화를 이야기했다.

"됐어, 그럼 다음은 어쩔 수 없이 암놈 하나를 선택하겠지." 하다가. "아니 비둘기는 일부다처一夫多妻주의가 아닌가?" 하고 고개를 싱글거렸다.

"미안합니다만 아닐걸요. 기러기를 위시해서 모든 조류는 일부일처

一夫一妻주의입니다."

"그래, 그럼 암놈끼리 수놈 쟁탈전이 벌어지겠군."

그런 어느 날 아침 마당에 나가보니 수놈이 보이질 않았다가 비둘기장 앞에 깃털이 무수히 떨어져 있었다.

"드디어 암놈들이 같이 수놈을 몰아냈나봐."

"그 동안 날개가 날아가 정도로 자랐을까요?"

"무익조無翼鳥가 될까봐 이번엔 조금밖에 자르지 않았어."

다시 수놈이 원상태로 되고 말았다. 우리는 아무도 또 수놈 비둘기를 구해오자고 하지 않았다.

솔직히 말해서 나는 이 암놈 비둘기들이 멀리 날아가 스스로 수놈을 데려 오기를 바랐다. 왜냐하면 이제 1년이나 돼오지 않는가. 멀리 날아갔다가 집에 대한 생각이 나면 다시 돌아올 것 같았다. 향파向破선생님의 말씀으로는 비둘기는 스스로 자기 집을 못 짓는다는 것이다. 그래서 여자가 시집을 가는 것을 구거鳩居라고 한다고 하셨다.

그러나 지붕 위까지 겨우 날을 수 있는 비둘기가 더 이상 멀리 가지 않았다.

"모이 때문에 그럴 거예요. 모이를 안주면 먹이를 찾아서 멀리 날아갈 거예요, 그러면 밖에서 수놈을 만날 것이고."

그런 뜻에서 나는 모이를 주지 말자고 했다. 이것은 모험이었다. 그러나 남편은 절대 반대였다. 그러다가 아주 날아가 버리면 어떡하느냐는 것이었다. 날개가 다 자랐는데도 멀리 날아가지 않는 것은, 여기 집이 있고 먹이가 있어 안주安住하고 있기 때문이 아닌가.

비둘기가 내 집 마당에서 노는 모습은 보기 좋겠지만, 무익조를 기르고 싶지는 않았다. 나는 단단히 마음먹고 한번은 점심을 안 주었다. 제 시간에 모아가 없자 비둘기들은 모이그릇 앞에서 구구거리고 야단이었다. 조금 있으니깐 현관까지 와서 구구거렸다. 저놈들이 얼마나 배가 고프면 저럴까 생각하니, 나는 나대로 원고가 써지지도 않았다. 몇 시간을 버티다가 결국 마음이 약해지고 말았다.

마당에 나가 모이를 주니, 나는 거들떠보지도 않고 정신없이 먹이를 먹었다. 모험엔 좀 더 독한 마음이 필요한가 보다.

그러던 어느 날, 좀 일찍 일어난 나는 비둘기 모이를 주러 나갔다. 그런데 비둘기 두 마리가 다 보이지 않았다. 드디어 수놈을 찾아 날아가 버렸구나……하고 약간 서운했다. 그러나 한편 그럴 리는 없다는 생각도 들었다. 나는 뒤쪽까지 가보았다. 거기에 비둘기 날개가 수 없이 뽑혀 있었다. 순간 나는 가슴이 섬뜩했다. 나는 구석구석을 찾아보았다. 지하실 계단 밑에 비둘기 한 마리가 오들오들 떨고 있지 않은가, 그 비둘기는 완전히 꽁지 빠진 새가 되고 말았고, 다른 한 마리는 영영 안 보였다.

"이것 완전 수놈이 날아갈 때와 똑같은데."

"어쩌면 날아간 것이 아니고 무엇엔가 침범당한 것이 아닐까요."

작은 딸의 말에 모두 얼굴에 놀란 빛과 함께 동의를 표명했다.

"그 말이 맞을 것 같기도 하다."

"맞아요. 전번에도 사실은 무엇인가가 잡아간 것이었나 봐요."

그제서야 의문이 풀리기 시작했다.

"족제비? 아니면 고양이? 고양이는 비둘기 집에 못 들어 갈텐데."

"족제비 일꺼에요."

우리 식구 모두 시골서 살아본 사람이 없는데도 아무도 족제비가 어떻게 생겼냐고 묻지 않았다. 생물도감을 통해 대강은 족제비의 형상을 알고 있었던 것 같다.

비둘기가 날아갔다고 생각했을 때 보다 몇 배 기분이 안 좋았다. 날아갔다고 했을 때는 서운했고 텅빈 것 같았지만, 족제비한테 침범 당했다고 생각을 하니 무엇인가 형용할 수 없는 가슴 아픔이 일었다.

처음 비둘기를 데려온 것이 1978년 5월 30일이었으니, 꼭 1년이 넘었다. 비둘기가 없어질 때마다 그저 날아가 버린 줄만 알고 비둘기 날개만 자꾸 잘랐던 것이 아닌가. 마치 진나라의 시황始皇이 호적胡敵이 공격해 들어 올 것이라는 괘卦를 보고 만리장성萬里長城을 쌓았지만 사실은 측근 간신奸臣에 의해 살해당한 것처럼, 사람들은 자기 내부에 숱한 적敵을 갖고 있으면서도 나를 지키느라 외부外部에 벽을 겹겹이 쌓아올리는 것처럼, 모두가 이렇게 어리석은 것이다.

"어쩌다 저 놈 혼자 남았으니…… 또 비둘기를 구해오나……."

"아빠, 그만 길러요! 이건 비둘기 유린이에요."

"그렇다고 저 비둘기 혼자 고독하게 버려두는 것도 문제다."

나는 남편 편보다 이 말은 비둘기 편도 되었다.

"하지만 그건 어디까지나 사람의 생각 아니에요. 비둘기편이 정말 어떤 것인가 생각해 볼 일이예요."

아이들은 일제히 반기를 들었다. 비둘기를 더 안 길러도 좋았다. 그러나 혼자 남은 비둘기의 고독을 어쩌랴……. 비둘기에 둘러 쌓인 평화롭고 아름다운 분위기를 맛보고 싶었는데, 거기에도 침범자가 있었다.

"평화란 쉽게 만들어지는 것이 아닌가봐, 그것은 지키기가 더 어려운 것 같아."

"그러게 말이야."

남편의 실망어린 얼굴이 더 딱했다. 행복도 사랑도 얻기는 쉽다. 그러나 그것을 간직하기란 얼마나 어려운 것이랴.

그 날 아침엔 모두 기분이 상해서 아침식사를 하는 둥 마는 둥 집을 나갔다.

"여하튼 남은 한 마리의 비둘기마저 희생당하지 않게 조심해야겠어."

남편은 낙담어린 어조로 말을 하고 나갔다.

식구가 다 나간 뒤에 가정부가 왔다. 그녀는 꽁지 빠진 비둘기에

놀라며,

"이젠 더 이상 비둘기 기르지 마세요. 가만히 보면 이 댁은 손해 보는 일만 하신다니까요. 개를 길러도 수캐를 기르지 말고 암캐를 길러 보세요. 새끼를 낳아 팔아도 돈이 얼마예요. 그동안 비둘기 모이만 가지고도 닭을 길러도 알을 실컷 받아 잡수실 터인데 그래요. 아이 이 비둘기 똥 좀 봐라."

그녀는 비둘기 똥을 비로 쓸었다. 나는 가정부의 말에 쓴 웃음을 지었다. 그렇게 생각해 왔다면 나는 아마도 조금은 물질적物質的으로 부富를 이루고 살았을지 모른다. 그러나 저러나 남은 저 홀로의 꽁지 빠진 비둘기를 어쩌랴, 측은하기 짝이 없었다. 비둘기를 더 이상 기르지 말자는 아이들 의견도 일리는 있었다. 그러나 침범자가 있다고 해서 우리의 목적이 실패했다고 해서 그것을 쉽게 포기한다는 것도 문제가 아닐까.

나는 날개가 빠져 잔디밭을 그저 아장아장 걸어가는 정말 무익조가 돼버린 비둘기를 바라보면서 언제까지나 사념思念에 잠겼다.

1979. 9

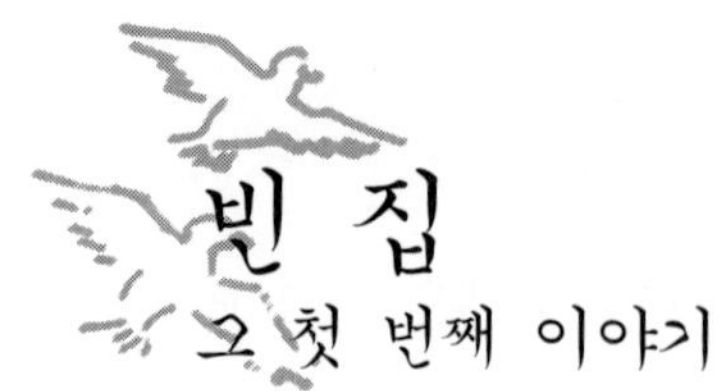

빈 집

그 첫 번째 이야기

비둘기가 옆집 처마 밑으로 잠자리를 옮겨간 뒤에도 우리는 줄곧 아침저녁으로 모이를 주었다. 와서 자지는 않더라도 모이는 꼭 먹으러 왔기 때문이다.

지난겨울은 눈이 많이 왔던 것 같다. 아침에 나가보면 모이 그릇에 눈이 소복하여 그것을 뒤집어 옆의 돌에 대고 탁탁 털고 있으면 그 소리를 듣고 옆집에서부터 우리 비둘기가 후루루 날아오곤 했다. 잠은 옆집에서 자도 모이를 먹으러 온다는 것만으로도 비둘기는 우리 식구였다.

남편은 비둘기가 언젠가 다시 자기 집을 찾아 올 것을 생각하여 비둘기 집에 폭신한 새 짚을 가득 깔아 놓았다. 그러나 비둘기는 아랑곳하지 않고 여전히 옆집 처마 밑에 있었다. 밤에 잡아다가 자기 집에 가두어 둘 수도 있었으나 우리는 이제 아무도 그런 제안을 하지 않았다. 그래도 제 집이라고 모이를 먹으러 오는 것만을 신통히 여겼다.

"언제까지나 빈집이니, 그것도 보기 싫은데요."

아이들이 말했다.

"누가 아니? 집 없는 비둘기라도 지나가다가 자고 갈지."

"글쎄요."

"빈집이라는 것도 좋잖니. 지금 세상에 어디 빈집이 있겠니? 비둘기 집이지만 말이야. 사람들의 집이라는 것은 저희 식구만 드나들게 문을 꼭꼭 닫아두고 벽을 높이 쌓잖아. 빈집커녕 나그네 발길조차 설칠 집도 없을 만큼 살벌한 세상인데, 비록 비둘기 집이지만 빈집이 있다는 것도 멋지지 않겠니. 그 누군가를 기다린다는 여유도 있고 말이야"

이런 말을 하면서 나는 문득 최정희崔貞熙 선생先生님의 소설 「흉가」가 연상되었다. 선생님이 젊은 날, 현실에 그리도 무감각한 시인詩人 파인巴人선생님과 같이 사실 때, 하룻밤 거하실 곳이 없어 거리로 나앉기도 하고, 돼지우리 옆방인 여관방에서 일년을 지나기도 하면서 이리저리 쫓기다시피 지내시다가 서울 근교의 어느 흉가라는 빈집을 발견하고 거기서 사시던 이야기이다. 누구는 돈이 남아돌아 집을 사놓고도 흉가라고 비워놓은 집을 이게 웬 떡이냐 하시며 한때 행복의 보금자리로 꾸몄던 빈집, 지금은 그런 흉가도 없을 것이다.

집에 대한 이야기라면 내게도 가슴쓰린 기억이 있다.

내 나이 아주 어릴 때, 사람 좋은 우리 아버지는 남의 담보를 잘못 서주었다가 그로 인하여 졸지에 우리 집을 잃게 되었다. 하루아침에 집달리에게 쫓겨나 거리에 나앉게 된 우리는 모두 큰집 작은집으로 나뉘어져 갔는데 아무리 일가친척이라도 눈칫밥이라는 것을 처음 얻어먹은 그때의 상처는 비록 어릴 때이고 잠시이긴 했지만 지금도 내게 남아있다.

또 한 가지는 갓 결혼해서였다. 6·25전쟁 마무리 단계였던 56년 때이기도 했지만 우리 둘은 가진 것 하나 없이 우리들의 새 인생을 출발하였다. 신랑이 하숙하고 있던 성북동 단칸방에서 신접살이를 시작한 것이다. 그 집은 한식 구옥이었고, 우리가 세 들어 있던 방은 뜰아래 정면 석양 방이었다. 한여름을 지나는 동안, 오후부터는 방이 불화로 속 같아 우리 부부는 곧잘 밤늦게까지 성북동 뒷산을 배회하다가 그 열기가 식은 다음에서야 겨우 잠자리로 들어가곤 했었다. 그것도 몇 달만 지나면 방세를 올려 달라는 소리를 들어야 했고, 그런 날이면 저녁밥 생각도 없이 서로의 눈동자만 말똥말똥하며 우울한 마음을 큰 꿈을 꾸어가며 달랬다. 그런 중에도 우리는 한 여름, 약간의 여비만 가지고 며칠간 대천 해수욕장엘 다녀왔는데 집에 돌아오는 어귀에서 새로 지은 공중변소가 서있는 것을 보았다. 그것이 마치 비둘기 집처럼 예뻐서 "저 정도의 조그만 집이라도 내 집이 있으면 좋겠지"하며 부러워 했었다.

그때 남편은 내 어깨를 두드리며 "걱정 마. 우린 아직 20대야 언젠가는 우이동에 별장을 지어서 글을 쓰게 해 줄게."하며 내게 꿈을 주었다. 당시 남편은 학교를 갓 나와 군에 입대 대신 국방부 소속인 과학연구소에서 반 군인, 반 문관으로서 일할 때여서 월급이라는 것도 보잘 것 없었다.

또 조금 있으니까 아이를 낳게 되니 아기 기저귀 너는 것까지 잔소리를 들어 그 설움에 나는 여러 번 울기도 했었다. 그러던 어느 날 나의 아버지는 답십리라는 곳에 '주택 영단'에서 9평짜리 국민주택을 지었는데 좀 멀기는 하지만 그쪽으로 가는 것이 어떻겠느냐는 말씀이 있었다. 나는 듣도 못한 곳이라 선뜻 나설 수가 없었다.

"너희들이 떼돈을 벌 것도 아니고 그렇게라도 해야 내 집 마련을 하지 어떻게 하겠니. 시내 셋방 전셋돈에다 조금만 더 보태고 조금씩 20년 동안 돈을 부으면 된다더라. 지금이야 버스도 안 들어가고, 이름 그대로 걸어서 십리라는 답십리踏十里지만 장차는 괜찮을 게야."

하셔서 아무리 멀어 고생이 되더라도 내집없는 설움보다야 낫겠지 싶어 결정을 내렸다.

이사 가는 날, 트럭에 짐을 싣고 나는 두 달 된 첫딸을 안고 트럭 운전대 옆에 앉아 서울 변두리 시골길을 마냥 덜컹거리며 끝없이 가는 기분이었다. 동대문을 훨씬 지나서 집이 뜨문뜨문 있고, 또 초가집들이 보이는 거리도 지나고, 또 하나의 야산을 넘어야했다. 지금은 그곳도 서울 번화가가 됐지만 그때는 이랬었다. 트럭이 서서히 그 고개를 오르자 앞이 확 트이면서 논밭에 둘러싸인 성냥갑을 늘어놓은 듯한 몇 채의 집이 서글프게 보였다. 운전수가,

"바로 저깁니다."

했을 때, 나는 왠지 두 눈에 눈물이 핑 돌았다. 미국의 서부영화에서나 보는 개척지로 가는 그런 기분이 들어서였다. 도심지에서는 생각하기 힘들만큼 널찍한 마당이 있었으나, 상수도도 없으니 웬만한 사람들은 거들떠보지도 않는 집들이었다.

"이런 곳이니까 우리 차례가 오지"

우리는 마주보며 웃었다.

건평은 9평이나 대지가 40평이나 되어 우리는 곧 서글픈 생각도 잊고, 닭도 기르고 토마토, 상추, 호박도 심으며, 결혼 초기를 지냈다. 전화선도 안 들어와 공중전화를 한번 걸려면 청량리까지 나가야 했다. 비가 오면 땅이 질어 마누라는 없어도 장화는 있어야 한다는 답십리였다.

남편의 귀가가 늦는 날이면 나는 아이를 재워놓고 마중을 나갔다. 밤이면 별로 인적도 없고, 귀가가 늦은 사람만의 총총 걸음이 뜸뜸이 있을 뿐, 양편 논두렁에서 맹꽁이, 개구리 소리가 요란했다. 밤바람에 거름 내음이 코 끝에 스며들었다. 내가 겁도 없이 이런 길을 반쯤 걷노라면 아주 멀리서 <한 떨기 장미꽃>을 휘파람 불며 부지런히 다가오는 남편과 만나곤 했다. 우린 그 집에서 8년을 살았다. 그런 고생스러

운 시절이 있었건만 지금 생각하면 옛 어른들의 말처럼 돈 주고는 살 수 없는 아름다운 추억이다.

새로 지은 예쁜 공중변소를 보고 저 정도의 내 집이라도 있었으면 하던 나. 그런 내게 언젠가 우이동 골짜기에 송원희가 글을 쓸 수 있게 멋진 별장을 지어 주겠다는 희망을 주던 남편, 이제 24년이 지난 지금 우리는 우이동의 별장은 아니지만 그 근처에 넓지도 좁지도, 또 결코 화려하지도 않은 내 집에서 글을 쓰며 살고 있다. 24년 전에 꿈꾸었던 우이동 별장은 실상은 지금보다 좀 멋진 꿈이었는데 그러나 우이동은 우이동이니 조금이라도 꿈의 실현을 보았다고 위안을 해볼까.

비둘기의 빈집을 바라보며 나의 상념은 엉뚱하게 옆길로 새고 말았다.

겨울이 지나고 봄이 왔다. 움츠렸던 모든 것이 활개를 펴듯 우리 집 비둘기도 조석으로 우리 집과 옆집 사이를 멋지게 비행했다. 아침에 나가보면 비둘기는 좀더 멀리도 갔다 오는 모양이었다. 또 이따금씩 낯선 비둘기 한 쌍이 지붕 위에 앉아 있기도 했다.

그런 어느 날이었다. 날개 퍼드득하는 비둘기들의 요란스런 소리에 밖을 내다보았다. 이변이 생긴 것이다. 우리 집 비둘기가 내가 처음 보는 비둘기에게 쫓기고 있었다. 거기에 옆집 흰 공작비둘기까지 합세하여 모두 세 마리의 비둘기가 우리 집과 옆집, 아집의 지붕들을 옮겨 다니는 것이 아닌가. 가만히 두고 보니 그 처음 보는 비둘기가 우리 비둘기에게 모션을 하려고만 하면 흰 비둘기가 쫓아다니며 방해를 하는 것이었다. 나는 이 이변에 눈을 둥글게 뜨며 어떤 기쁨을 참기 어려웠다.

이날 저녁, 나는 물론 이 빅뉴스를 가족에게 알렸다.

“됐어, 이젠 자기 집으로 돌아올거야.”

남편은 회색만면이였다.

그런데 그날 이후 비둘기가 모이를 먹으러 오지 않았다. 하루, 이틀, 일주일이 지나도 모이 그릇엔 모이가 그대로였다.

"그날로 님이 데려간거야."
"그래."
남편은 약간 서운한 얼굴을 했다.
"그래도 되었잖아요. 저희 무리 모이는 곳으로 갔으니까."
사실 나는 그것을 얼마나 바랬던가. 정상적인 비둘기가 되어, 그것도 님이 데리고 간 것이라면. 비둘기 모습을 아주 내 집에서 볼 수 없게 된 것은 섭섭한 일이지만 무리 속에 합류하게 된 것은 여간 대견한 일이 아닐 수 없다.
어느 날 시장에 갔다가 옆집 할머니를 만나 비둘기 이야기가 나왔다.
"우리 집 비둘기도 날아갔어요. 그놈이 무척 사나워 댁의 비둘기를 그렇게 쪼더니."
내가 마지막 본 비둘기의 이변을 이야기하자.
"그럼 다 데려갔군요. 그래도 비둘기란 놈은 다른 것과는 달리 제집을 찾아오는데."
"어딜 가나 잘 살면 됐죠."
"그렇긴 하지만……."
그분도 섭섭한 빛이었다.
나는 비둘기 모이 주는 것도 내 생활에서 빼버리고, 현관에 두었던 종이 귤 상자의 모이도 광으로 옮겼다.
남편이 처음 비둘기를 사온 때가 1978년 5월 30일이고, 마지막까지 남았던 비둘기가 우리 집에 온 것이 같은 해 9월 20일이었으니, 비둘기는 만 22개월 동안 우리와 같이 살았다고 보아야 한다.
비둘기가 아주 먼 곳으로 날아가 버린 후 이제 『갈숲』에 게재될 비둘기 이야기도 끝이로구나 생각했다.
날씨가 제법 봄 활기를 띠우기 시작해서 나는 창문을 활짝 열어 놓았다. 늘 비둘기 모이를 주던 자리엔 비둘기가 먹다 흘린 몇 개 밀알이 썩어 듬성듬성 파란 싹이 돋아났다. 그것을 뽑아주려고 마당으로 나간 내 등 뒤에서 돌연 날개 치는 소리가 났다. 무심코 돌아보니 비둘기가 아닌가. 그것도 우리 집 비둘기였다. 나는 너무 반가와 방으로 뛰어가며,

"얘들아, 비둘기가 왔어"

하고 외쳐댔다. 아이들이

"어디, 어디?"

하고 뛰어 나오며

"혼자요? 둘이요?"

하고 물었다.

"혼자야."

"아이……."

조금 실망했으나 그래도 비둘기가 돌아왔다는 것은 큰 기쁨이었다. 나는 얼른 광으로 가서 모이를 가져와 모이 그릇에 듬뿍 모이를 주었다. 비둘기는 나를 피하는 일 없이 가까이에서 허기진 듯 열심히 입놀림을 했다. 한참을 그러더니 옆 그릇의 물을 몇 번 쪼아 먹고는 다시 우리 집 담을 넘고 옆집도 지나 유유히 날개를 퍼덕이며 멀리 날아가는 것이었다.

그날 저녁 비둘기의 친정나들이(?)가 식탁의 화제가 된 것은 말할 것도 없다.

남편은 대문을 들어서면서 벌써

"오늘도 비둘기 다녀갔어?"

하고 물었다.

그 후 비둘기는 오기도 하고, 어느 때는 며칠씩 안 오기도 했다. 그래도 나는 모이를 늘 준비해 놓는다. 비록 멀리 날아갔으나, 옛집에 가면 먹을 것이 있다는 비둘기의 그 믿음을 저버릴 수 없었다.

남편은 언제 돌아올지 모르는 비둘기 집을 다시 손질했다.

"이젠 와서 살진 않을 텐데요. 이따금씩 모이나 먹으로 올 뿐인데요."

작은 놈이 아빠의 어리석음을 찌르듯 말했다.

"그래도 누가 아니, 또 올지."

빈집…… 비어있다는 것은 어딘지 매력 있지 않는가. 너무 차서 바람조차 들어갈 것 없는 것보다, 빈대가 많아 항상 채우기를 애쓰는 그 마음…….

그것은 곧 내 자신이기도 한 것이다.

1980. 3

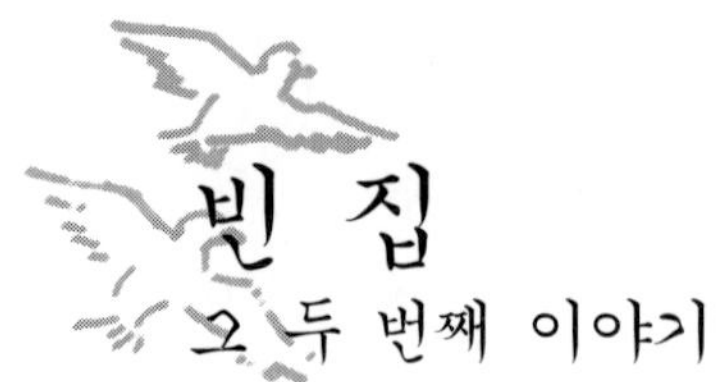

빈 집

그 두 번째 이야기

비둘기 한 마리가 고양이에게 잡혀가고 한 마리는 꽁지 빠진 비둘기가 돼버린 모습은 우리 식구들의 가슴을 안타깝게 만들었다. 꽁지 빠진 비둘기는 한자 높이도 날라 올라가지 못했다. 할 수없이 우리는 자기 집에 잘 오르내리도록 벽돌로 서너 단 임시계단을 만들어 주었다.

그러나 비둘기는 자기 집에 안 들어가고 그날 이후 현관에 있는 개집 가까이에 쪼그리고 앉아 있었다.

우리는 이 비둘기를 보고 제각기 추측했다. 남편은 비둘기가 침입범에게 혼이 나서 자기보다 강한 개에게 의지하려는 것이라고 했고 나는 혼자 남은 비둘기가 고독해서 그렇다고 말했다. 나의 이 추측은 전혀 근거 없는 것은 아니었다. 오래전에 누가 병아리 몇 마리를 가져와 우리 집 마당에서 길렀었는데 개가 심심하면 병아리들을 쫓기도 했었다. 그런데 그 병아리 한 마리가 이상하게도 남은 병아리와는 달리 개집에 가서 개와 같이 자기도 하는 것이었다.

우리 집 식구들은 이 비둘기를 어떻게 보호 할 것인가에 대해 의논했다.

아이들은 단연코 비둘기 가게로 보내주자고 했으나 꽁지 빠진 비둘기를 다른 비둘기 무리에 갖다 주어 정상적인 비둘기로부터 소외당하거나 학대 받는 것을 생각하니 그것도 못할 일이었다.

남편은 밤이면 개 옆에 쪼그리고 있는 비둘기를 잡아 집에 넣어주고 벽돌로 다시는 고양이가 손도 못 넣게 막아주었다. 그러나 이것도 매일 하자니 여간 성가신 일이 아니었다.

그러던 어느 날 우리는 목수를 불러 비둘기 집 부근에 넓게 망을 쳐 줄 것을 상의 했다. 목수는 그럴 필요가 없다고 하면서 비둘기 집을 개집 가까이 갖다 놓으라고 했다. 고양이는 절대 개집 근처에는 안 온다는 것이다. 우리는 목수 말이 그럴 듯 해서 그의 말대로 비둘기 집을 개집 근처에 옮겨 놓았다. 그날부터 비둘기 집 문에 벽돌을 막아 주는 수고를 안 해도 되었다. 그런데도 아이들의 말에 의할 것 같으면 깊은 밤이면 고양이가 담 위로 어슬렁어슬렁 비둘기집 근처를 배회하는 것이 창 그림자로 보인다고 했다. 그러나 우리 식구는 개를 믿었다. 개는 우리 집 파수꾼 일뿐만 아니라 비둘기 꽁지가 나날이 자라 어느 새인가 아주 예쁘게 원상으로 되었다.

"이제는 제법 색시 티가 나는데."

하며 우리들은 기뻐했다.

그런 어느 날 우리 집 마당에 낯선 비둘기가 날아왔다. 이 비둘기는 혼자가 아니고 한 쌍이었다.

수놈 혼자가 놀러 와야지 마누라까지 데리고 다니니 우리 집 비둘기와 연애가 될 리 없었다. 그런데 그중에 혼자 날아온 비둘기가 있었다. 하얀 깃털에 꽁지 깃털이 부채 모양 펴져 백조 같은 공작 비둘기였다. 이 공작 비둘기는 매일 놀러왔는데 알고 보니 옆집 노부부가 기르는 화초 비둘기였다. 한 쌍을 길렀는데 수놈은 도망가고 암놈만 남았다는 것이다. 암놈이란 말에 나는 몹시 실망 했다.

우리 집 식구 특히 남편은 이 공작 비둘기를 미워했는데 이유는 정상적인 비둘기가 아니고 꽁지를 언제나 활짝 펴고 다니기 때문에 온몸이 믿둥거리고 가슴도 마치 오만한 여자 걸음 같다는 것이다. 그러고 보니 그런 점도 있지만 나는 꼭 그렇게만 보지는 않았다.

또 하나 이 비둘기를 미워하는 것은 우리 비둘기에 모이를 줄때마다 날아와서 내 집 비둘기와 싸우기 때문이었다. 처음에는 나그네 비둘기가 지고 우리 집 비둘기가 모이를 다 먹고 나야 다음을 그놈이 와서 먹더니 얼마 안가 주객이 전도되어 내 집 비둘기를 몰아내고 나그네 비둘기가 모이를 독차지 하여 다 먹어버리는 것이 아닌가.

이건 정말 속상한 일이었다. 두 비둘기가 모이를 놓고 한번 싸우는데 어찌나 치열한지 내 집 비둘기의 머리의 털이 문적문적 뽑혀 나갔다. 이런 비둘기의 싸움은 그동안 처음은 아니었으나 내 집 비둘기가 나그네 비둘기한테 이렇게 학대당하는 것은 차마 볼 수가 없었다. 사이좋게 같이 먹을 수 있으면 좋으련만 사정은 그렇게 이상적으로 돼주지 않았다. 남편은 내 집 비둘기가 모이도 못 먹고 무참히 참패당한 꼴이 보기 싫어

"참 속상한데…… 병신같이 왜지냐!"

하며 모이를 주고는 나그네 비둘기가 못 먹게 장대를 들고 내 집 비둘기가 모이를 다 먹을 때까지 지켜보고 있기도 했고 나는 장대를 들고 그놈을 쫓기도 했다.

서너 번 쫓김을 당한 옆집 비둘기는 드디어 우리 집 마당에 날아오지 않게 되었다. 더 이상 싸우는 일은 없어졌으나 내 집 비둘기는 또 다시 혼자가 되고 말았다. 남편은 그냥 둘 것을 그랬나 봐 했지만 내 집 비둘기가 나그네 비둘기에 일방적으로만 당하는 것은 먼젓번 우리

집 비둘기들이 싸우는 것보다 견딜 수 없는 일이었다.

"다른 비둘기가 또 놀러 오겠죠."

하며 우리는 위안을 했다.

어느 날 내가 원고를 쓰고 있는데 돌연히 비둘기가 날갯짓을 하고 요란한 소리가 나서 부지런히 창밖을 내다보니 우리 집 비둘기가 날갯짓을 힘껏 하며 지붕 높이 올라가는 것이 아닌가, 나는 그 순간 너무 기뻐 가슴이 뭉클했다. -됐어 됐어 그간 날개를 잘라 줘서 날지 못하던 것이 정상으로 됐어, 멀리 멀리 비둘기들이 있는 곳으로 가가-

나는 그렇게 기쁠 수가 없었다. 그런데 날기 시작한 내 집 비둘기는 모이만 먹고 낮에는 옆집 공작비둘기 옆에 가 있는 것이 아닌가. 그렇게 학대를 받았는데도 혼자 있기 보다는 의가 나빠도 동족끼리 있는 편이 낳은 모양이었다. 모이나 먹고 잠만 자러오는 비둘기…….

옆집에서 "댁의 비둘기가 우리 집에 와서 노는군요."했다.

우리는 결국 두 마리의 비둘기를 놓친 격이 되었다.

지난 가을 남편이 유럽을 다녀왔다. 그가 찍은 사진 중에 이탈리아의 어느 광장에서 비둘기와 찍은 사진이 몇 장 있었다. 남편 어깨 위와 손바닥에서 비둘기들이 모이를 먹고 있는 사진이었다.

"이렇게 거기 비둘기들은 사람하고 친하다고, 우리 집 비둘기도 이렇게 되어야 할 텐데."

그 후부터 남편은 비둘기에 더한층 정성을 들였다. 아침마다 모이를 주면서 구구거리며 비둘기가 모이를 먹는 동안 옆에 앉아 있기도 했다.

이것으로 인하여 또 새로운 이변이 생겼다. 어느 날 갑자기 개가 밥 먹기를 거절했다. 먹은 것이 체해서 그럴거라고 하루쯤 두고 봤는데 이틀이 가고 사흘이 가도 개집에서 나오지도 않았다. 아이들이 불러도 모른 척 했고 개가 제일 좋아 하는 내 남편인데 그가 가서 불러도 모른 척 있었다.

돌이(개이름)는 대단히 영리해서 남편 차가 골목 안에만 들어서도 식구 누구보다도 먼저 알아차리고 끙끙거리며 남편의 귀가를 알려주었는데 남편이 문을 열고 들어와서 개집 가까이 가도 모른 척 했다.

"병이 나도 단단히 났군."

결국 남편은 여러 날 꼬박 굶어서 그야말로 피골이 상접한 개를 안고 가축병원에 갔다. 청진기를 대보고 체온을 제본 의사는 혈압이 떨어지긴 했으나 다른 덴 이상이 없다는 것이다. 좀 따뜻하게 해주고 설탕물이나 타주라고 해서 현관 안에다 담요를 깔고 설탕물을 주며 며칠 두었다.

현관에 있어도 돌이는 여전히 밥을 안 먹었다. 제일 좋아 하는 생선을 갖다 주어도 냄새조차 맡을 생각도 안했다. 굶은 지 닷샛날이 되던 날 나는 다시 돌이를 데리고 병원엘 갔다.

"암만해도 죽으려나 봐요, 늙어서…."

그런데 의사의 말에 의하면 돌이의 나이는 3년인데 사람의 나이로 치면 30세의 한창 나이 하는 것이다. 수의사는 여러모로 진찰을 하더니 환경이 어떠냐고 물었다.

그 때 나의 머리 속을 스치는 것이 있었다. 비둘기였다.

"아마 샘이 난 것인지 모르겠습니다. 진돗개 같은 놈은 한번 샘을 부리면 죽을 때까지 밥을 안 먹지요."

비둘기가 내 집에 오기 까지는 아침저녁으로 남편은 돌이의 머리를 쓰다듬어 주었었다.

그런데 아침마다 비둘기에만 모이를 주고 먹는 것을 보느라 돌이를 돌볼 시간이 없었던 것이다.

더욱이 비둘기를 돌이 집 근처에 갖다 놓고부터는 돌이 눈앞에서 비둘기만을 귀여워하고 돌이에게는 신경을 덜 쓰는 편이었다.

"그렇다면 내버려 두십시오, 밥도 물도 주시지 마십시오, 개 고집은 못 꺾습니다."

포도당 주사 한 대를 맞히고 그날로 현관에서 개집으로 쫓아냈다. 그런데 돌이가 현관에서 거의 일주일 자는 동안 비둘기가 자기 집에서 안잔 것이다. 아마도 파수꾼을 잊어버린 비둘기는 안전한 곳으로 피신한 것 같았다.

저녁마다 구구거리며 불러도 오지 않았지만 아침이면 모이를 먹으러 나타났다. 낮에도 서재 창가에 와서 모이를 달라고 구구거렸다. 모이를 주면 모이만 먹고 훌쩍 어디론가 가버렸다. 어디로 거처를 옮겼을까 애인이 생겼을까 그렇다면 더할 나위 없이 반가운 일이다.

그러나 모이를 혼자 먹으러 오는 비둘기는 아직 애인이 없는 모양이었다.

어느 날 아침 남편 출근시간에 나는 대문에 나갔다가 뒷집 지붕에 앉아 있는 것을 보았다. 아- 드디어-하고 나의 가슴은 두근거리기까지 하였다. 마치 과년한 딸을 가진 어머니가 딸의 혼사가 정해진 것만큼이나 기뻤다.

그런데 돌연 어디선가 비둘기 한 마리가 나를 향해 멋지게 날아오는 것이 아닌가, 내 집 비둘기는 아직도 외톨이 혼자였다. 기쁨은 일순에 지나지 않았다.

토요일 조금 일찍 귀가한 남편은 다시 비둘기 집을 만지기 시작했다. 고양이가 근접할 수 없게 주위에 철망을 치고 높은 곳에 메달아 두겠다는 생각이다.

"비둘기도 없는 데요."

아이들이 우습다는 듯이 말했다.

"이제 알을 낳으러 꼭 올 꺼다."

나는 남편에게 내 집 비둘기가 아직도 외톨이라는 것을 말하지 않았다. 그의 실망어린 얼굴을 보기 싫어서.

1980. 7

그것은 행위行爲였다

비둘기가 님을 따라 떠나갔다. 근 한 달 만에 돌아 왔을 때 나는 그전보다 더 비둘기에 대한 깊은 애정이 느껴졌다. 그러나 비둘기는 아주 온 것이 아니라 가끔 그 모습을 보였다가는 다시 어디론가 날아 가 버렸다.

"이러다가 영 집을 떠나는 것인지도 몰라."

"혹시 많은 비둘기를 데리고 올 지도 모르지."

우리는 제각기 추측했다. 여하튼 나는 비둘기가 오건 안 오건 매일 비둘기 모이를 모이그릇에 넣어 주었다. 저녁에 모이가 없어졌으면 비둘기가 왔다 간 것을 알았다.

그러던 어느 날 서재 창가에 두 마리의 비둘기가 나는 것이 그림자로 비쳐 나는 창문을 열고 보았다. 낯선 까만빛의 비둘기가 우리 비둘기와 오르락내리락 하고 있었다. 나는 부지런히 모이그릇에 모이를 듬뿍 담아주었다. 두 비둘기가 정답게 같이 먹었다. 다 먹고 나더니 나란히 지붕 위에 앉아 서로 입을 맞추고 있지 않은가. 우리 집 비둘기가 이제서 짝을 데리고 온 것임을 알았다. 이 새로운 변화에 나는 무엇인가 짜릿한 희열이 일었다.

두 비둘기는 해가 서쪽으로 기울었는데도 날아가지 않고 언제까지나 나란히 지붕 위에 있었다. 아주 돌아온 것인가?

비둘기가 쌍이 되어 돌아왔다는 말에 다음날 아침 남편은 일찍 일어나 밖으로 나갔다. 기다렸다는 듯이 두 마리의 비둘기가 모이그릇으로 내려왔다.

"혹시 알을 낳으러 온 것이 아닌지 몰라."

다음날도 두 비둘기는 나란히 지붕 위에 앉아 입을 맞대고 사랑을 했다. 또 하나 새로운 발견은 우리 집 자색 비둘기는 암놈이 아니라 수놈이었던 것이다. 먼저 번에 두 마리의 비둘기가 있을 때 서로 너무 싸워서 우리는 두 마리가 다 암놈인 줄 알았던 것이다. 사올 때 분명히 수놈으로 사왔는데 맨날 암놈한테 몰리니까 우리는 그렇게 단정했던 것이다. 이성간의 사랑은 비둘기라도 억지로 되는 것이 아닌 모양이었다. 수놈이고 암놈이고 한 쌍이면 다 되는 줄 알았던 것도 우리의 틀린 속단이었다.

돌아온 비둘기는 남편의 추측대로 알 낳는 준비에 바빴다. 부지런히 입에 지푸라기를 물고 옆집 처마 밑으로 들락거렸다. 암만해도 옆집 처마 밑이 제일 안전해 보인 모양이었다. 옆집 처마 밑은 등나무로 가려져 자세히 들여다보지 않으면 잘 안보였다.

"옆집에다 알을 낳으면 어떻게 하지."

아이들의 걱정이었다.

"아무려면 어떠니, 우리 눈앞에 돌아왔으면 됐지."

그것은 모두의 진심이었다. 날아가 버린 줄 알았던 비둘기가 두 달 만에 신부를 데리고 왔다는 것 하나만도 즐거운 일이 아닐 수 없었다.

그리고 얼마 후 나는 여행을 떠났다. 비둘기는 어디에나 있었다. 알

라스카에도 있었고 캐나다에도 보스톤, 뉴욕, 워싱턴에도 있었다. 일요일이어서 디트로이트 중심거리에 백인은 하나도 없고 흑인만이 다니고 있는데 그들 위에 비둘기 떼가 까맣게 떼지어 날고 있었다.

나는 호텔 14층에서 비둘기 떼를 내려다보며 외로움에 집 생각, 비둘기 생각을 했다.

지난해 인도에 갔었을 때도 다 쓰러져 가는 모슬렘사원이나 옛 궁전에도 비둘기 떼는 마치 그 옛날의 영화를 마지막 지키는 파수꾼 모양 그 주위를 떼지어 날았다. 인도에는 그쪽 특유의 까마귀 떼가 유난히 많았는데, 까마귀의 모습도 울음소리도 싫게 느껴졌다. 그렇지만 비둘기는 그렇지 않았다. 비둘기는 세계의 비둘기였다. 어디를 가나 비둘기 모양은 같았고, 그 빛깔도 같았다. 사람을 무서워하지 않는 것도 같았다.

두어 달 가까운 긴 여행을 마치고 김포공항에 도착했을 때 마중 나온 식구들은 제일 먼저 비둘기 식구가 다섯 마리로 늘었다고 내게 말했다.

"그동안 새끼를 두 번이나 깐 모양이야."

집에 들어서니 어디선가 비둘기 떼가 푸드득 날개 치며 마치 나를 환영하듯 우르르 마당으로 내려왔다. 새끼는 모두 어미를 닮아 까만 비둘기였다. 뭔가 뿌듯한 기분이 들었다. 내가 여행 떠나기 전만해도 알 품을 준비에 바빴는데 그 사이 이렇게 식구가 늘은 것을 보니 신기하고 기특했다.

얼마 후 나는 담 너머로 옆집 처마 밑을 들여다보았다. 우리 집 수놈 비둘기가 주먹만한 새끼 비둘기에게 먹이를 주고 있지 않은가. 내가 그동안 집에 있었다면 비둘기가 알을 품는 것이라든지 여러 가지를 많이 보았을 것이다. 나는 이 광경을 혼자 보기가 아까워 마침 마당에서 일하는 아줌마를 불러 보게 했다.

"비둘기는 다달이 알을 깐데요."

우리들의 목소리에 옆집 할머니가 나왔다.

"비둘기가 또 알을 깠나 봐요."

"무슨 여행을 그렇게 오래 하슈. 벌써 세 번째라우."

"참 기특해요."

"지저분해서 죽겠수다. 온통 현관 앞에 비둘기 똥이요, 새털 천지에요. 모이도 엄청나게 먹고."

"모이까지 주세요. 우리 집에서 세 끼 꼬박 주는데."

그리고 나는 곧이어

"댁의 그 공작비둘기는 영 안돌아 오는가보죠."

말을 해놓고 보니 나는 옆집 처마 밑에서 알을 깠지만 우리집 비둘기라는 것을 강조한 셈이 되었다. 비둘기를 놓고 네 비둘기. 내 비둘기 한 것이 어딘지 자신이 유치한 생각이 들어서 돌아서면서 입맛이 썼다.

아줌마가 모이그릇에 모이를 주고 있었다.

"옆집에서도 모이를 주시는 모양이니 너무 많이 주지 말아요."

"그래요. 그 집에서 모이를 주어도 이집 비둘기지요."

아줌마의 말에 나는 아무 대답도 안했다.

"비둘기 뭐 하실 거예요? 비둘기 고기도 맛있다던데."

"원, 세상에……"

나는 아줌마에게 살짝 눈을 흘겼다.

"그럼 파시겠어요? 처음에 아저씨가 한 마리에 이천 원씩 주고 사오셨지 않아요."

나는 어처구니가 없어 그냥 웃고 말았다. 비둘기를 기르기 전부터 아줌마는 우리 집을 다녔는데도, 그녀에게 우리가 비둘기를 기르는 뜻이 전달되지 않았던 것 같다.

저녁식사 때 비둘기가 또 알을 까서 수놈이 새끼에게 열심히 먹이를 먹여주더라고 말했다.

"그것 봐, 내말대로 돼가는구먼."

하고 남편은 만족한 미소를 지었다.

"엄마, 우리 집 비둘기가 옆집에서 살긴 하지만 우리 집 비둘기는 엄연히 우리거지요."

작은 놈의 말에 나는 낮에 옆집 할머니와 주고받은 말이 생각났다.

"우리 집 비둘기, 옆집 비둘기가 어디 있니? 우리 집으로 모이를 먹으러 오면 되는 거지. 날아다니는 새는 아무도 소유할 수 없는 거야."

"어어 그런 게 어디 있어요. 우리 것은 분명히 우리 건 데 마치 자기 집 비둘기처럼 모이를 주다니."

무엇이나 자기소유란 있을 수 없다. 나는 이번 미국여행에서 이점을 깊이 느꼈다. 나의 물건이 있다면 그것은 영구히 내가 소유하는 것이 아니라, 잠깐 내 곁에 보관한다고 생각하기 때문에 그것을 더욱 아끼는 것이다. 하물며 생명체를 어찌 소유할 수 있단 말인가. 날개 있는 새를 말이다.

"걱정 없어, 비둘기 식구가 자꾸 늘면 자연히 집이 모자라니 분가分家를 할 거야. 알고 보니 비둘기는 잘 안 보이는 으슥한 곳을 좋아하는 것 같다. 비둘기 집을 그렇게 만들어야겠어."

남편은 여유만만하다.

"어휴, 또 기다려요. 우리는 맨날 기다리는 것 밖에 몰라."

"기다렸기에 비둘기가 돌아오지 않았니, 우리가 기다리지 않았다면 저 비둘기는 벌써 죽었을 거야."

이렇게 말하며 나는 2년 6개월 동안 비둘기에 얽힌 여러 가지 일들을 떠올려 보았다.

남편이 비둘기를 사올 때, 두 달만 길들이면 날아가지 않는다고 새장수가 말해 그것을 믿었었다. 그러나 비둘기는 새장수 말대로 되어 주지 않았다. 두 달이 넘었는데 날아가 버리기도 하고, 폭풍이 불던 날, 빈 독 속에 들어가 아사 직전에 구조되기도 하고, 도둑고양이와 족제비에게 기습당하기도 했다. 새로 사온 비둘기와 먼저 비둘기가 텃세로 싸워서 깃털이 몇 개씩 뽑혀서 우리에게 무척 애를 먹이기도 했었다. 이런 예기치 않았던 일들은, 처음에 가졌던 비둘기에 대한 기대를 몇 번이고 좌절시키고 실망시켰고 우리는 단념에까지 이르기도 했었다. 그러면서도 우리는 끝까지 모이 주는 것을 게을리하지 않았다. 그것은 사랑으로, 연민으로 그리고 신념으로 이어진 나날이었다.

지금 밖에서 모이를 주는 남편 주위에 여덟 마리의 비둘기가 머리를 맞대고 모이를 쪼아 먹고 있다. 그들은 사랑하는 한 쌍이 이룬 한 가족이어서 그런지 서로 싸우지 않는다.

"엄마, 엄마 내가 골목 안에 들어서면 비둘기들이 나를 향해 날아오는 것 같이 멋지게 선회해요."

내가 시장을 갔다 들어오는 문소리에도, 현관문만 열어도 비둘기들은 화다닥 날개 치며 내 앞에 날아온다. 이렇게 되기를 우리는 2년 6개월 동안 기다렸다. 길고 긴 기다림이었다. 사랑이 전달된 것이라고 믿고 싶다. 진실로 그 동안 비둘기에게 향한 우리 마음은 사랑 그것이었다. 이런 참 애정이 없었더라면, 벌써 비둘기는 비바람 불던 날 항아리 속에서 아사해버렸을 것이다. 또 족제비에게 기습당해 꽁지깃털이 모두 빠져 날지 못하는 비둘기를 매일 밤 집에 넣어주고 벽돌로 문을 막아주는 노고가 없었더라면 비둘기는 족제비에게 잡아먹혔을 것이다.

사랑은 하나의 행위이다. 인내는 더욱더 신념에 찬 행위이다. 비둘기에게 모이를 주고 있는 소년 같은 남편의 무심한 표정은 어떤 휴식 같기도 하고, 사나이의 고독 같은 것도 엿보여진다. 나 역시 원고를 쓰다가 자주 창 밖을 내다본다. 비둘기들이 떼지어 멋지게 선회하는 것을 보고 이 지붕, 저 지붕으로 날개 치며 날아다니는 것을 보며 나는 막혔던 문장이 풀리기도 한다. 아이들은 아이들대로 먼 훗날 이 모든 것이 하나의 아름다운 추억으로 남을 것이며 사랑과 믿음이 그리고 또 기다린다는 것이 다름 아닌 행위에서 이룩된다는 것을 기억하리라.

1980. 11

한 마리 여러 마리

비둘기의 수는 점점 늘어갔다. 한 번에 꼭 두개의 알만 낳는데도 그것은 몇 달 동안에 기하급수적으로 느는 것 같았다. 먹이도 적지 아니 들었다. 그렇다고 우리 식구 누구 하나 비둘기 모이 주는 것을 귀찮게 생각하는 식구는 없었다. 할머니까지도 "참, 비둘기 모이 줬니?" 하셨다. 사실 모이가 떨어졌을 때, 비둘기 모이만을 사러 나간다는 것은 귀찮은 일이었다. 등산 갔다 돌아오는 길에 남편이 사오기도 하지만, 여느 때는 내가 아니면 아들아이가 심부름을 담당했다. 어느 땐 공부하는 아이에게 부탁을 하면

"엄만 좀 한꺼번에 사놓으세요."

하며 투덜거리지만 거역하는 일은 없었다. 비둘기 수가 적을 땐 몰랐는데 역시 그 수가 많으니까 조금만 늦어도 야단들이고, 사람이 현관만 나가도 옆집 지붕에서 쏜살같이 날아들어 왔다. 일하는 아줌마는 비둘기 똥을 치우면서,

"아주머니 비둘기가 자꾸 많아지는데 내년쯤 되면 굉장하겠는데 어

떻게 하시겠어요?"
하며 걱정이 태산이다.

"그땐 그때대로 비둘기는 비둘기대로 우리는 우리대로 대책이 있겠지."

그러나 비둘기는 많은 것이 보기 좋았다. 비둘기 색도 가지가지다. 어떤 것은 어미만 닮아 까맣고 또 어떤 것은 아비만을 닮아 다갈색이었다. 몸집도 한달 된 것, 두 달 된 것 등 모두 달랐다. 제일 어린 것은 털도 갓 나서 어설프고 깃털도 예쁘지 않았지만 먼저 난 비둘기들은 깃털에 윤기가 흐르고 몸매도 날씬하고 먹는 것도 왕성하다.

이제 우리 비둘기는 나이를 먹어서 그런지 몸집에서도 깃털에서도 앳된 맛은 없다. 몸 전체의 다갈색도 조금 더 짙어지고 언제부턴가 목둘레에 자양색 털이 나고 또 금녹색 털도 생겼다. 처음 남편이 비둘기를 사올 때는 어린 비둘기로 요즘 깃난 비둘기와 똑같이 수수한 갈색털 뿐이었던 것이다. 그러던 것이 1년, 2년, 3년이 지나면서 그렇게 깃털도 아름답게 변모해갔다.

나는 우리 비둘기를 이제는 승격을 시켜 주어야겠다고 생각해서 이름을 붙여 주기로 했다. 비둘기의 작명을 아들아이에게 부탁했다. 왜냐하면 국민학교 4학년 때, 우리 집 개에게 "장張돌이"라는 이름을 붙여 준 일이 있었기 때문이다. 개에게 성을 붙여준 것은 아이의 멋진 아이디어였다. 그렇다면 비둘기에게도 가족성을 붙여 주어야 했다. 그래서 "장구張鳩"라고 지어주었다.

장구는 이제 제법 많은 식구를 거느린 가장이다. 가장은 그저 나이를 먹었다고 해서 관록이 붙은 것은 아니었다. 멀리 원정을 가서 암비둘기를 데리고 돌아오고, 계속해서 암놈이 낳은 알을 교대로 품고 부지런히 먹이를 물어다 먹이고 날 때 쯤 되면 비행 연습을 시키고, 이렇게 책임을 다해 얻어진 가정의 권좌라고 할 수 있다.

장구는 많은 비둘기 속에서 왕이었다. 갓 깐 비둘기들은 겁이 많아 먹는 것도 서툴다. 그러나 장구는 어린 비둘기들 까지도 다 모이를 먹으면 그 주위를 구구거리고 돌아가며 어린 비둘기들이 흩트린 모이부터 주워 먹기 시작한다. 젊은 비둘기들이 억세게 먹어대는 대로 한번 쪼는 일이 없다. 그 늠름한 여유가 왕자王者다운 품위가 있었다.

만일 장구가 원로라는 위세로 모이에 다른 비둘기들과 똑같이 덤비거나 그전에 자신이 당한 것처럼 약한 어린 비둘기들을 쪼아가며 모이를 독점하려 한다면 우리는 아마 장구를 왕자王者가 아닌 왕초라고 불렀을 것이다.

금수의 세계나 인간의 세계에도 왕자 아닌 왕초는 얼마나 많은가. 많은 졸개를 거느리고 그들 위에 언제까지나 군림하려고 온갖 수단을 자행하는 왕초, 그런 것을 생각할 때 장구의 거동은 비록 금수지만 결코 왕초 아닌 왕자다움이 있다고 할 수 있지 않은가.

장구의 장한 모습은 그런 것만은 아니었다. 모이를 먹고 난 후, 오후쯤 해서 지붕 위에 또는 전선 위에 옹기종기 앉아 있다가 돌연 장구가 날개를 펴고 날기 시작하면 다른 비둘기들도 일제히 힘차게 날개를 퍼덕거리며 장구의 뒤를 따라 난다.

어느 날 겨울 방학으로 낮에 집에 있던 아들아이가 창밖을 내다보다가 나를 불렀다.

"엄마 저것 좀 보세요."

그것은 나도 가끔 보아왔던 우리 비둘기들의 멋진 비행의 모습이었다.

"새끼들을 데리고 비행연습을 하는가 봐요."

차가운 겨울 하늘이지만 구름 한점 없는 맑은 하늘에서 비둘기로서는 비교적 높다고 생각할 만큼 높은 공중에서 계속 선회하는 모습은 한마디로 아름다움이요, 장관이었다.

"엄마 멋있죠?"

"그래, 그런데 저 비둘기가 본능으로만 나는 것은 아닐 거야."

"그런지도 모르죠."

"비둘기로선 최상의 노력인지도 모르지."

거의 수평자세로 나는 비둘기들은 하늘에 높이 펼쳐진 한 폭의 예술이었다.

'혼자 있을 때 저렇게 나는 것을 못 보았는데…….'

"사람도 마찬가지 아니니. 아무리 좋은 일을 하고 싶어도 협력해 주는 사람이 없으면 안 되는 것이나 마찬가지야."

그러면서 나는 언젠가 어느 신학 강연에서 들은 한 신학자의 말이 떠올랐다.

"…여러분들이 서울에 남아 같이 서울을 지킨다면 나도 여러분과 함께 남아 지키겠습니다. 그러나 여러분들이 모두 보따리를 싸고 도망간다면 나도 떠날 수밖에 없습니다……."

"비둘기라도 독불장군은 없어. 사람도 마찬가지야. 한 마리의 비둘기를 보고 평화라고 부르지는 않는다. 평화란 많은 수가 아름답게 모일 때 부르는 말이지 않니"

그러나 처음은 무엇이나 소수에서부터 시작한다. 우리 식구가 한 마리의 비둘기를 애정과 연민으로 보호하지 않았더라면 오늘날 저 비둘기들의 아름다움을 보지 못했을 것이다.

30여 년 전 매사에 덜렁거리는 내게 "작은 소리에 귀를 기울이면 큰 소리는 저절로 들려온다"라고 고마운 충고를 주신 분이 있었다. 충고란 내게 있어 언제나 내 마음에 각인된 좋은 약이었다.

"저렇게 오래 나는 것도, 비둘기지만 모이만 쫓아다니는 것 보다 뭔가 다른 것이 있을 거예요."

"그런지도 모르지. 너 조나단 · 리빙스턴알지?"

"아… 갈매기의 꿈…."

"다들 사람들이 먹다 버린 찌꺼기에 모여 사는데 조나단만은 그런 무리에서 떠나 높고 넓은 세계로 날아가지 않든. 물론 이야기는 의인화한 것이지만 그 힘이 무슨 힘인 줄 알겠니? 어떤 의지의 힘이야. 저 비둘기가 저렇게 높이 떠 계속 나는 것도 아마 그런 힘일 거야."

"……"

"너도 조나단을 닮고 싶지 않니?"

"……."

"그 의지의 힘을 주는 것이 뭔 줄 알겠니?"

"……"

"너 요전에 안 박사님이 네게 해주신 말씀 기억하고 있겠지. 지구를 밀어내려면 지구 안에 있어선 어렵고, 네가 지구 밖으로 나가야만 된다는 것 말이야. 지구 밖으로 뛰쳐나가려면 내가 발을 디디고 서야 할 발판이 있어야 한다고 말이야. 그 발판이 되는 것이 무엇인지 알겠니?"

"……"

아이는 내 말을 들으면서 나는 비둘기에 시선을 두고 있었다. 고등학교 1학년으로선 좀 어려운 이야기인지 모른다. 요즘 들어 독서가 부쩍 늘고 사색에 잠기기도 하고 유신론이니 무신론이니 하며 종교이야기를 하는 때다. 그러나 비록 명확한 이해가 안가더라도 그 말씀은 그의 가슴에 깊숙이 각인되었을 것이다. 그리고 그 각인은 그의 성장에 오래 힘이 되어 주리라 믿는다.

장구가 저렇게 훌륭히 되리라고는 우리 누구도 확신은 없었지만 작은 생명을 버리지 않고 어떻게라도 제 구실을 하도록 정성을 다 했었다. 아무도 그 미래는 예측 할 수 없다. 그러나 분명한 것은 계산 없이 준 사랑이 내게 되돌려 준 그 무엇이 있었다.

1981. 3

장구張鳩가 안 보이다

봄이 되자 우리 집 주변에는 구구거리는 새 소리가 요란해졌다. 장구張鳩의 새끼 비둘기들이 어느 새 많이 자라서 벌써 알을 낳기 시작한 것이다. 이제는 옆집 지붕만으로는 공간이 모자라는지 비둘기들은 다른 곳에 보금자리를 마련해야 했다. 그러나 우리 집 주변엔 그렇게 안전한 장소가 없는 모양이었다. 첫째, 고양이들이 지금도 넘나들고 간혹 족제비까지 나타나곤 하기 때문이다. 우리는 비둘기 식구의 집 마련에 대해 여러 가지 궁리를 해보았으나 별 뾰족한 수가 없었다.

어느 땐 비둘기 새끼를 잡아다가 전에 만든 비둘기 집에 강제로 넣고 입구에 망을 쳐놓기도 했었으나, 이제는 자유로워진 비둘기를 어떤 식으로든지 가두어 둘 마음이 생기지 않았다. 그런데 앞집의 처마 밑으로 비둘기 한 쌍이 부지런히 드나들더니, 그 곳에서 예쁜 새끼 몇 마리가 모습을 드러냈다.

"이러다간 온 동네에 비둘기 떼가 날겠어요."

"그거 좋지"

그런데 모이는 옆집 할머니 댁과 우리 집에서만 주기 때문에, 늘 우리 집 지붕과 옆집 지붕 그리고 우리 잔디에서 놀았다.

요즘 들어서 수놈 비둘기들이 애정을 구하는 소리가 대단해졌다. 수놈들은 온 몸의 털을 모두 부풀리고 암놈에게 접근하지만, 암놈은 상대방이 싫으면 아주 모르는 척하고 피해 다녔다. 그러면 수놈 비둘기는 먹이도 안 먹고 계속 암놈만 따라 다니는 것이었다. 그래서 암놈이 허락을 안 하면 수놈은 하루 종일 노력하다가 그냥 체념해 버렸다. 힘을 동원하여 강제로 사랑을 구하지는 않았다.

동물의 세계는 깨끗하다. 몇 년 전에 있었던 우리 집의 개 매리가 발정기가 되면 집 앞에 많은 수캐가 몰려왔다. 보통 때는 안 그러다가 이때가 되면 문을 열어 달라고 졸랐다. 문을 열어 주면 매리는 여러 수놈들 사이를 엉덩이를 흔들며 지나갔다. 우리가 보기에 그 중에 제법 잘생긴 수놈이 있어, 저 놈하고 결혼을 했으면 하고 생각했으나, 그게 우리 마음대로 되지 않았다. 매리는 자기에게 몰려드는 수놈들은 거들떠보지도 않고 꼬리만 흔들면서 동네를 한 바퀴 돌고 집에 들어오곤 했다. 그리고 다음날 또 나가겠다고 법석을 친다. 우리는 가축병원에 가서 품종 좋은 매리의 신랑감을 구해 왔으나, 결혼시키는 데에 실패하고 말았다.

"내버려 둬. 요새 세상이 어떤 세상인데, 주인 맘대로 할 수 있겠어. 매리가 좋은대로 하게 자유를 줘! 견권犬權을 존중해야지."

매일 아침 꼬리를 흔들며 나가는 매리는 집 앞에 찾아오는 구혼자들을 도도하게 무시해 버렸다. 그들은 결코 매리에게 강제로 폭력을 쓰지 않았다. 아주 조용히 부드럽게 접근하는 것이었다. 잘 생긴 수놈일수록 행동이 더욱 의젓했다.

그러던 어느 날 매리는 놀랍게도 우리가 보기에 가장 못 생기고 이름도 없고 털도 지저분한 수놈의 구혼을 받아들였다.

"저런 바보 같은 매리. 하필이면…."

우리 식구는 모두 실망했지만 어떻게 할 수 없는 일이었다.

"애비처럼 미운 새끼나 나오면 어쩌지"

모두들 걱정했으나, 새끼들의 반은 어미를 닮고 반은 애비를 닮았다. 그런데도 강아지 새끼는 모두 예뻤다. 이렇게 사랑은 강제로 되는 것이 아니다.

아침부터 구혼의 꾸꾸 소리와 짹짹거리는 새끼들의 소리는 앞마당을 가득 채웠다. 내 기분이 우울할 때는 그것이 신경에 거슬렸고, 기분이 좋을 때는 마치 봄의 교향곡 같이 들리기도 했다.

금년 들어 우리는 유난히 부지런하게 마당 여러 구석에 땅을 갈고, 상추씨와 쑥갓 씨를 뿌렸다. 며칠 사이에 새파랗게 싹이 돋아났다. 그것은 자연의 신비를 더욱 깊이 느끼게 하는 아름다움이었다. 그러던 어느 날 아침에 나와 보니, 비둘기들이 쪼아 먹어 그 예쁜 파란 싹이 하나도 남지 않았다.

"야, 이건 너무했다."

그래서 우리는 다시 씨앗을 뿌리고 간이 비닐하우스를 만들었다. 씨앗은 다시 파릇파릇하게 싹을 틔웠다. 이번엔 비둘기들이 비닐 위에 올라가 먹을 수 없는 새싹을 마구 뭉개 버렸다. 그러나 우리는 포기하지 않고 이번엔 고추와 들깨를 모종하다 심었다. 비둘기는 그것마저 잎사귀를 모두 따먹어 버려 줄기만 앙상히 남겨 놓았다.

"저 놈들이 배가 고픈가. 모이를 좀 더 많이 주지."

아이들은 비둘기가 말썽만 일으키니 이제는 예쁘지도 않다고 투덜거렸다. 그런데 비둘기는 자기보다 키가 작은 것만 쪼아 먹었다. 아무튼 금년 우리 집 농사는 영 망치고 말았다.

비둘기가 모이를 먹으러 올 때마다, 비둘기 수를 세는 버릇이 생겼는데, 이제는 스무 마리도 넘었다. 그러던 어느 날 나는 비둘기들 속에서 우리 장구張鳩가 안 보이는 것을 발견했다. 비둘기들은 그저 비슷비슷해서 얼른 보아서는 잘 모르겠고 요즘 낳은 것은 거의 다 얼룩 비둘기였다.

"그러고 보니, 장구가 없는 것 같아요."

"어디에 집을 짓고 나갔나?"

"그럴 리가 있겠어요. 분가를 했다면, 다른 젊은 놈들이 나갔겠지. 가장이 분가를 하나."

아이들 말을 듣고 보니 그럴 듯 했다.

나는 이 궁금증을 풀기 위해 옆집의 문을 두드렸다.

"우리 집 비둘기가 통 보이지 않아 알을 품고 있나 해서요."

"그 댁의 비둘기는 죽었어요."

"네… 언제요?"

"오래 됐어요. 한 달 정도 됐을걸요. 집에 쥐약을 해놨는데, 그것을 먹었나 봐요."

"원 세상에……."

나는 순간 할 말을 잃었다.

옆집 아주머니는 나의 슬픈 얼굴을 보더니 깔깔 웃으면서,

"사람도 죽는데 그까짓 비둘기 좀 죽으면 어때요. 우리 집 좀 보세요. 이 비둘기 똥하고 날개털들이 지저분해서 죽겠어요."

"그래서 그 비둘기를 어떻게 하셨어요?"

"쓰레기통에 버렸어요."

나는 더 이상 그 곳에 서있을 수 없었다.

"다음에 쥐약 놓으실 때는 비둘기가 안 먹게 조심하셔야겠어요."

"아이쿠, 어떻게 그런 것까지 신경을 써요. 비둘기는 쥐하고 같지는 않지만, 그렇다고 사람에게 이익 되는 것이 있나요?"

나는 하루 종일 기분이 우울했다. 3년이 넘도록 아니 4년이 돼왔다.

그 동안 기른 정과 그리고 그에 앞서 남편이 품에 안고 온 비둘기는 온갖 고생을 다 겪었던 장구張鳩였다. 이제 비둘기 가족을 만들어 놓았는데, 공해로 목숨을 잃다니……. 쥐약은 확실히 비둘기에게 있어서는 공해이다. 우리 집에선 비둘기를 기르기 시작하고부터는 나무에 살충제 한 번 뿌리지 않았다. 혹시 비둘기에게 해가 갈 것 같아서였다. 그래서 그런지 진딧물, 송충이 등이 나무에 많아 나무 꼴은 안 되었지만, 의외로 다른 새들이 날아와 벌레들을 잡아먹었다. 이것이 자연의 질서이고 섭리였다. 그런데도 인간들은 날이 갈수록 많은 수확을 위해 더욱 더 농약을 뿌린다.

장구의 죽음을 처음에는 가족에게 알리지 않기로 했다. 그러나 며칠 후 나는 말하고 말았다.

남편도 아이들도 모두 침울해졌다.

정이란 무엇인가……

"도대체 비둘기의 수명은 몇 년인가?"

"사전을 찾아보아도 비둘기의 수명은 나와 있지 않아요. 그런데 카나리아의 수명은 7년이래요."

"장구도 몇 해 더 살 수 있었을 텐데……."

"장구가 없어서 그런지 요즘은 오후에 비둘기가 떼 지어 높이 나는 모습을 볼 수가 없어."

우두머리를 잃은 비둘기들은 오후에도 지붕 위에 앉아만 있고, 옆집과 우리 집 지붕 사이를 나는 정도였다. 장구가 죽었다는 소식은 며칠 동안 우리 집 분위기를 무겁게 했다. 더욱 불쾌한 것은 -그까짓 비둘기 한 마리 죽은 거 가지고…… 사람도 죽는데- 하는 말이었다. 물론 사람과 비둘기를 비교한다는 것은 말도 안 되지만, 그렇게 말하는 사람은 사람이 죽어도 -누구나 사람은 죽기 마련인데 뭐-하며 눈 하나 깜짝하지 않을 것 같았다.

큰 것이든 작은 것이든 살아있는 생명체를 죽일 권리는 아무에게도 없다. 내 가슴이 여려서가 아니다. 영오의 몸이 되어 죽도록 고생하고 나온 나의 친구 K씨는 자기가 파리 한 마리도 그것이 생명체인 이상 죽일 수 없다고 했다.

세계 2차 대전 때 아우슈비츠 수용소에서 수십만의 유태인이 학살당했는데 그 속에서 기적적으로 살아남은, 정신의학자 빅터・프랭클은 자유의 몸이 된 동료들이 막 솟아난 보리 싹을 밟는 것을 보고 새싹을 밟아서는 안 된다고 말했다. 그러자 그들은 그의 말을 불쾌하게 들으며, "무슨 소리, 우리가 빼앗긴 것이 얼마나 많은 줄 아나? 내 아내와 자식들은 가스실에서 죽었어. 그런데 자네는 지금 약간의 보리새싹을 밟은 나를 나무란단 말인가" 프랭클은 생각했다(아무도 不正을 저지를 권리는 없다. 아무리 피해를 입었다 해도 내가 다시 부정을 행해서는 안 된다)는 이 평범한 진리를 이 사람들이 깨닫게 하기 위해선 오랜 시일이 걸린다고.

인간은 극심한 고통을 당함으로써 체험적으로 참 생명의 소중함과 악의 근원이 어디서부터 오는가를 깨닫는 사람도 있는가 하면 반대로 다른 모든 인간적인 것을 감소시키고 무감각해지고 때로 미움과 증오로 복수심이 생겨 자기가 당한 그것에 무의식중 동화되는 경우도 있다고 프랭클은 말했다.

"장구가 몇 해나 살았지?"

"당신이 장구를 사올 때가 언제더라……."

"그 때가 78년 9월이었어."

"그 때 아빠가 가지고 올 땐 아주 조그만 했어요. 그 땐 몰랐으나 지금 비둘기를 보면 나이가 얼마큼 된 것을 알고 있는데 장구는 우리 집 올 때 털도 그리 예쁘지도 않았고 목도 끼름한 것으로 보아 아마 낳은 지 두 달 정도가 아니었나 생각돼요."

"그래 그러니까 먼저 놈한테 맨날 쫓겨나고 쪼임을 당하고 했었지."

“그럼 지금이 81년 3월이니까 그럭저럭 한 4년 살았구먼.”

“그 동안 갖은 고생을 다 겪고 작년부터 보금자리를 차리고 새끼도 저렇게 많이 낳는데…….”

“한참 날개 죽지가 떨어져 고생하다 죽었다면 우리의 가슴이 더 아팠을 텐데. 나중이라도 비둘기 구실을 하다가 갔으니 그나마 다행이야.”

우리는 우리들의 마음을 이렇게 위로했다. 지난 해 5~6년을 우리의 사랑을 받았던 매리의 사진이 우리 집 안에 걸려 있듯이 이제 장구의 사진도 남았다.

한 마리의 새가 그 동안 우리 온 식구와 사랑과 고통을 같이 나누면서 무엇인가를 느끼게 하고 또 많은 것을 알려주고 간 것을 우리 식구 누구도 오래 잊지 못할 것이다.

장구의 명복을 빈다.

1981. 6

비둘기 마을

한 마리의 비둘기가 알을 낳고 또 그의 새끼가 성장해서 알을 낳고 하여 늘어나는 것은 눈 깜짝할 사이였다. 이제 비둘기는 너무 많다고 생각될 정도로 늘어났다. 잠자리인 집도 모자라서 옆집 현관 위나 창틀 할 것 없이 비둘기 집이 되었고 그래서 현관 앞이나 대문 쪽엔 비둘기 깃털과 똥으로 지저분했다. 지저분하기로야 우리 집도 마찬가지이다. 비둘기가 잠은 안자도 낮에는 우리 집 지붕위에 와 앉기 때문에 기와에 똥 천지고, 비만 오면 물받이, 물통이 메어 남편은 그것을 손으로 쑤셔 파냈다.

"더럽지 않으셔요?"

아이들은 상을 찡그리며 물었다.

"할 수 없지. 비둘기를 기를 바엔."

"우린 좋은 것 아름다운 것만 봤으면 좋겠어. 모이도 안 먹고 똥도 안 누는 비둘기 말이야. 언제나 예쁘고 날아다니는 것만 봤으면."

"그런 게 어디 있어. 공들이지 않고 좋은 것 볼 수 있나. 먹이를 주어야 새들도 날아오지.”

아침 마다 모이를 주는 남편의 주위에는 많은 비둘기 떼가 모여들고, 그 모여드는 모습은 보기만 해도 즐거웠다. 아침 햇살을 듬뿍 받으며 날개를 힘껏 펼치며 마당 가득히 내려앉은 풍요한 모습은 메마른 도시 한복판에선 보기 어려운 광경이다. 그러나 한편 좋기만 하지도 않다. 비둘기가 날고 내리고 할 때마다 비둘기 깃털과 마구 내놓은 똥과 비 오는 날의 모이그릇 주변은 결코 아름답지만은 않았다. 여름철이면 파리 떼가 득실거리고 특히 장마 때면 돼지우리 못지않게 냄새가 코를 찌른다.

“이젠 비둘기가 예쁘지도 않아.”

아이들은 싫어하기 시작했다.

“더러워 죽겠다니까, 한두 마리 때는 몰랐는데 너무 많으니까 모이도 많이 들거니와 마당이 지저분해서 죽겠어.”

나도 푸념을 늘어놓기 일쑤였다.

“짐승을 기르려면 어쩔 수 없는 것이지 뭐. 어떻게 좋은 점만 있기를 바라노.”

남편은 아주 관대하다. 그도 그럴 것이 아침에 모이만 주고 출근하는 남편은 낮에 비둘기 떼의 어지러운 모습을 보지 못하는 것이다. 여하튼 비둘기 기르는 것이 좋아서 기르는 것이니 어떤 불평도 있을 수 없는 것이다.

그런데 비둘기들에게 수난이 시작되었다. 옆집이 집을 헐고 새집을 짓게 된 것이다.

“어떻게 하지, 비둘기들…….”

우리 가족들의 얼굴이 걱정으로 어두워졌다.

“어디에다 비둘기 집을 지어 줘야 하나?”

남편은 집 잃은 비둘기들이 모두 다른 곳으로 날아갈까봐 걱정이 되는 모양이었다.

"집을 다시 지어 주자. 어디 안전한 장소에."

우리는 매일같이 우리 집 어디에 비둘기 집을 지어줄까 하고 생각을 했다. 그러나 마땅한 곳이 없었다.

드디어 어느 날 옆집이 모두 헐리고 말았다.

"이제는 옛집으로 돌아오겠지."

남편과 아이들은 한동안 궁리 끝에 비둘기 집을 집 건물과 좀 떨어져 있는 장미 넝쿨 아치 위에 세워주었다. 그러나 고양이에게 한 번 혼이 난 비둘기들이어서 그런지 아니면 비둘기 집으로 적합하지 않아서 그런지 비둘기들은 그 속에 들어가지 않았다.

갑자기 집을 잃은 비둘기들은 우리 집 지붕위에서 며칠 밤을 새웠다.

"지붕 위에 비둘기 집을 올려 놓아줄까?"

그러게도 할 수 없었다.

밤이 되어도 들어갈 곳이 없는 비둘기들은 고개를 움츠리고 지붕 위에서 잠을 잤다.

"불쌍해 죽겠어요."

아이들은 지붕 위를 쳐다보고 야단들이었다.

"그러다가 어딘가에 집을 찾아 짓겠지."

"그러다가 아주 날아가 버리면 어쩌지요."

"먹이를 계속 주는 한 멀리는 안 가겠지."

우리들은 다시 비둘기 집을 지어줄 곳을 찾아보았다. 그러나 딱히 마땅한 곳이 없었다.

요즘 집들은 모두 벽돌집이라서. 새가 집을 지을 처마 밑이라든가 으슥한 곳이 없었다. 옆집은 옛날집이어서 현관 위가 넓었고 또 그 위에 등나무 넝쿨이 있어서 비교적 으슥한 곳이었다.

그러는 동안 어느새 겨울이 왔다.

“저 비둘기들 얼어 죽지 않을까요?”

“털이 있는 새니까 얼어 죽지는 않겠지만 집 잃은 비둘기 모습이 보기에 딱하구나.”

“옆집이 빨리 집을 지으면 좋겠는데.”

“옆집이 집을 지어도 역시 벽돌집일 텐데 비둘기들이 집 지을만한 장소가 있을라고.”

“글쎄… 옆집 할머니 할아버지도 비둘기를 좋아하셨으니까.”

“여하튼 비둘기 모이를 꾸준히 주면 다른 곳에 집을 짓더라도 멀리 가버리지는 않겠지.”

모이 때문인지 비둘기들은 그리 멀리 날아가진 않았다. 이제는 우리 집 지붕에서 잠을 자지 않고 저녁이면 어디론가 자취를 감췄다가 날이 밝으면 우리 집으로 모여들었다.

“이놈들이 어디서 자나?”

우리 식구들은 그것이 무척 궁금했다. 그러던 어느 날 밖에서 누군가가 주인아주머니를 찾았다. 나가보니 뒷집에 사는 젊은 여인이었다.

“저어 말씀 좀 여쭈어 보겠는데요. 이 옆집이 어디로 이사 가셨는지 아시나요?”

“네, 어느 아파트에 임시로 가셨다나 봐요.”

“전화번호 혹시 아세요?”

“모르겠는데요, 왜 그러세요?”

“글쎄, 비둘기 때문에 죽겠어요.”

“네….”

나는 가슴이 뜨끔했다.

“저 비둘기들 저 댁 것이지요? 비둘기가 밤이면 우리 집 장독대에 와서 잠을 자는데 이건 더러워서 죽겠어요. 아무리 쫓아내어도 어느 사이에 들어와 있곤 해서 정말 못살겠어요.”

"그 쪽이 으슥한 곳인가 보지요?"

"그렇긴 하죠. 그 댁에 전화를 해서 비둘기를 가져가라고 하던지 해야지 이건 하루 이틀도 아니고 정말 견딜 수가 없어요."

나는 할 말이 없었다. 속으로 은근히 미안하기도 했다. 우리들이야 비둘기가 좋으니까 비둘기의 더러운 면도 보지만 다른 사람들이야 골칫거리가 아닐 수 없었다.

"그 댁에 어떻게 연락 좀 해주시겠어요?"

여인은 졸랐다.

"비둘기를 다 데려가든지 하라고 해야죠. 우리 집 일하는 아이가 못 살겠대요."

"야생조를 어떻게 잡아가겠어요. 그건 어렵고 정 비둘기가 싫으시면 장독대에다 큰 비닐을 덮어 놓으세요."

"그럼 비둘기가 날아오지 않을까요?"

"댁의 장독대가 으슥한 곳인가 보죠. 우리 집에선 저렇게 비둘기 집을 지어 놓았는데도 와서 자지를 않아요."

"비둘기 집까지 지으셨다구요?"

여인은 놀라는 표정을 지었다.

"네에… 뿐만 아니라 이렇게 비둘기 모이까지 주는데요."

"그럼 비둘기는 댁의 것이든가요?"

"누구네 것이라고 말할 수 없지요. 비둘기는 자유니까요. 자아 보세요. 저희 집에서는 이렇게 모이를 주지요."

나는 더 이상 발뺌할 수가 없어 문을 활짝 열고 마당에 놓여있는 비둘기 모이그릇을 보여주었다.

"그럼 댁에서는 모이까지 주세요?"

"그래요. 비둘기가 집 주위를 날아다니는 것 좋지 않아요?"

그 부인의 눈이 지저분한 모이그릇과 날 번갈아 보며 놀랐는지 눈을 크게 떴다.

“댁에도 어린 아이들이 있으시죠? 좀 지저분하시겠지만 비둘기가 날아오면 댁에서도 아이들에게 모이를 주라고 해 보세요. 혹시 마당이 넓으면 한구석에 정식으로 비둘기 집도 놓아 두어 보세요. 아이들의 정서교육에도 좋을 겁니다.”

나는 어느 사이 그녀에게 비둘기의 좋은 점을 말해주고 있었다.

“아이들 뿐 아니라 비둘기를 보고 있으면 비둘기로 인해 느끼는 것도 많아집니다. 동네에 비둘기가 날아다니는 것은 참 보기 좋아요. 저녁 때 한 번 하늘을 올려다보세요. 저 비둘기들이 떼를 지어 날아다니는 것이 얼마나 멋있는데요. 참 자유스럽고 또 동네가 어쩐지 평화스럽게 보여요.”

“네에….”

여인은 무엇을 느꼈는지 더 이상 아무 말을 안 하고 가버렸다.

집안에 들어오니 가족들이 모두 죄 지은 사람들 모양 의기소침해져서 내 눈치만 보고 있었다.

“뭐래, 야단해?”

“언젠가 이런 소리 동네에서 들을 줄 알았어…. 그랬지 뭐. 비둘기의 더러운 면만 보지 말고 날아다니는 아름다운 모습도 보라고 말이야. 아이들 정서 교육에도 훨씬 좋다고 말이야”

“그랬더니?”

“그랬더니, 모이그릇을 보고 기가 질렸는지 그냥 가버렸어요.”

“그러고 보면 옆집 할머니 할아버지는 참 비둘기를 사랑한 것 같아.”

“그랬어요. 현관에 비둘기 똥이 말이 아니었는데도 비둘기를 쫓아낸 일이 없었으니.”

“아빠, 옆집 할머니께서는 불교신자이셔요.”

“그래서 모든 생물을 다 자비로서 사랑하셨나보다.”

"참 다행이었어."

"어쨌든 이 동네 인심이 대체로 좋은 것 같아. 비둘기를 멀리 쫓아내버리지 않은 것을 보면 알 수 있지 않아."

"아빠, 가끔 보면요. 앞집에서도 비둘기 모이를 주는 것 같아요. 그 댁 현관 앞에 밀이 많이 떨어져 있고 비둘기들이 먹고 있었어요."

"그뿐 아니야. 옆집 집짓는 일꾼들도 일을 하다가 밥 같은 것을 던져 주던데요."

"그래…."

누구보다도 남편이 제일 흐뭇해했다.

"참 다행이로구나. 비둘기가 사람들로부터 미움을 받는다면 얼마나 슬픈 일이겠니."

그 후 뒷집 여인은 두 번 다시 오지 않았다. 그 집 장독대에 비닐을 덮어 두었는지 어떤지 모르지만 우리 집 주변에 여전히 있으며, 밤에는 어디서 자는지 낮에는 다시 돌아와 지붕 위와 전기 줄에 나란히 앉아 있곤 한다. 동네 아이들은 새총을 가지고 쏘려고 하기도 하고, 또는 쳐다보면서 한 마리 두 마리 하고 수를 세면서 놀기도 한다. 저녁이면 비둘기들이 떼를 지어 우리 동네 상공을 멋지게 난다. 뜨거운 여름철에도 깊은 겨울에도 비둘기의 비행은 그들의 일과인 것 같다. 뒷집 여인도 아마 생각나면 가끔씩이나마 비둘기가 나는 것을 볼 것이라고 나는 믿어마지 않는다.

생활에 시달리다 보면 우리들은 자연의 미를 잊게 마련인 것이다. 그런 것을 어느 기회에 누군가가 살짝 귀띔해주면 그 순간 자연을 다시 보고 자연의 미를 되찾게 되고 자연의 고귀함을 재음미하게 되는 것이 아닐까.

지금 저녁 시간 창 밖을 내다보니 어느 사이에 석양을 받으며 비둘기들이 상공을 멋지게 날고 있다.

남편의 말은 옳았다. 아름다운 것을 보기 위해서는 그 뒷면의 지저분한 것도 보아야 되고, 그것까지 사랑해야 한다는 것을…

우리 동네는 비둘기 마을이 되어가고 있다. 비둘기가 나는 평화스런 마을. 사랑과 평화가 있는 마을. 아름다운 면이 더 커져서 더럽고 치사한 것들을 감쌀 수 있을 때, 우리는 그 모든 것을 감수할 수 있을 것이다.

그것은 또 여유이기도 하다. 아무리 각박한 생활 속에서도 현실을 잠시 떠나볼 수 있는 순간, 아름다운 면도 볼 수 있는 여유의 눈과 마음도 열리는 것이다. 우리 인간은 그것 때문에 살맛이 나는 것이 아닌가.

1982. 2

수난受難

우리 옆집이 새 집을 짓는 바람에 보금자리를 잃어버린 비둘기들은 갈팡질팡하였다. 우리 집에서 비둘기 집을 새로 지어 주었는데도, 그곳에 들어갈 생각도 하지 않았다. 그도 그럴 것이 남향 볕이 하루 종일 쨍쨍히 잘 드는 밝은 집이라, 비둘기의 기질엔 잘 맞지 않는 모양이었다. 겨울 내내 햇볕 따라 지붕 위에 옹기종기 앉아 있으면서도 잠자는 곳은 역시 으슥한 곳이 좋은 모양이었다.

해가 지면 어디론가 날아가서 잠을 자고 새벽이면 우리 집에 모여들기는 하는데, 어디서 자고 오는지 그 몰골이 추하기가 말이 아니었다. 어떤 비둘기는 굴뚝 속에서 자고 나왔는지 꾀죄죄했다.

"도대체 어디서 자고 오는 것일까?"

우리 동네는 집이 크나 적으나 모두가 벽돌 화강암 등으로 된 문화주택들이라서, 비둘기는커녕 제비들도 비집고 들어갈 틈이 없이 말쑥하기만 하기 때문이다. 그러지 않아도 뒷집에서 부인네가 비둘기를 모두 데려가라고 역정을 낸 적도 있고 해서, 우리 집 식구들은 비둘기의 잠자리가 어딘지 몹시 궁금했다. 마침 한 겨울이라서 더욱 걱정이 되었던 것이다.

어느 집에서 비둘기 집 하나 만들어 준 일이 없고, 비둘기들이 자기 집을 짓지 못하는 새이니 말이다. 그 많은 비둘기들이 주변 집들의 어딘가에 잠자리를 정한 것 같아 마음이 놓이기도 하고, 그 집들에게 미안하기도 했다.

"엄마 뒷집에서 또 야단치러 안 왔었죠?"

"그래, 안 왔었어. 거리에서 만나도 아무 말도 안하더라. 나도 미안해서 더 말도 못하겠고."

"마음 고쳐 먹었나보지요."

"애조가愛鳥家가 됐나? 우리를 배워서."

"그랬으면 좋겠는데."

"그렇지만 뒷집의 입장도 이해해 주자. 좋아하지도 않는 비둘기들이 와서 장독대 틈에서 잠을 자고 똥으로 더럽히면 귀찮겠지 뭐."

"하긴 그렇겠죠. 개에게 자기 유산을 남겨주는 나라 사람이 있는가 하면 개를 잡아 보신탕을 먹는 나라 사람들도 있으니까."

"얘. 너무 그러지 말아. 한국 남자들 중에 보신탕 먹지 않는 사람이 있는지 아니? 다 먹는데."

"언니, 그 말 듣고도 아무렇지도 않아? 아··· 난 결혼할 때, 꼭 보신탕 먹는지 아닌지 물어 볼 거야. 보신탕 먹는다면 절대 결혼 안 할거야."

"좋은 사람이라도?"

"그럼, 개를 먹는 그런 야만인을 내가 좋아할 것 같아, 난 절대 거절할거야, 절대."

"작은 누나 시집가기 곤란하겠는데."

아침마다 비둘기 모이를 주는 남편의 말에 의하면, 비둘기 수가 좀 줄어든 것 같다는 것이다.

"집 때문에 어디론가 날아간 것이 아닐까?"

"글쎄."

"좀 멀리 날아가기도 해야지, 마냥 늘어나도 곤란하니까."

그러던 어느 날, 우리 지붕 위에 비둘기 한 마리가 죽어나자빠져 추운 겨울바람에 깃털이 날리고 있었다.

"얼어 죽었나봐요. 아빠."

"털 가진 짐승은 얼어 죽지 않아, 더구나 새 종류는."

이튿날 우리는 하얗게 쌓인 눈 위에 비둘기가 여러 마리 죽어서 떨어져 있는 것을 또 발견했다. 한 마리도 아니고 여러 마리가 죽은 것을 보니 소름이 끼칠 정도로 끔찍했다 그러자 밖에서도 동네 꼬마들이 우리 집 대문을 두드리고는, 죽은 비둘기를 몇 마리 손에 들고 왔다. 죽은 비둘기는 미지근하게나마 체온이 있었고 살은 통통히 쪄 있었다.

"세상에 이럴 수가…."

"틀림없이 누군가 고의적으로 쥐약을 뿌려놓은 것일지도 몰라."

"설마…."

"생각해 봐라, 쥐약은 위험한 것이라 밤늦게 쥐가 나올만한 곳에 두어 군데 놓았다가 아침에는 곧 치워야 해. 그리고 설사 그것을 모르고 비둘기가 먹었다 해도 한 두 마리겠지, 저렇게 떼죽음을 할 수 있겠니? 그리고 오늘 처음도 아니고 요즘 계속해서 비둘기가 죽지 않아."

뒷집 부인네의 화난 얼굴이 떠올랐다.

"도대체 비둘기 주인이 누구에요? 비둘기를 기르면 자기 집에서나 기를 것이지, 우리 집 일하는 아이가 비둘기 때문에 못살겠다고 나가겠다지 뭐에요. 이사 간 집에게 제발 비둘기를 가져가라고 하세요."

그 때 나는 그 부인이 좀 딱하고 미안하기도 해서 장독대에 비둘기가 들어가지 못하게 밤마다 비닐을 펴놓으라고 했지만, 그 부인은 번거로운 비닐 덮기 대신 아마 쥐약을 놓은 모양이었다. 그렇지 않다면 이렇게 많은 비둘기가 떼죽음을 당할 수 있을까.

비둘기가 떼죽음을 당한 날, 우리 집 식구는 저녁을 먹으면서 입맛이 심히 썼다.

"내 집 깨끗하게 하고 사는 사람들은 비둘기가 자기 집 근처에 날아드는 것도 싫을거야. 똥도 싸고, 비둘기 깃털도 날리니까."

"그렇게하면 사람은 안 더러운가. 어린 아이들은 똥 싸고 오줌 싸고. 그것을 거두어 주니까. 깨끗한 거지. 비둘기도 마찬가지야. 매일 청소해 주면 되는데."

"하긴, 특별히 좋아하지 않는다면 귀찮기도 할거야."

"비둘기가 집에 있으면 복이 온다고 하면, 그땐 집집마다 열심히 모이를 줄텐데."

우리들은 웃었다.

"사실 그렇긴 한데 말이야. 짐승을 사랑한다는 것은 정서적으로 안정되고 그래서 모든 생명을 아끼는 아름다운 마음이 되는데 말이야. 아름다운 마음 그것이 곧 복이기도 한데."

"선한 것이 복이라고 생각하는 사람들이 얼마나 되겠어요."

"물질이 곧 복이라고 생각하는 사람이 우리나라엔 더 많을 것 같아요."

지열이는 아주 어른스럽게 말했다.

"그런 것을 보면 인도의 문화수준은 참 높아요."

나는 가족들에게 인도의 성전聖典인 『바가바드 · 기타』에 관한 이야기를 해주었다.

인도에서 가장 오래된 서사시인 『바가바드 · 기타』는 인도인들에게 정신적 지주가 되는 성전 중의 하나이다. 그 성전의 메시지는 인도 뿐 아니라, 세계 여러 나라의 종교와 문학에도 영향을 끼친 문헌이다. 그 안에는 전 우주와 인간의 신비를 잘 밝힌 내용들이 많이 있다. 그 중에서 동물에 얽힌 이야기 한 편을 소개해보면.

기원전 5세기경에 인도에서는 인간과 개[犬]의 특별한 관계를 이미 말하고 있다. 인도의 마하바라다 왕국의 왕王 반도오왕이 죽자 당연히 자식에게 계승권이 있는데 삼촌이 왕위계승권을 조카들로부터 빼앗았다. 반도오왕의 다섯 왕자는 성장하여 왕권을 다시 찾으려고 온갖 고생과 노력을 하며 여러 가지 고난을 겪는다. 오랜 투쟁으로 드디어 삼촌에게서 왕권을 되돌려 받게 된다. 다섯 형제 중에서 막내인 유리슈디라만이 참 인간의 진리를 깨달아 왕좌에 앉게 된다. 36년간 무적의 지배자가 된 유리슈디라도 천국에 들어갈 때가 되었다. 성자가 된 유리슈디라는 일생동안 자기에게 충성을 다 바친 충견忠犬을 데리고 천국 입구에 도착했다. 그러나 천국에서는 개 들여보낼 수 없다고 거절했다. 유리슈디라는 "그럼 나도 천국에 들어갈 수 없다."고 대답했다. 자신이 천국에 가기 때문에, 자기를 믿고 자기에게 충성을 다한 개를 버릴 수는 없다고 했다. 천국의 많은 신神들은 오랜 의논 끝에 개도 유리슈디라와 같이 천국에 받아들였다.

그 이래로 개는 달마達磨의 화신化身이 되었다고 한다. 인도에서는 달마의 화신은 개 뿐만 아니라, 학과 소 등도 있다. 그래서인지 인도의 동화에는 거의 다 동물이 사람들같이 등장한다. 이것은 종교와 문학 뿐 만 아니라 인도인들의 정신적 문화적 지적 정치적 생활에 큰 영향을 주고 있는 것이다.

나는 지금도 눈을 감으면 내가 인도에 갔을 때 본 여러 동물들이 눈앞에 떠오른다. 비둘기는 물론이거니와 이름 모를 많은 새들이 사람들 주위를 날아다니고, 번화가를 조금만 벗어나면 원숭이가 떼를 지어 지나고, 거기에서 어슬렁거리는 소를 보면 질주하던 차도 멈추는 인도. 그들은 생물이라면 개미 새끼 한 마리라도 죽이지 않는다. 늘 동물하고 같이 동고동락하는 것이다.

늦게 귀가한 작은딸은 비둘기의 떼죽음 소식을 듣고 무척 놀라했다.

"하지만 너무 절망할 필요 없어요. 오늘 말이에요. 제가 집을 나가서 버스를 탔는데, 그 버스가 한 100m쯤 가다가 별안간 급정거를 하지 않겠어요. 그러더니 운전기사가 안내양에게 내려가서 무엇인가를 가져오라고 일러요. 승객들은 모두들 무슨 사고가 났나 했어요. 그랬더니 내려간 안내양이 쥐덫을 들고 오지 않겠어요. 글쎄 쥐덫 속에 까만 비둘기 한 마리가 걸린 거예요. 다리 한쪽이 덫에 찍혀서 피가 나고 있었어요. 안내양이 비둘기가 걸린 쥐덫을 버스 바닥에 내려놓으니까 비둘기가 날개를 퍼득거려서 맨 끝 좌석까지 갔어요."

"쥐덫에 걸린 비둘기가 퍼득거리며 거리까지 나온거겠지."

"그랬나 봐요."

"그러는 동안 버스는 어떻게 했어?"

"거리 중간에 그냥 세워둘 수는 없으니까 천천히 갔어. 마침 승객들이 적어서 모두 좌석에 앉고들 있어서 모두들 비둘기에게 시선이 집중했지요. 난 또 우리 집 비둘기가 아닌가 해서 유심히 비둘기를 봤어요."

"그래서 어떻게 됐어? 빨리 말해."

"응, 손님들이 '불쌍해라, 어서 비둘기를 꺼내주자' '저 비둘기가 날아갈 수 있을까'하고 걱정스런 말을 한두 마디씩 했어요. 안내양이 쥐덫을 잡으니까, 남자손님 하나가 일어나서 쥐덫을 조심스럽게 열어서 비둘기를 꺼냈어요. 그리고 안내양이 비둘기를 창가로 가지고 가서 가만히 손을 놓으니까 비둘기가 후다닥 창밖으로 날아가지 않겠어요. 그러자 꼬마 하나가 '와아'하고 탄성을 냈고 나머지 승객들도 모두 무의식중에 박수를 쳤어요. 모두들 비둘기 한쪽 다리의 상처가 심해서 날지 못하고 땅에 떨어질까봐 걱정했었거든요."

작은 딸의 말을 들으며 마치 우리 식구 모두가 그 버스 안에 있는 모양으로 얼굴에 긴장이 가득했었다.

“비둘기가 귀찮아서 약을 뿌려 죽이는 사람들도 있지만, 이렇게 한 마리의 비둘기를 위해서 달리던 버스를 세우고 비둘기를 살려내는 운전기사도 있어.”

작은 딸의 비둘기 이야기는 그 날 우리 식구 모두의 우울한 기분을 충분히 만회시켜준 흐뭇한 이야기였다.

1982. 5

가엾은 공작 비둘기

"어머, 공작 비둘기가 돌아왔네…."

공작 비둘기가 다시 그 모습을 나타낸 사실에 대해 우리 식구들은 장구張鳩가 돌아왔을 때처럼 환성을 올렸다.

"그게 언제였더라, 공작 비둘기가 장구하고 함께 날아가 버린 때가…. 『갈숲』을 보면 알 수 있을거야."

아이들은 『갈숲』을 뒤져보았다.

"엄마, 『갈숲』 제5타 여름 호에 있어요. 옆집의 흰 공작 비둘기하고 우리 집 장구가 어디선가 날아온 낯선 비둘기를 따라 날아가 버린 날이 80년 이른 봄이군요."

장구와 옆집 공작 비둘기가 함께 날아가 버리자 옆집 할머니와 우리는 무척이나 서운해 했었다. 그러다가 아주 날아가 버린 줄 알았던 우리집 비둘기 장구가 장가를 들어 암비둘기를 데리고 돌아온 것이 날아간지 두어 달 만이었던 것 같다.

그때 옆집 할머니는

"댁의 비둘기가 날아왔는데, 공작 비둘기는 영 안돌아오는 모양이야. 내가 3년 전에 공작 비둘기 한 쌍을 사왔는데, 그만 수놈이 날아가고 암놈 혼자 남아 있더니만, 이젠 그것마저도 날아갔어."
하셨다.
장구의 신접살림은 옆집 처마 끝에서 시작되었다. 연신 알을 낳고 새끼를 까고, 그 새끼가 자라 또 알을 낳고 하는 바람에 비둘기 식구는 수도 없이 불어갔다. 그러나 흰 공작 비둘기는 끝내 돌아오지 않았던 것이다.
그러던 것이 금년 이른 봄, 그러니까 꼭 2년 만에 그 공작 비둘기가 돌아왔다
그 사이 옆집은 헐고 새로 큰 집을 짓는 중이었다.
"옆집 할머니가 계셨더라면 무척 반가와 하셨을텐데…."
"그래, 그런데 그것보다도 공작 비둘기가 먼저 놀랐을 거야. 옛집으로 돌아왔는데 그때와는 전혀 달라졌으니 말이야."
"그래도 우리 집은 그대로 있잖아요. 먹이는 늘 우리 집에서 주었고 또 장구와 같이 지냈으니 제 집에 돌아온 것이나 마찬가지지요 뭐."
"그렇지만 이젠 그 장구도 죽었지 않아, 낯선 비둘기들만 잔뜩 있으니 놀랐을 거야. 사람이라면 말들이 많겠지."
"그나저나 저 공작 비둘기는 결혼도 안했는지, 혼자 돌아온 것을 보니 말이야."
"아직도 짝을 못 찾은 건가 아니면 다른 곳에서 살다가 이별을 해서 돌아온 건가."
"생김새부터가 여느 비둘기들과는 달라서 짝이 될 수가 없었는지도 몰라."
"그럼 계속 외톨이 인생을 사는 것 아냐?"
"그런지도 모르지."

남편의 말에 우리는 갑자기 공작 비둘기가 가엾어졌다.

"다른 데에는 공작 비둘기가 또 없을까요?"

"글쎄, 흔한 비둘기가 아니니까 아무래도 귀하겠지."

"맞아, 평범한 것이 좋아, 그래서 내 호가 범산凡山이지."

"네가 지은거야?"

"그래."

"네 분수를 아니 다행이구나."

"그게 아니야. 난 평범한 것을 사랑해."

철없을 나이 한때 나는 남들처럼 평범해지는 것을 원치 않았던 시절이 있었다. 그러나 살다보니 비범도 비범 나름이고 평범도 평범 나름이기는 하지만 모두가 그리 쉬운 것은 아닌 듯하다. 특히 비범하다는 것은 외로움을 수반하게 되는 것 같다.

여하튼 흰 공작 비둘기는 어디로 보나 평범한 비둘기는 아니었다. 눈부신 의상을 걸친 여인처럼 겉모양새부터가 눈에 뜨이게 화려한 것이다.

"그럼 올드미스겠네."

"할머니가 다 되었겠다. 그렇게도 장구를 못살게 굴더니만."

공작 비둘기가 어찌나 사나운지 심할 때는 장구의 날개를 마구 물어뜯고 깃을 몇 개씩 뽑아놓기도 했었다.

"지금 생각하니 성미가 못된 것도 자신의 외모에 기인한 것이 아닐까."

"맞아, 아무리 예쁜 백조라도 오리들 속에 끼어있으면 인정받지 못하는 이상한 존재가 되고 말잖아."

이상한 존재… 나는 아이들이 이상한 존재라는 말이 가슴에 남았다. 돌아온 공작 비둘기는 한동안 다시 떠나지 않고 다른 비둘기 틈에 끼어서 함께 먹고, 어느 지붕 구석에서 자고 했지만 언제나 혼자였다. 여전히 공작 꼬리 같은 화려한 꽁지 날개를 활짝 편채….

나는 돌아온 공작 비둘기에게 신경이 쓰였다. 돌아온 것이 기특하기도 했지만 그들 무리 속에 어울리지 못하고 홀로 있는 모습이 무척 애처로웠기 때문이다.

내방 창 밖에서는 날만 새며 많은 비둘기들이 오르내리며 사랑을 하고 구애를 하느라 부산하다. 수놈 비둘기는 암비둘기에게 구애를 하느라 먹는 것도 전폐한 채 암놈 주변을 맴돌며 구구거리며 열심이다. 비둘기는 사랑의 행위에 있어서 강제라는 것이 없는 것 같다.

힘의 균형이 같은 까닭인지도 모르지만 아무리 수놈이 애걸복걸해도 암비둘기가 마음 내키지 않으면 다른 곳으로 피해버린다. 그래도 수놈은 쫓아다니며 구애를 하고 암놈은 그 때마다 피해 다니는 것이다. 그러나 서로 궁합이 맞는 비둘기들은 그렇게 조용할 수가 없다

수놈의 애타는 구구소리도 없거니와 무리들과는 멀찍이 떨어져서 단둘이서만 연이어 사랑을 속삭인다. 입을 맞추고 서로의 날갯죽지에 머리를 파묻고 한다. 그런가하면 암놈이 먼저 모션을 해가며 유혹을 하는 경우도 있다. 그래서 과부가 비둘기를 못 기른다는 말이 나온 모양이다.

그들의 이런 의좋은 모습은 마치 그림 같다. 그러나 공작 비둘기에게는 이런 짝이 없는 것이다. 지붕 위에 있을 때나 늘 혼자이다. 다른 비둘기 가까이로는 가지도 않고, 다른 비둘기들도 접근하지 않는다.

"누가 공작 비둘기를 만들었지? 너무 하잖아."

나는 하도 딱해서 이런 원망을 해보았다. 언제나 홀로 있는 비둘기, 꽁무니 날개가 유난히 화려하게 펼쳐져 있어서, 떼 지어 하늘을 나는 무리 속에 끼지도 못하는 비둘기.

단 모이를 먹을 때만은 내려와 다른 비둘기 사이에 끼어 먹는다. 그러나 예전에 우리 장구를 못살게 굴던 그 사나움은 어디 갔는지, 이제는 아무도 쪼지 않는다. 다른 비둘기들 역시 이 낯선 존재의 출현에 무관심한 듯하다.

"공작 비둘기가 이제서 제 분수를 느낀 모양이지."
"아니면 젊은 비둘기 틈에서 기가 죽었나."
"어쩌면 다른데서 고생을 많이 하여 성숙한건지도 몰라."
"그래 그런 것 같다. 집을 떠나서 다른 세상을 보고 체험도 하고… 그러니 그동안 의젓해졌겠지."
"여하튼 2년 만에 돌아왔다는 것은 신통한 일이야. 그동안 모이를 준 보람이 있잖아."
동물을 사랑하는 사람은 비교적 잔인성이 희박하다고 하는데 과히 틀리는 말 같지는 않다. 외로운 공작 비둘기를 보면서 그전에 사납다고 미워했던 것이 미안해졌다. 이제는 이렇게 돌아왔으니 잘해줘야겠다고 온 식구가 마음먹었는데… 그런데 그런 어느 날 아침, 여느 때처럼 비둘기 모이를 주고 들어온 남편이
"여보, 공작 비둘기가 또 안 보이는데, 또 어디론가 갔나…."
그리고 보니 나도 어제 온종일 못 본 것 같다. 그 뒤 며칠을 두고 공작 비둘기는 다시 모습을 나타내지 않았다.
"정말 다시 가버린 걸까, 아니면…."
"아니면…."
"수명이 다해 죽었는지도 몰라."
"도대체 비둘기 수명은 몇 년이나 될까?"
"누가 또 알아, 또 올지."
"그랬으면 좋겠는데 어딜 가봐야 또 외톨이 일 텐데 말이야."
마냥 자유로운 것 같아 부럽기조차 하던 새의 세계에도 이렇게 진한 외로움이 있다는 사실이 가슴을 쓰리게 한다. 지금은 어디서 방황하고 있는지….
예전에 미워했던 것을 후회하면서 나는 사람이 나이를 먹는다는 것을 자신이 깨닫는 것 중에서 하나는 되도록이면 남을 미워하지 않으려

는 마음이라는 생각을 한다.

작은 새 한 마리에 대한 마음이 이렇거늘 사람이 사람을 미워한다는 것은 훗날 그만큼 치유될 수 없는 상처를 남기는 것이 되기 때문이다.

1982. 8

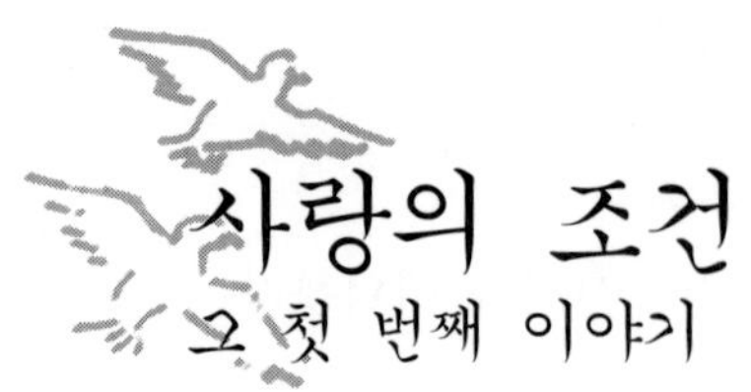

사랑의 조건
그 첫 번째 이야기

언제나처럼 산에서 아침운동을 하고 돌아오는데 옆집 할머니께서 문밖에 나와 비둘기에 모이를 던져 주며 낯선 중년쯤의 여인과 이야기를 하고 있었다. 내가 우리 집으로 들어가려 하자 할머니가 나를 가리키며…….

"저 양반은 바로 저 댁에 사시는 분인데 비둘기에 대한 글도 쓰신다우." 했다.

나는 무슨 이야기인가 해서 집에 들어가는 것을 멈추고 그들에게로 갔다.

"안녕하세요. 아침 일찍 나오셨네요."

"글쎄 이 양반이 비둘기 때문에 못살겠다고 항의를 해오셨다우."

나는 또 가슴이 뜨끔했다.

"어디사시는 분인데요?"

"저 집이에요. 지난여름에 이사 왔지요."

"아……. 그러세요. 새집 짓고 오신분이시군요."

바로 우리 집과 4미터 정도의 거리에 있는 이웃이지만 그 집에 누가 이사 오고 누가 사는지도 모르고 있는 것이 서울의 인심이다.

"비둘기가 댁에 집을 지었나요."

"말도 마세요. 집 뒤 광에 모여와 자지 뭡니까. 시끄럽고 더럽고……."

"비둘기도 수가 많아지니까 자꾸 분가를 하는 가 봐요."

"이 양반 말이 비둘기를 데려가라고 하는구려."

"그러시겠네요. 하지만 날아다니는 비둘기를 어떻게 잡을 수가 있어야죠."

지난겨울 옆집을 새로 짓기 전에 뒷집에서 비둘기를 잡아가 달라고 항의를 받은 것이 생각난다.

"그럼 쫓아 버리세요."

"아무리 쫓아도 밤이면 모여드는걸요."

나는 할 말을 생각했다.

"댁에선 개를 기르시죠?"

"아니요, 아이들이 개를 좋아해서 기르고 싶어도 더럽지 않아요. 그것도 안 기르고 있어요."

개도 안 기른다니 할 말이 없었다.

"개나 비둘기가 꼭 더러운 것만 있는 것은 아닌데요. 개는 집도 잘 지키고 사람의 은혜를 잘 알고 있지 않아요."

개는 유사有史이전부터 인간 편에 가담돼있다. 그 점 비둘기도 같은지 모른다. 비둘기도 훈련시키면 개만큼이나 인간에 충실하다는 것쯤은 다 아는 사실이다. 날아 간지 2년 만에 옛 집을 찾아 온 거만 보아도 비둘기는 어쩐지 인간편인 것 같다. 내가 다시 돌아온 공작 비둘기 이야기를 하자 이사 온 아주머니는 놀라는 표정을 지었다.

"글쎄, 내 말 대로에요. 비둘기란 영물靈物이라니까요. 비둘기가 내 집에 와서 집을 짓는 것도 그리 쉬운 것도 아니래도요. 비둘기가 내 집에 집을 지으면 집안이 잘 되고 식구가 다 편안해질 걸요. 내말만 믿으슈."

내가 오기 전에 옆집 할머니는 그녀에게 이미 그런 말을 한 모양이었다.

이사 온 아주머니는 내 얼굴을 다시 보았다. 당신도 할머니 생각과 같으냐고 묻는 것 같았다.

"그럴 수밖에요, 비둘기가 자기 집을 짓는데 아무데나 짓겠어요. 보다 안전한 곳이 아니곤 짓지 않을 겁니다. 동물이고 새이고 어쩌면 그 집 인심을 감지하고 자기의 보금자리를 만들 꺼에요. 그러니 그런 집은 무엇인가 여유가 있겠고, 또 동물을 사랑하는 사람들은 잔인하지 않다고 하더군요. 아이들 때부터 동물을 사랑하고 좋아하면 정서적으로 안정되고 남을 사랑하는데도 인색치 않을꺼에요."

이사 온 아주머니는 할머니의 말에는 좀 의아해 하는 것 같았으나 내 말에는 수긍이 가는지 고개를 끄덕였다.

"이 양반은 글을 쓰는 분이라 아는 게 많다우."

할머니 말씀에 나는 웃었다.

"아니 제가 아는 게 많은 것이 아니라 이런 것은 직접 체험 하는 거지요."하며 나는 몇 해 동안 비둘기를 기르면서 겪었던 이야기를 간단하게 요약해서 이야기를 해 주었다. 그러면서 지난겨울 뒷집에 쥐약을 뿌려 비둘기가 떼죽음을 한 것까지 말했다.

"글쎄 그럴 수가 있어요? 바로 우리 집 뒷집의 여자라우, 젊은 여자가 자식도 기르면서 짐승을 그렇게 죽일 수가 있겠우. 이집 지을 때 와보니까 뒤뜰에 여러 마리가 죽어 있지 뭐요……. 죄 받아요, 죄…… 부처님 말씀이 살아 있는 생명은 개미 한 마리라도 죽이지 말라고 했지 않아요."

"저어 저희 집 좀 들어와 보시겠어요?"

나는 그녀에게 우리 집의 비둘기 집과 모이그릇 등을 보여주고 싶었다.

마당에 들어서자 배나무의 배가 먼저 눈에 띄었다.

"어머나 이 배 어쩜 이렇게 잘 됐지요"

"이것도 비둘기 때문에 이렇게 잘 열린 거예요. 몇 해째 배나무 밑에서 비둘기 모이를 주었더니 비둘기들이 흘린 모이가 거름이 되었나 봐요."

그녀는 배나무 아래 나란히 있는 모이그릇과 비둘기집도 번갈아 보았다.

"댁의 비둘기는 몇 마리나 돼요?"

나는 그녀의 물음에 웃으며……

"아까 말씀드리지 않았어요. 4년 전에 한 쌍을 사다가 기른 것이 이렇게 많아지고 꼭 우리 비둘기뿐 아니라 동네 비둘기가 됐지요. 비둘기를 싫어하는 집엔 피해가 되겠지만, 좋아하는 댁도 있는 것 같아요. 그래도 이렇게 댁 모양 항의가 들어오면 미안하고 죄스럽구 해요."

"비둘기 모이는 무엇을 주세요?"

"그저 배합사료를 한 포대 사다 놓고 주어요. 그것도 저는 잘 못하고 아이들 아빠가 아침에 일어나면 비둘기 모이부터 주지요"

"비둘기를 좋아하시는가보죠."

"비둘기 뿐 아니라 개도 무척 좋아하고 동물은 다 좋아하는 것 같아요."

"이 댁 선생님은 그 생김새부터가 착하게 생기셨다우."

"비둘기뿐 아니라 모이가 있어서인지, 까치도 다른 새도 날아옵니다."

"방에 가만히 앉아 있으면 새 우는 소리가 참 예쁘다우. 서울 어디서 그런 소리들을 수 있어요. 나는 그래서 이곳을 떠나기가 싫어 아이들이 이사를 가자고 해도 다시 이곳에 집을 짓는 거예요."

"네……."

이사 온 아주머니는 그저 세상에 이런 사람들도 있구나 하며 놀라는 표정이었다.

"일상에 관계없는 것에 관심을 갖는다는 것 무엇보다도 자기에게 행복한 것 같아요."

"그렇죠. 우리네 살림이 늘 조급하고 쫓기는 살림이라서…. 그러면서도 억지로라도 여백의 시간이라고나 할까, 그런 여류를 자신이 갖도록 노력해야죠. 그래야 우리는 늙어가면서도 덜 고독할 것 같아요."

나는 어느덧 내 말에 내가 도취한 듯 그런 말을 남에게 해주는 자신에 흐뭇했다. 아니 이사 온 아주머니가 내말을 다소곳이 들어 주는듯한 표정이 그 순간 나를 즐겁게 해주었는지 모른다.

행복의 조건이란 여유를 갖고 인생을 음미하고 사는 것이 아닌지 모르겠다. 항상 무엇엔가 쫓기는 사람은 자기가 바라는 목적달성을 할지는 몰라도 그 이외는 아무것도 보이지 않는다.

탐욕과 소유욕이 강하면 강할수록 남의 아름다운 점을 느끼고 이해하기가 어렵다는 것은 과히 틀리는 말은 아닌 것 같다.

우리가 물질적으로는 욕심대로 풍요할 순 없어도 정신적으로는 얼마든지 왕국을 만들 수 있다. 정신적 여유란 누가 갖다 주는 것이 아니라 어디까지나 자신의 인생태도이며 그것이 바로 행복의 조건도 되는 것이다.

남편이 아침마다 비둘기 모이를 주고 있는 그 잠간의 시간은 확실히 그의 즐거운 시간이며 행복의 순간이다. 적어도 그 잠간의 시간에는 그는 가족도 잊고 직장도 잊고 있을 것이며 그저 자기 발아래 모여드는 비둘기에 무심한 것이다.

"비둘기 집을 어디서 사셨나요?"

드디어 이사 온 아주머니는 물었다.

"돈암동에 가면 있어요."

"알겠어요. 저희도 비둘기 집을 사놓으면 덜 지저분하겠는데요."

"그것 잘 생각하셨어요. 비둘기에 모이는 안주어도 좋으니 쫓거나 쥐약 같은 거만 뿌리지 마슈."

"그렇게 해야겠는데요."

하며 이사온 아주머니의 얼굴이 많이 누그러졌다. 그녀가 공손히 할머니에게

"안녕히 들어가세요."

하고 인사하자,

"내 말대로 내 집에 비둘기가 집을 지으면 집안이 잘 될테니 두고 보슈."

하며 할머니는 또 한번 강조했다.

"네 알겠습니다."

이사 온 아주머니는 그 나이에 보기 드물게 양순한 분이었다.

그녀가 간 뒤 옆집 할머니도 다시 땅에다 비둘기 모이를 던져 주었다. 그러자 비둘기가 날개를 치며 할머니 앞에 내려와 앉아 모이를 주워 먹었다.

"할머니는 하루에 몇 번이나 모이를 주세요. 할머니께서 여러 번 주시니까 저희는 아침에 한번 정도 주어요."

"괜찮아요. 나야 심심하면 나와서 주니까 이것도 나의 재미가 됐어요."

할머니는 빙긋이 미소 지었다.

할머니의 미소에서 나는 문득 작년에 여행길에서 인상 깊었던 여러 장면이 떠올랐다.

파리의 룩산부르크 공원에서 유난히 인상 깊게 보았던 파리의 한 노

녀의 모습, 그녀는 어깨가 꾸부정하게 굽은 아주 노쇠한 할머니였다. 그녀는 잔디밭 가운데 서서 들고 있는 쇼핑백 주머니에서 빵가루 같은 것을 집어 자기 머리의 모자 위에 연신 올려놓았다. 많은 참새 떼가 그녀의 모자 위에 올라 모이를 쪼아 먹으며 그녀의 주위를 오르락내리락하고 시끄럽게 짹짹거렸다. 구라파 어디를 가나 공원에 사원 뜰에 비둘기에 모이를 주는 아이들이나 노인들은 있으나 참새에게 모이를 주고 있는 것은 처음 보았다. 내가 가까이 가서 사진을 찍자 그녀는 나를 보고 빙그레 미소 지었다.

저 노녀도 얼마 전 지금보다 덜 늙었을 땐 개나 고양이나 비둘기에게 모이를 안주었는지 모른다. 그러나 이제 그녀가 감당할 수 있는 사랑의 상대는 참새 정도가 아닌지. 그녀에게도 지난날 예쁘고 귀여운 처녀 때가 있었을 것이고, 그땐 참새 아닌 잘 생긴 한 청년을 사랑했을 것이다. 이제 그들은 다 떠났다. 남편은 먼저 가고 자식들도 그녀 앞을 떠났다. 그러나 죽을 때까지 누군가를 위해 사랑하지 않을 수 없는 저 그녀는 마치 체홉의 작품 귀여운 여자의 주인공 올가처럼 일생 누군가를 사랑하지 않고는 못배기는 눈물 많고 마음약한 여자인지 모른다. 올가는 처녀시절 꿈 많고 사랑스런 귀여운 여자다. 모든 남자들이 그렇게 불렀다. 그녀는 작은 극장의 주인남자의 우울한 표정에 동정하고 그래서 사랑을 하고 결혼을 했다. 결혼은 행복했으나 사고로 남편이 죽고 만다. 비탄에 잠긴 그녀에게 새로운 남성이 나타나 그와 재혼을 해서 다시 행복해진다. 그 결혼생활은 6년이라는 긴 세월이 그들에겐 잠간사이에 지나가고 남편이 사고로 죽는다. 다시 슬픔에 잠긴 올가, 그러나 귀엽고 다정한 그녀에게 고향에 처자를 두고 온 수의과 의사가 나타난다. 올가집에 합숙한 그를 올가는 아랑곳없이 그를 돌봐주고 사랑한다. 그러나 수의과 의사는 고향으로 돌아가고 만다. 다시 혼자가 된 올가…… 그런 얼마 후 수의과의사는 고향에서 처자를 데리고 올가

앞에 나타난다. 올가는 과거를 잊은 듯 그들을 모두 맞으며 그녀의 눈은 수의과 의사의 귀여운 아들 사아샤에 마음이 끌려 그 아이를 사랑하며 헌신적으로 돌봐준다. 그런 올가의 얼굴은 다시 생기가 돌고 미소가 담뿍 지어졌다고 체홉은 끝을 맺었다.

머지않아 귀여운 사이샤도 자라 올가 앞을 떠나면 올가는 또 누구를 사랑할까. 고양이를…… 아니면 비둘기를……

나 이외 것을 사랑한다는 것은 역시 성품에서 오는 것이며, 그것 또한 정이다. 어릴 적부터 사랑받고 사랑한 자만이 나이 들어서도 무엇이나 사랑 않고는 못 배기는 것이다.

사람이 늙어서 추한 것이 아니라 남을 사랑하지 못하는 굳어진 마음이 벌써 미운 자태가 아닌가. 봄은 새싹이 나서 아름답고 환희이고, 여름은 녹음이 무성하고 충실하고, 가을은 단풍지고 낙엽지고 다 이룬 안도의 아름다움이며, 겨울나무 또한 눈보라 속에 내일을 잉태하는 인고의 거룩함이 있는 것을, 자연은 그냥 있는 것 보이는 것만을 보는 것이 아니라 그 속에 의미를 볼 줄 알 때 우리는 그 어떤 것이나 다 아름다운 것이다.

노견과 더불어 산책하는 노신사, 고양이에게 밥을 주는 노녀의 조용한 모습, 공원에서 비둘기에게 모이를 주는 사람들, 낙엽을 밟으며 단장 짚고 손잡고 사원寺院앞을 산책하는 노부부의 다정함이 하나하나 구라파에서만 볼 수 있는 자연의 경건한 한 장면이기도 하다.

지금 옆집 할머니 발아래 옹기종기 모여들어 모이를 주워 먹는 비둘기, 그것을 내려다보는 할머니의 그 자태에 아침햇살이 부시게 비쳤다.

"어서 들어가 보슈"

하며 할머니는 내게 미소 지었다. 다시 한번 내 가슴에 솟아오는 것이 있다. 늙는 것이 추한 것이 아니다. 나 이외 것을 사랑하지 못할 때 아무도 그 앞에 가지 않는다. 사랑만이 아름다운 것이며 그래서 사랑할 수 있는 사람은 그 자신 늘 행복하다 하며 할머니는 내게 미소 지었다. 나도 같이 미소를 지으며 가슴에 와 닿는 것이 있었다. 늙은 것이 추한 것이 아니라 나 이외 것을 사랑하지 못할 때 추한 것이며 아무도 그에게 가까이 가지 않는다. 사랑을 주는데는 나를 떠나서 주는 것이며 그것이 사랑의 조건이며 그래서 사랑할 수 있는 사람은 행복한 것이다.

1982.11

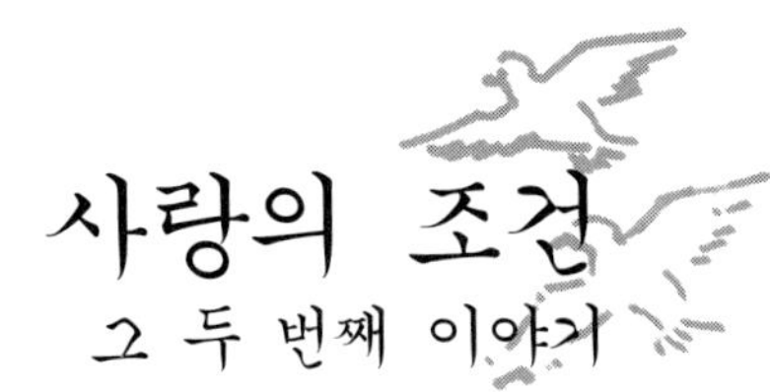

사랑의 조건
그 두 번째 이야기

어느 날, 언제나처럼 마당에서 모이를 먹고 있는 비둘기 떼를 창 너머로 보고 있던 나는 한 쌍의 비둘기의 러브신을 보고 눈이 둥그레졌다. 비둘기들의 러브신을 처음 본 것은 아니었지만, 방금 목격한 러브신은 여태껏 보아온 것과는 너무나 달랐기 때문이다.

비둘기를 기른 지 어느새 다섯 해가 되어 그동안 심심치 않게 비둘기들의 생태를 많이 익혀온 터였다. 비둘기들은 힘찬 날개소리 외엔 별로 소리가 안 나는 조용한 새지만, 수비둘기가 구애를 할 때는 대단히 시끄럽다. 그럴 때는 더위에도 불구하고 창문을 닫아버려야 할 정도이다. 이처럼 수놈의 구애 소리가 유난히 시끄러운 것은, 상대가 그 사랑을 받아주지 않기 때문이다.

흔히 우리가 비둘기에 대해 갖고 있는 이미지는, <평화의 상징>, <의 좋고 다정한 비둘기>이다. 그러나 알려진 이미지보다 이 녀석들은 의외로 까다롭고, 그 많은 무리 속에서 외톨이로 지내는 놈들도 많다. 어쩌다 잔디밭이나 지붕위에 나란히 앉아 입을 맞추는 비둘기쌍은 그리 많지가 않다. 수비둘기가 목에 털을 있는 대로 세우고 있는 모습을 계속 보면 꾹꾸 소리를 내어도 피해만 다니는 암놈도 있다. 그렇다고 암비둘기 전부다 거부만 하는 것이 아니고, 수놈의 요구가 있으면 응답을 보내는 암비둘기도 많다. 하지만 의좋게 나란히 앉아 서로의 볼을 언제까지나 비벼대는 한 쌍의 비둘기는 그리 많지 않은 것이다.

내가 오늘 아침 비둘기 한 쌍의 러브신을 목격하고 놀란 것은. 그것이 너무 이색적이었기 때문이었다. 다른 비둘기들은 모두 열심히 모이를 먹고 있는데도 그들 한 쌍은 식욕도 잃은 듯 멀찌감치 떨어진 잔디밭에 나란히 앉아 있었다. 나는 오랜만에 보는 광경이라 미소 지으며 계속 주시하였다. 그때였다. 돌연 앉아있던 비둘기 한 마리가 날개를 펴며 잔디에 뒹굴 듯이 옆으로 눕더니 다른 비둘기의 날개 속으로 머리를 파묻었다. 그러자 그 옆의 비둘기는 수놈인 듯 날개를 활짝 펴더니 자기 날개 속으로 들어온 암놈을 조용히 감싸 안듯 덮는 것이었다. 잠시 후 그 자세를 푼 그들은 연신 부리를 맞추며 날개를 서로 쪼아주고 야단이었다. 그들에게는 시끄러운 수놈의 구애도 없었고, 피해 다니느라고 바쁜 적도 없었다. 모이를 먹던 비둘기 떼가 모두 어디론가 날아가 버린 뒤에도 그들은 오랫동안 그렇게 잔디밭에 둘만 남아 있었다. 저럴 수가…

누가 말했던가, 모든 동물은 번식을 위한 발정기 외엔 아무 것도 없다고… 그러나 내가 목격한 비둘기의 러브신은 의심 없이 즐거운 사랑의 유희였던 것이다.

우리는 초기에 서로 맞지 않는 한 쌍의 비둘기를 길러 본 적이 있었다. 그들은 언제나 싸웠다. 먹을 때도 싸웠고 한 집에 들어가서도 싸워, 언제나 한 놈은 집 밖으로 밀려나야 했다. 결국 그 한 마리는 어디론가 날아갔다가 얼마 후 결혼을 하고 돌아와 새끼를 까서 오늘 같은 한 떼의 비둘기 무리를 이룬 것이다.

이러한 것들은 우리 인간이라고 해서 다를 것이 없는 것 같다.

독일의 문명사가文明史家 애트와르트・획스의 『풍속의 역사歷史』를 보면, 적어도 중세 전후의 남녀관계는 단지 자연적인 힘에 의한, 오직 동물적인 종족일 뿐이었고, 따라서 종족번식이라는 극히 낮은 차원의 관계였다고 한다. 그 후 점차 문명의 발달과, 재력에 필연적으로 따르는 계급이 성립되자 성모럴은 현격한 변화를 갖게 되었다. 그 첫째가 무엇보다도 합법적인 결혼인데, 이 '결혼'이라는 제도는 생산을 목적으로 한 것이었다. 그러므로 상대를 선택하는데 있어서 사랑이라는 감정에 의한 순수한 결합이 될 수 없었다. 대상을 선택하는 조건은 첫째가 건강이며, 좋은 종자여야 하고, 재산과 가문이었던 것이다. 이런 합법적 선택은 한 사회의 질서를 유지하는데 필요했으므로, 대신 결혼한 부인이 아이를 못 낳는 경우에는 여자노예의 몸을 빌어서라도 종족을 이어나가야 했다. 구약성서에서라도 보면, 이스라엘의 시조가 되는 아브라함의 아내 사라는 아이를 못 낳자 자기의 종을 남편과 한방에 들게 하여 종족을 이었다. 이런 예는 우리나라에서도 있어왔다. 그러나 다음번에 자신도 아이를 낳자, 여자들의 세력다툼이 시작 되고 있다.

이런 세력다툼은 결혼의 합법성을 더욱 강화시키고, 제도의 엄격성 결혼을 종교적으로까지 신성화시켜 결혼 의식을 중대히 여기는 관습으로 발전한 것이다. 그 의식의 발전은 남녀의 결혼, 교합이 축복이라 하여 첫날밤은 사제 또는 군주나 추장들이 입회한 가운데 침실 공개가 근세近世에 이르기까지 행해졌다고 한다. 그리고 보면 정도의 차이는 있지만 우리나라 혼례관습과 유사한 점을 찾을 수 있다. 우리나라에서도 얼마 전까지지는 첫날밤엔 문구멍을 뚫고 들여다보는 관습이 있었으니까.

오늘날도 결혼 의식을 우리 인간 생활의 4대 의식 중 으뜸으로 두는 것도 중세 전후의 전통적 보수성이 잔존하기 때문이다.

결혼제도와 의식을 신성시하는 것은 상류계급일수록 완고했다. 이들은 재산, 계급, 명예, 가문 등을 결혼조건으로 따졌는데, 그 이유는 좋은 혈통의 상속인을 만들고, 그로써 자신들의 계급지위를 확고히 다질 수 있기 때문이었다. 결국 이것도 종족번식을 위한 충동적 남녀관계에서 많이 발전한 것 같으나, 실은 종족번식이라는 그 본질에서는 그리 거리가 멀지 않은 것이다.

합법적 결혼에 의한 남녀관계라는 것도, 그것이 조건에 의해 선택된 것이므로, 한계성 있는 객관적 의무의 사랑 밖에는 가질 수 없었다. 그러나 인간의 속성은 경우에 따라서는 어떤 한계라도 넘어설 수 있는 본능적 욕구를 가지고 있는 것이다. 때문에, 이데올로기의 테두리나 한계 있는 원칙의 억압은 복받쳐 오르는 본능적 성욕을 언제까지나 막을 수가 없는 것이다. 그 정열은 드디어는 '개인 연애'를 낳았으며, 이것이 바로 중세이후 르네상스를 낳은 모체가 되었다고 한다.

계급과 명예와 가문과 종교적 두려움, 이런 것에 반기를 들기에는 상류계급은 너무나 유산지배계급이었다. 그러나 인간적인 본질은 같은 것이다. 상류계급의 귀부인들은 무미건조한 남편의 품보다는 나이트[騎士]들에 연연하여 그들과는 염문이 성행하였다. 중세문학의 로맨티시즘은 여기서 비롯되었다고 한다. 이 로맨티시즘의 찬미가 극도에 이른 그 당시에는 귀족이나 왕실에서도 공공연하게 애인을 두고 있었다. 우리에게 잘 알려진 시인 바이론도 귀부인들의 총애를 한 몸에 받으며 시를 지었고, 신곡神曲을 쓴 단테도 그러했으며, 조각가 메켈란젤로는 실은 이태리 예술의 중심지인 피렌체 제일의 귀족이며 거부인 메치스가 부인과의 사랑으로 유명하다. 그 자신은 그런 연유로 독신을 고수했으나, 그가 조카에게 보낸 편지 중에는 "공부를 하고 돈을 벌어라. 그래야만 명문의 아가씨와 결혼을 할게아니냐."라는 구절이 있음을 볼 수 있다. 훨씬 후대로 내려와서 나폴레옹과 조세핀의 사랑도, 또 영국의 해군제독 넬슨과 엠마부인과의 사랑도 결국은 같은 본질이다.

이런 로맨티시즘의 풍속은 전통적인 결혼, 즉 형식에 지나지 않는 내용 없는 결혼을 소멸하게 하는 계기가 되는 것 같았다. 획스는 그러나 그렇지 않은 것이 인간사회이며, 전통과 자유는 하나가 될 수 없고, 엄연히 두 줄기로 나뉘어 흐르고 있다고 말한다. 그는 전통결혼에 대치되는 개인연애는 속된 표현을 빌면 또 하나의 간통사회라는 뜻이기도 한다고 했다. 그리고 이런 인간 감정의 진실, 에로티즘의 극치는 많은 음악을 낳고, 수많은 아름다운 사랑의 이야기인 문학을 낳았으며, 미술을 낳았다는 것이다.

현대에 이르러서는 개인연애가 절대 우세하여져서, 리버럴리스트들은 자유결혼을 선언하고, 극단으로는 이미 처자를 거느린 이들도 이혼을 택하기도 한다. 그리하여 엄숙한 전통과 급진주의 사이에는 심한 마찰이 일어났다. 이것 역시 한 시대의 현상이다.

현대는 개인연애가 결혼과 곧 일치되고 있다고 보는데, 획스의 말을 빌면 꼭 그렇지만도 않다고 한다. 오늘날도, 또 앞으로도 그렇겠지만, 결혼이라는 일부일처주의 계약은 항상 부작용이 있다는 것이다.

결혼관습은 그 성격이나 형태가 많이 변천되어 왔다 하더라도 그 본질에 있어서는 그리 큰 변화가 없다고 할 수 있다. 그 시대의 유산지배계급층에 의해 꾸준히 존속되어온 중세적 결혼관습은 지금도 계속되어 상류계층일수록 재산, 계급, 가문 등이 결혼조건에 선행되고 있다. 또한 제한된 욕고의 의무결혼에서 공공연히 옆길로 빠져나갔던 로맨티스트들도 오늘날 많이는 소멸된 것 같으나 여전히 남아 있다. 그래서 중세적 로맨티스트들처럼 솔직하지는 못하더라도, 세련된 사교 형식으로 고상하게 위장된 것뿐이라는 것이다.

어떻든 간에 결혼 그 자체가 보수적이며 그럴 수밖에 없는 것은, 그것이 우리 인간사회질서의 가장 큰 부분을 담당하고 있기 때문이다.

이것은 사담이지만 얼마 전 나는 미국에서 사회인류학을 가르치는 K교수와 이런 말을 한 적이 있다.

"나는 내 딸의 결혼문제를 놓고서 비로소 내 자신이 얼마나 보수적인 속물인지 알았지요."

"아닙니다. 제 아무리 리버럴리스트라고 자처하는 사람도 자식의 결혼에 대해선 철저한 보수주의자가 되는 겁니다. 그것은 우리나라뿐 아니라 인종 박람회장인 미국에서도 대단히 심합니다. 다시 말해 동서고금을 막론하고 결혼만은 보수적이라 그겁니다. 저 역시 내 자식이 미국서 자라더라도 노랑머리하고 결혼해서도 안 되고, 흑인하고는 더욱 안 되고, 되도록 나와 같은 민족인 한국 사람과 결혼하기를 원하지요."

"그럼 인간이란 모두 위선자인가요?"

"아니지요. 인간이기 때문이지요."

인간이기에 제약 없이 무한히 뻗어가고 싶은 본능과 안전과 이익을 따지는 계산은 한 인간 내부에서 서로가 암투를 벌이고 있는 것인지 모른다. 어느 쪽이 더 동물적인가. 인간의 속성에는 남을 의식하는 정치성이 있다. 무엇이 인간을 비인간화시키는 것인가.

"그래서 문학을 하시는 것 아닙니까."

나는 웃었다.

어쨌든 사랑은 귀중한 것이다. 사랑이 없으면 메마르고 항상 주린 것 같고, 모든 의욕도 사라진다. 인간이 사랑을 느끼고 행할 때 그것이 예술로 승화되어 기쁨과 즐거움과 아름다움을 생산하게 되는 것이다. 사랑이 없으면 그것은 존재할 수 없다.

여기서 다시 휙스의 말을 빌면

"양각색의 문명의 발전단계에 있어서 성행동의 역사歷史는 인간 역사의 가장 중요한 요소가 되고 있다. 이것을 정의定義해 보면, 결국 성 모럴의 역사는 인간의 사회생활의 가장 귀중한 분야, 즉 합법적인 또는 비합법적인 연애의 역사, 성 활동을 위한 각양각색의 구애의 종류, 그 위에 많은 것들이 압축된 풍속이나 관습의 역사, 그리고 그에 따른 아름다움, 즐거움 등이 여러 가지 형태(정신적 언어, 예술, 철학, 법률…)로 나타나며 이루어지는 것이다. 갖가지 예술은 이 성욕에 따라 억압과 진취에 따른 관념 정화의 역사이다. 그래서 모든 인간의 역사 속에서 가장 저속한 것으로부터 가장 고귀한 것에 이르기까지의 모든 것은 이 성모럴의 역사 속에 함축되어 있다는 것이다."

비둘기 한 쌍의 러브신을 보며 훅스의 글을 생각하여 보았다. 흔히들 사랑은 무조건이라 하지만, 역시 사랑은 어떤 종류의 것이든 그 개인의 기호와 직결되는 것이 아닌지.

1983. 8

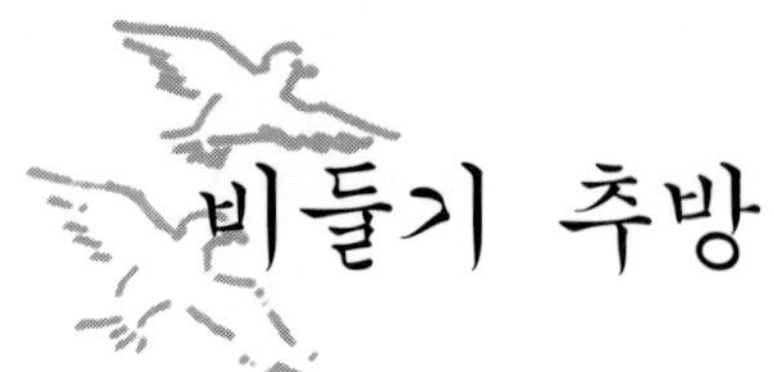

비둘기 추방

"여보, 요즘 옆집 할머니 안 계신가?"

어느 날 아침 남편이 물었다.

"글쎄요…… 왜요?"

"응, 아침마다 출근 할 때면 할머니께서 대문 앞에서 비둘기 모이를 주는 것을 보는데 요즘은 통 볼 수가 없어서."

그러고 보니 나도 옆집 할머니를 뵌 지가 꽤 오래된 것 같았고 비둘기도 안 보이는 것 같았다.

"그러고 보니 비둘기도 없어진 것 같네. 내가 너무 무관심 했어……."

"설마 하니 비둘기를 다 데리고 어디로 이사 하신 것 아니야?" 하며 남편은 웃었다.

나는 창을 통해 옆집 지붕 위를 바라보았다. 순간 너무 놀랐다. 그렇게 많던 비둘기들, 수시로 날개를 퍼득거리며 오르내리던 비둘기들이 한 마리도 보이지 않았다.

"어머니, 비둘기가 한 마리도 안 보여요."

나는 걱정스럽게 말했다.

"너는 이제서 알았니. 벌써 다 알고 있었다. 비둘기가 다 어디로 갔는지……."

"며느리 때문일 것 같죠?"

"영감님 계실 때도 비둘기 때문에 며느리하고 티격태격했었는데, 이제 할머니한테 모이를 주지 말라고 했는지도 모르지."

나는 이 말에 수긍이 갔다.

언젠가 시장 가는 길에서 옆집 할머니의 며느리를 만났었다. 그녀는 날 보더니 상을 찌푸리며

"우린 비둘기 때문에 어제도 어머니하고 대판 싸웠어요."

했다.

"왜요?"

"보리쌀이 한 달에 얼마나 나가는지 아세요? 그뿐 아니라 집이 엉망이에요."

"그렇기는 해도 비둘기를 길러온 것이 퍽 오래되었어요."

이 댁 며느리는 따로 살다가 시부모 댁으로 들어 온지 2~3년 밖에 되지 않았다. 그러니 그 댁의 집과 비둘기에 대해서는 내가 더 잘 알고 있다고 할 수 있다.

"그러니까 집을 그렇게 버렸죠. 댁도 그렇지요?"

"그렇기는 해도 우리 집보다는 할머니께서 비둘기를 더 사랑하시죠. 사실 그 비둘기들, 처음에는 우리 집에서 길렀던 건데 할머니께서 모이를 우리보다 더 자주 많이 주시니까 전부 몰려갔지요."

이 말을 하면서 나는 좀 미안한 생각이 들었다.

"그걸 왜 길렀어요?"

"좀 더럽긴 해도 정서적으로 좋잖아요. 시장에서도 댁과 우리 집을

비둘기 집이라고 해요. 이젠 그 정도로 유명해졌어요. 아침에 비둘기가 떼 지어 날아오르는 것 보셨어요? 얼마나 기분이 상쾌한지.”

나는 되도록 비둘기의 좋은 점을 여러 가지 말해 주었다.

“글쎄요. 비둘기가 보고 싶으면 공원에 가면 됐지, 굳이 집에서 비싼 모이 줘 가며 집을 버려가면서 기를게 뭐예요.”

그녀는 몹시 못 마땅해 했다.

“우리 비둘기가 댁의 어머니 사랑에 끌려가버려서, 그 대신 우리 집에는 한 겨울 내내 산새들이 날아왔어요. 나무에다 쇠기름을 매달아 두면 산새들이 먹으러 오지요.”

“그게 새 먹이였군요. 나는 지나갈 때마다 뭐가 매달려있나 했어요. 그게 무슨 병 예방책인가 했어요.”

나는 생각지도 못한 그녀의 발상에 놀랐다.

이렇게 강력한 며느리의 반대와 불만에도 할머니께서 그녀의 주장을 밀고 나간 것도 영감님께서 살아계실 때 만이었다. 그러나 할아버지께서 안 계신 지금, 할머니께선 무슨 패잔병처럼 힘을 잃으신 모양이었다.

나는 비둘기와 할머니의 근황이 궁금하여 옆집의 문을 두드렸다.

“요새 통 뵙지 못 했어요. 어디 다녀오셨나요?”

“어서 와요. 내가 요즘 대문 밖에 나가질 못해서……. 비둘기 모이도 못 주고…….”

“참 비둘기가 안 보이던데요.”

내 말에 할머니는 순간 목이 메여 말을 잇지 못하고 시선을 돌리시면서

“…오래 되었어…… 벌써… 한 두어… 달이나…….”

나는 할머니의 눈에서 눈물이 맺히는 것을 보았다.

“그래도 얼마 전까지는 가끔 몇 마리가 찾아와서 꾸꾸하고 나를 불렀는데… 가슴이 아파서…….”

"그것도 모르고… 저희 남편이 요즘 할머니께서 어디 가셨나 궁금해 하더라고요."

"아침마다 내가 비둘기 모이를 주면 출근하면서 비둘기를 보고 끄덕 끄덕하며 웃고 지나갔지. 요즘은 내가 나가지 않으니까……."

그녀의 말을 듣고 있자니 가슴이 아파왔다. 영감님을 여위신 할머니는 이렇게 힘을 잃어가고 계셨다.

"그 많던 비둘기가 어디로 갔을까요? 전 그렇게도 몰랐어요. 언제나 있기에 그저 있으려니 했지요……."

"나도 그래. 지금도 밖에서 무슨 소리만 나도 비둘기가 왔나 하고 가슴이 뜨끔하지."

할머니는 한숨을 푹 쉬었다.

"우리라도 계속해서 모이를 줄 것을 그랬어요."

"안돼요. 그 욕을 어떻게 먹을라고……. 그렇지 않아도 나보고 옆집에서 기르던 비둘기라면서요 하고 대들던데. 요새 젊은것들은 어찌 그리 인정이 없는지……."

"하긴 몇 해 전에는 뒷집에서 항의를 하고 쥐약을 뿌려서 비둘기를 많이 죽였지요."

"그랬었지……. 그 죄를 다 어디 가서 갚으려고. 생명 귀한 줄 모르고……. 그저 돈 밖에 몰라. 보리쌀이 얼만 줄 아냐고 하지 않아."

"아이들한테는 비둘기가 있는 것이 좋을텐데."

"아이들이 '할머니 비둘기 밥 주세요'하고 날 부르면 아이들에게 눈을 흘기고 소리를 지르고 야단이야."

나는 할머니의 쓸쓸한 얼굴이 측은하게 느껴졌다.

"그래, 요즘은 어떻게 지내세요?"

지난여름에 영감님을 여의셨으니 벌써 일년이 되어간다.

"세상이 귀찮아서 그저 이렇게 있지. 친구들이 어디 놀러 가자고 해도 가기 싫고 세상이 다 귀찮아. 그저 절에나 가고 가끔 병원에 가지. 왠지 가슴이 텅 빈 듯 허전하기만 하고. 뭔가 해야 할 것을 잃어버린 것 같기도 하고. 그래도 전에는 하루에도 몇 번씩 비둘기 모이라도 주는 재미 거리가 있었는데……."

할머니의 말끝마다 외로움이 묻어나고 있었다.

"비둘기 모이를 조금씩만 주실 것을 그랬어요. 모이를 많이 준다고 그랬던 것 아니에요."

"언제 제 돈으로 보리쌀 샀나. 언제나 내가 샀는데……. 영감이 가실 때 내게 얼마간의 돈을 남겨주었어. 돈이 없으면 자식한테 설움 받는다고. 이 돈으로 놀러도 다니고 병원에도 가고…… 비둘기 모이도 주라고 하셨는데……."

"세상에 그렇게 자상하셨군요. 할아버지께서도 비둘기를 좋아하셨지요?"

"암, 여기 누워 계실 때 밖에서 비둘기소리가 나면 나를 불러 '여보, 비둘기들이 당신을 찾아. 어서 나가봐' 하셨지. 그런데 이젠 며느리가 집을 팔겠다고 하는데 어떻게 해, 내가 져야지."

나는 지금도 생생히 기억난다. 영감님이 세상을 떠나시자 어쩔 줄 몰라 하시던 할머니께서 모이 그릇을 들고 나와 비둘기에게 모이를 주시던 모습이.

"다른 취미를 가지시면 어떨까요."

나는 어떤 말을 해야 할지 몰랐다.

"이젠 아무것에도 정들이고 싶지 않아. 이렇게 가슴 아픈데…… 이것들이 어디서 무엇을 먹고 돌아다니는지……."

며느리는 시어머니로부터 그렇게 애지중지 하시던 비둘기들을 빼앗아갔다.

나는 그날 식구들에게 비둘기가 왜 추방 되었는가를 이야기했다. 식구들은 내 얘기를 듣고 마치 큰 슬픈 영화를 본 듯 아무 말을 하지 못했다. 그들의 표정에서 나도 느꼈던 불쾌감과 분노함과 우울함을 엿볼 수 있었다. 그리고는 다들 묵묵히 어떤 생각에 잠긴 듯 했다.

아마 남편은 1979년 봄에 비둘기 한 쌍을 사가지고 품에 안고 왔던 기억을 되살렸는지 모른다. 아이들은 아이들대로 그 동안 비둘기들을 키우면서 겪었던 여러 가지 체험을 떠올렸을 것이다. 나는 나대로 오랫동안『갈숲』창간호부터 연재해온 비둘기 이야기들을 더듬으면서 악惡이란 무엇인가 하고 새삼스레 다시 생각해 보았다. 절도나 강도, 살인만이 악한 것이 아니다. 자신만의 이익을 위해, 자기에게 귀찮다고 생각되는 것을 남이야 어떻든 무시하며 짓밟고 뿌리 뽑아 없애려 하는 것은 우발적으로 저지르는 죄보다도 더 악한 것이라 생각해본다. 이러한 악의 요소는 우리 주변에 너무나 많다. 너무 많아 사람들이 그 것에 대해 둔해졌는지도 모른다. 할머니로부터 비둘기를 추방시킨 것은 할머니뿐만 아니라 우리 동네에서도 비둘기를 앗아간 것이나 다름없다. 그것은 곧 평화의 추방이며 사랑의 추방이고 꿈의 추방이며 자유의 추방, 더 나아가 미래의 추방이다. 그리고 우리의 생활에서 시詩를 추방시킨 것이나 다름없다고 본다.

1985. 8

Chapter 2

우리 가족 이야기

낡은 노트에서

서재의 책들을 정리한다는 것은 좀체 쉬운 일이 아니다. 보통 먼지만 털고 필요한 것만 가까이 놓게 되므로 자연 아무리 귀중한 것이라도 지나간 것은 어느 사이에 밑으로 구석으로 밀려나고 만다. 어쩌다 생각이 나서 또 필요해서 찾으려 하면 질서 있게 정돈해 놓은 것까지 뒤집어 놓게 된다. 그런 의미에서 질서정연하게 잘 쌓아놓는다는 것은 어쩌면 사장된 것을 뜻하는 것도 된다.

마침 이런 찾기 작업을 하다가 흘러간 시간의 노트를 한 권 발견했다. 누렇게 퇴색되고 낡고 또 다른 책들에 눌려서 아주 납작해진 노트는 쓰레기통에 들어가거나 불에 태워버리게 될 정도의 몰골이 되었다. 1960년에서부터 1975년에 이르기까지 내가 오랜 시간동안 만지고 기록한 나의 필체가 어쩐지 낯설고 언제 내가 이런 글을 썼나 하는 생소한 기분까지 들었다. 메모도 아니고 일기도 아니고 수필이라고도 할 수 없는 글이다. 그때그때 느낀 것을 적어놓은 것에 불과하다. 어쨌든 당시에 나로서는 인상 깊게 느꼈기 때문에 적어놓은 것이었다. 연월도 날짜도 없는 것들도 있다. 그 중에서 몇 가지를 추려보았다.

숙경이가 나를 흔들어서 눈을 떴다.

"엄마, 이게 뭐야?"

"어머나, 그게 뭐니? 열어보렴."

숙경이는 부지런히 포장지를 뜯었다. 그 속에서 과자와 인형이 나왔다. 숙경이는 얼른 인형을 집었다.

"어머나, 산타할아버지가 우리 숙경이가 예쁘다고 선물을 주고 가셨네."

"엄마, 산타할아버지가 누구야?"

"산타할아버지는 말 잘 듣는 아이에게 선물을 주시는 분이란다."

1960.12.25

아이의 관찰력

며칠 전 일요일, 우리들은 아이들을 데리고 뒷산에 올랐다. 야산이어서 아이들을 데리고 산책하기에는 좋은 곳이다. 벌써 산등성이에는 파릇한 새싹이 돋아나고 있었다. 우리는 언제나처럼 산에 올라 우리 동네를 내려다보며 우리 집을 찾기로 했다.

"우리 집 어디게?"

"저-기, 아니, 저어기."

하며 아이들은 제멋대로 손가락으로 자기 집을 찾는다.

갑자기 숙경이가 이상하다는 듯이

"아빠, 아빠. 저기 사람이 왜 작게 보여요?"

하고 물었다.

"그건 말이야, 우리는 여기 높은데 있어서 그렇게 보이는 거야. 저 사람들은 저 멀리 땅에 있고 우리는 산에 올라와 많이 떨어져 있으니까. 그렇게 보이는 거란다."

아빠의 설명을 다섯 살짜리는 얼마나 이해했을까.

그런데 오늘 숙경이가 그림을 그려 내게 가지고 와서 설명을 했다. 그림을 보니 한 사람은 크게 그리고 다른 한 사람은 아주 작게 그렸다.

"엄마, 이 애는 산에 올라갔고, 이 애는 땅에 있는 아이에요."

나는 웃음이 났다. 아이의 지능이란 이렇게 빠른 것일까? 작년에는 우리는 숙경이를 데리고 아이 옷을 사러 동대문시장에 갔었다. 그때 우리는 아이 옷을 고르느라 정신이 없는데 갑자기 숙경이가 엄마의 손을 잡아당기며 마네킹을 가리켰다.

"엄마, 엄마. 저 아야가 이렇게 안 해."

하며 자신의 눈을 감았다 떴다 했다. 높은데 있는 마네킹을 진짜 아이로 본 모양이었다. 그 아이가 같은 자세로 전혀 움직이지 않는 것이 이상했던 모양이었다.

"저 아이는 진짜 아야가 아니고 인형이야. 너 인형 가지고 있지? 그런 인형을 크게 만든 거야."

숙경이는 납득이 갔는지 고개를 끄덕였다. 그날 돌아오면서 우리는 아이의 관찰력에 대해서 이야기를 했었다. 숙경이는 57년 4월생이니까 올해 만 세 살이다. 숙경이는 이른 편일까? 보통일까? 아니면 늦은 것일까?

"보통이겠지. 왜 다른 아이들보다 빠른 것이 좋겠어?"

"아니."

내가 자식에게 바라는 것은 머리가 좋은 것이지만, 그렇다고 천재를 원하지는 않는다. 좋은 성격이 우선이고, 그리고 좋은 소질이 아닐까.

1961. 4

오늘 아침 한 동네의 순정이엄마가 놀러왔다.

"숙경엄마, 딸을 참 귀엽게 키우시는 군요."

"왜요?"

"글쎄, 내가 숙경이한테 '너는 커서 뭐가 될래?' 하고 물었더니 '우리 엄마요.'하고 말하겠지요. 내가 어느 일본책에서 유아교육에 관한 글을 읽었는데, 딸아이가 어른이 되어 엄마가 되겠다고 느끼도록 기르라는 말이 나와요."

나는 아이에게 한 번도 그런 말을 해본 적이 없었다. 숙경이는 겨우 여섯 살인데 무엇을 알까. 그저 엄마가 좋아보였겠지. 엄마가 무엇이든지 다 한다고 느꼈기 때문이리라.

1963. 5

눈 떠가는 아이

숙경이가 학교에서 돌아오면 나는 아이의 가방 속부터 보는 버릇이 생겼다.

"오늘 백점 맞았어요."

하면 나는 흐뭇해서 뽀뽀를 해주고, 하나 틀렸으면 약간 미간을 찡그리고, 두 개 세 개 틀리면 야단치고 밖에 나가지도 못하게 하고 시험지를 꺼내놓고 다시 가르치고 법석을 했다.

밤에 남편에게 이야기를 하면,

"너무 그러지 말어. 우리가 천재를 낳았나 뭐."

그렇게 말하면서도 숙경이가 계속 백점을 맞아오면

"그 놈이 날 닮았구먼."

했다.

참 신기하다. 초등학교에 입학한지 겨우 한 학기를 마치고 이제 2학기에 들어간 지 두 달이 지났는데 벌써 동화책을 어느 정도 읽는다. 사람 두뇌의 신기함이랄까, 그런 것을 느끼게 한다. 내 자식이 바보가 아니라는 것도 감사하고 싶다.

새삼 학교가 고맙고 선생님이 고맙다. 아무 것도 모르는 어린 것을 첫 자부터 한 자 한 자 가르쳐 눈을 뜨게 해주었으니 말이다. 무엇인가 하나씩 알아가는 것도 대견스럽다.

오늘 학교에 갔었다. 담임선생님은

"숙경이가 동화책을 잘 읽어서 처음에는 한글을 다 아는 줄 알았어요. 집에서 책을 많이 읽어 주셨나보죠. 벌써 내가 이야기를 하면 먼저 이야기의 내용을 다 알고 있더군요."

하고 칭찬을 해주었다.

저녁에 남편에게 학교에서 들은 이야기를 했다.

"밤마다 조금 귀찮은 것을 참고 동화책을 읽어준 효과가 있었구먼."

하고 흐뭇해했다.

"이것이 행복인가? 자식이 하루하루 눈떠간다는 것이."

"그렇지. 이런 것도 행복 중에 하나겠지."

그렇다. 행복이란 아이가 커가는 것을 대견스럽게 바라보는 것인지 모른다. 동화책을 보다가 잠이 든 숙경이를 바라보며 우리 부부는 가슴이 뿌듯했다. 내일 외출할 때 새 동화책을 사다주어야겠다고 생각했다. 아이가 어릴 때 과자를 받아먹는 것이 신기해서 남편은 퇴근해서 귀가할 때마다 아이들에게 과자를 사다주었다. 두 손을 포개서 달라고 하는 것이 귀엽고 신통해서였다. 이제는 아빠, 엄마에게 책을 읽어달라고 조르지도 않고, 제가 스스로 책을 읽게 되었으니 이것 또한 대견하다. 숙경이가 동화책을 읽을 때는 화경이와 싸우지도 않으니 이것 또한 기특하다. 그만큼 자라고 있는 것일 것이다.

읽던 책을 손에 든 채 잠이 든 숙경이의 손에서 책을 가만히 빼고,

아이의 이마를 쓰다듬었다. 그리고 나는 중얼거렸다. -무럭 무럭 자라다오. 건강하게.- 아이가 병이 나면 그것처럼 고통스러운 일이 없다. 내가 잘못한 것이 아닌가 하고 죄의식에 괴롭기까지 한다. 우리 부모님도 나를 이렇게 기르셨을 텐데, 이제는 부모님 생각보다 내 자식에 온 정성을 쏟고 있다. 이 다음에 우리 자식들도 그렇겠지.

1963.10

선생님 하는 화경이

동네 아이들이 우리 집 대문 밖에서 서성거리며 화경이가 유치원에서 돌아오기를 기다리고 있다.

오늘도 화경이가 유치원에서 돌아오니까 동네 아이들이 같이 마당으로 몰려들었다. 화경이는 유치원 가방을 내동댕이치다시피 하고 옷도 안 갈아입고 언니 방으로 갔다. 언니 책상에서 종이와 연필을 가지고 나왔다.

"너 또 언니 오면 야단 맞을려고 언니 것 가지고 놀꺼야."

"조금만 빌리는 거에요."

"옷 갈아입고 점심 먹고 나가라."

점심은 오늘 유치원에서 종원이 생일이라고 종원이 엄마가 유치원 아이들 모두에게 빵을 갖다 주었다고 순자가 말했다. 그래서 순자도 점심을 안 먹겠다고 했다. 이 유치원은 아이들 생일마다 엄마들이 아이들에게 간식을 주는 관례가 있다.

언니 책상을 뒤져 뭔가 가지고 뒤뜰에 나간 화경이는 아이들에게 종이와 연필 한 자루씩을 주고 학교놀이를 하는 것이다.

저는 언제나 선생님이고 아이들은 학생들이다. 화경이가 아이들에게 뭘 가르치느냐고 순자에게 물어보니 자기가 유치원에서 배운 것을 그대로 가르친다는 것이다. 노래도 가르치고 노래자랑도 시킨다. 노래자랑을 시킬 때는 화경이는 사회자가 되는 것이다.

“비슷한 나이인데 다들 화경이 말을 잘 듣니?”

순자의 말에 의하면 화경이가 여간 내기가 아니라는 것이다.

“우스워 죽겠어요. 화경이는 선생님 노릇을 여간 잘하지 않아요. 창수도 싸울 때도 있지만, 잘 따라하는데요. 화경이 말을 잘 들어요.”

창수는 화경이 동갑의 남자아이이다. 이 동네에는 유치원이 없다. 초등학교가 신설된 것도 2년밖에 안 된다. 그러니 유치원도 있기 어렵다. 그래서 유치원에 다니는 아이들이 거의 없다. 그래서 할 수 없이 숙경이도 화경이도 우리집에서 그래도 제일 가까운 편이 종로의 수송 유치원까지 다녀야했다.

화경이는 한글을 따로 가르치지 않았는데도 언니가 공부하는 것을 보고 어깨 너머로 조금 아는 모양이다. 숙경이 때도 그렇지만 화경이에게도 집에서 먼저 한글을 가르치지 않았다. 미리 알고 학교에 가면 선생님 말도 잘 안 듣고, 자칫 잘못 배워놓으면 고치지 힘들다고 생각했기 때문이다.

아이들 노는 것을 내다보니, 화경이가 1학년 책을 손에 들고 있는데 책은 보지도 않고 ‘바둑아, 바둑아’를 따라 부르게 하고 있었다. 순자의 말을 들으면 화경이는 아이들에게 동화책, 옛날이야기도 곧잘 한다는 것이다.

“아이들은 화경이한테 옛날이야기를 들으려고 따르는 것 같아요.”

“지가 무슨 옛날이야기를 많이 안다고.”

“맨날 아주머니, 아저씨가 읽어주시지 않아요. 다 외우고 있어요.”

하긴 숙경이도 한글 하나 모르면서도 동화책을 다 외우고 있어서, 동네에서

“숙경이 벌써 글 읽을 줄 알아요?” 라는 말을 들은 적이 있었다.

잘 때마다 책을 읽어준 것을 다 외운 것이다. 아이의 기억력에 새삼 놀랐다

1964. 4

산타할아버지는 계신가요? 안 계신가요?

숙경이가 학교에서 돌아오더니 무엇인가 대단히 화가 난 듯 식식거리며 새 앞에 앉았다. 나는 순간적으로 학교에서 무슨 일이 있었구나 하는 생각이 들어 놀라며 왜 그러냐고 물었다.

"엄마! 우리 선생님이 그러시는데요, 산타할아버지가 없대요. 우리가 잠잘 때 엄마, 아빠가 몰래 선물을 머리맡에 갖다놓는 거래요. 엄마, 정말이에요?"

숙경이는 흥분해서 내게 따지는 것이었다. 아이가 화가 난만큼 나도 순간 화가 났다. 나의 화는 아이에게가 아니라 담임선생님에 대해서였다. 도대체 아이들을 가르치는 선생이 아이의 꿈을 생각 없이 이렇게 깨뜨려도 괜찮을 것일까. 물론 아이도 머지않아 산타할아버지가 누구인가를 알게 될 것이다. 그러나 그 사실을 알게 될만한 나이가 되었을 때 자연스럽게 알아져야 한다고 생각했었다. 그런데 그것을 미리 알려준다는 것은 교사로서 아이들의 심리를 너무 몰랐던 것이 아닌가. 어쩐지 잔인하기까지 하다는 생각이 들었다.

"엄마, 그래요? 정말이에요? 선물을 갖다주는 것은 산타할아버지가 아니고 엄마 아빠에요?"

재차 다그쳐 물어오는 숙경이는 선생님 말씀이 틀리기를 바라는 것 같기도 했다. 나는 이 아이에게 어떻게 대답을 해주어야 할지 막막했다. 그렇다고 너희 선생님이 거짓말을 하셨다고 말할 수도 없었다.

"너희 선생님은 아직 모르시나보다. 어떤 땐 산타할아버지가 우리

집이 멀다고 아빠에게 부탁을 하신단다. 그런 땐 아빠가 산타할아버지 심부름을 하는 거야."

나는 궁여지책으로 이렇게 얼버무렸다. 그러나 숙경이는 무언가 석연치 않은 모양이었다.

"걱정 말아라. 이번 크리스마스에는 산타할아버지가 오실 거야."

나는 실망과 기쁨이 교차하는 아이의 눈빛을 보며 두 볼을 어루만져 주었다. 아이는 일단은 엄마 말을 믿는 듯, 안도의 미소를 지었다.

나는 위기를 어떻게 넘기기는 했으나 아이에게 의심을 심어준 담임 선생님이 원망스러웠다. 꿈이란 글자 그대로 아름다운 것이다. 말을 알아듣는 3살 때부터 우리는 아이에게 크리스마스와 산타할아버지 이야기를 해주었고, 잠잘 때마다 옛날이야기를 해주고 동화책도 읽어주었다. 동화는 꿈나라의 세계이고, 아이들에게 무한한 상상을 하게 한다. 꿈은 물론 오래가지 않는다. 어느 시기에 가서 깨진다. 그러나 시기가 있는 것이다. 초등학교 2학년이며 아직은 산타할아버지가 계시는 것이 좋다. 머지않아 꿈이 깨질 때 서운함도 있겠지만, 그냥 서운한 것만이 아니라 그 의미를 어렴풋이 깨닫게 될 것이다. 그리고 또 다른 꿈을 꿀 것이다. 꿈꾸는 사람에게만 꿈이 있다고 한다. 나는 우리 아이들이 계속 꿈이 있는 삶을 살도록 가르치고 싶다.

1964.12

화경이의 동시

화경이가 학교에서 돌아오더니 "엄마, 엄마" 하면서 가방에서 시험지를 꺼내 보였다. 시험을 본 것이 아니고 동시 같은 것이 써있었다. 그 위에 크게 동그라미가 다섯 개 그려져 있었다.

"뭐냐? 받아쓰기 했니?"

"엄마, 오늘 선생님이 우리 보고 동시를 쓰라고 해서 썼어요."

시계는 바보인가 봐
시계는 열 둘 밖에 모르는 바보인가 봐.
1, 2, 3, 4, 5, 6, 7, 8, 9, 10, 11, 12
그리고 또 1로 가니까.
나는 100도 세고 200도 셀 줄 아는데.
시계는 바보야.
그래도 사람들은 시계만 봐요.

나는 읽으면서 웃음이 났다.

"엄마, 선생님도 웃으셨어요. 그리고 나보고 재미있게 썼다고 하셨어요. 동그라미 다섯 개를 주셨어요."

나도 내심 놀랐다. 이런 것도 관찰력이라고 하는 것일까.

"엄마, 어떤 아이는 못 쓰겠다고 우는 아이도 있었어요."

"그런데 너 어떻게 이런 생각을 다 했니?"

"선생님이 자기가 생각한대로 쓰라고 하셨어요."

"그래서 시계를 생각했어?"

"이렇게 보니까 벽에 시계가 있어서 그냥 썼지 뭐."

나는 대수롭지 않게 대답하는 화경이에게 총명함을 느꼈다면 이것도 자기 자식에 대한 과장일까?

"화경이는 다음에 커서 시인이 되겠네."

"시인이 뭔데요?"

"응, 시인은 말이야. 이렇게 글을 잘 쓰는 사람이야. 무엇이나 잘 볼 줄 알고, 생각도 많이 하고, 그래서 글도 많이 쓰고 책도 내고 하지."

"엄마처럼 원고 쓰는 거에요?"

나는 끄덕였다. 나는 화경이가 쓴 동시를 벽에 붙여놓았다. 동시로서는 별로인지 모른다. 그러나 1학년짜리 아이의 관찰력이랄까, 생각이랄까. 아이가 시계의 숫자를 생각한다는 것은 쉽지 않기 때문이다. 이런 것도 엄마가 갖는 자식에 대한 과대평가인지 모르지만.

1965. 9

독서의 묘미

며칠 계속해서 비가 오시고 장마에 접어 들어가 아이들이 밖에 나가 놀지 못하고 집에만 있다. 아이들은 동네아이들까지 끌어들여서 집안이 온통 엉망이다. 비가 오시는 날은 아이들도 나도 견딜 수 없는 날이다. 방학이라 오늘도 아침부터 동네아이들이 들락거려서 순자도 집안 치우느라 짜증을 부렸다.

나는 좋은 묘안을 짜냈다. 놀러온 아이들까지 한자리에 앉혀놓고 동화책을 한 권씩 주며 읽게 했다. 아이들은 좋아라 하며 책을 받았다. 아이들이 책을 읽는 것을 보고서 나는 방으로 들어가 내 일을 하였다. 책을 읽느라 그런지 한동안 조용했다.

얼마 지나서 너무 조용한 것이 기특하게 생각되어 마루에 나가 보았다. 그런데 이게 웬일인가. 마루에서 책을 읽는 아이들은 우리 집 아이들뿐이었다.

"다들 어디 갔니?"

엄마의 물음에도 아랑곳없이 우리 집 아이들은 책을 읽느라 매 말도 귀에 들리지 않는 모양이었다. 부엌에서 순자가 말했다.

"처음에는 책을 읽는 척하더니 재미가 없는지 다들 가버리던데요."

맙소사. 숙경이 친구도, 화경이 친구도 모두 가버린 것이다. 글을 읽을 줄 모르는 지열이까지도 그림책을 보기에 여념이 없었다.

나는 저녁을 먹으면서 오늘 있었던 일을 남편에게 이야기했다.

"독서도 습관이 붙어야 하게 되니까."

"그래도 조금 읽으면 재미가 날텐데 말이에요."

"재미를 느낄 수 있어야 하는데 거기까지 가는 인내심이 부족한 탓이겠지."

하긴 그렇다. 독서란 우선 인내심이다. 인내심이 없으면 한 줄 읽는데도 지겹고 재미를 느낄 수 없을 것이다. 우리 집에서는 아이들뿐 아니라 일하는 순자까지도 책읽기를 좋아한다. 그래서 엄마, 아빠가 바쁘면 지열이에게 순자가 대신 옛날이야기를 해주기도 한다.

나는 문득 아이들에게 질문을 하나 던졌다.

"책 읽은 사람과 책을 안 읽은 사람과 어디가 다르지?"

아이들은 잠시 생각에 잠겼다. 그러자 화경이가 먼저 대답했다.

"책을 읽은 사람은 책 속의 이야기를 알고 있고, 안 읽은 사람은 모르죠."

"맞다!"

"그래서 책을 많이 본 사람이 아는 것이 많은 거란다."

"알아요."

두 딸이 똑같이 말했다. 그러자 지열이가

"나도 빨리 학교에 갔으면 좋겠다."

"그래, 빨리 커라."

옆에 계시던 할머니가 말씀하셨다.

1966. 7

낮에 살 것을 잊어버려 저녁 늦게 시장에 나가려는데 지열이가 따라 나와 같이 걸었다.

“엄마, 엄마. 잠깐만 기다리세요.”

지열이는 걸음을 멈추더니 달을 쳐다보았다.

“이제 됐어요. 가요.”

얼마쯤 걷다가 지열이는 다시 멈춰 섰다.

“엄마, 잠깐만이요. 엄마, 달 좀 보세요. 내가 가면 달도 가고, 내가 안 가면 달도 서 있어요.”

나는 지열이의 뺨에 뽀뽀를 해주었다.

1968. 7

크리스마스 아침, 방문을 두드리는 소리에 문을 열어보니 지열이가 간밤에 산타클로스 할아버지가 갖다 준 선물을 들고 들어왔다.

“어머나, 그게 뭐니?”

나는 놀란 듯 물었다.

“산타할아버지가 갖다 주신 거에요.”

지열이는 카우보이 혁대와 권총을 허리에 차고 지극히 만족스러운 표정을 지었다. 지열이는 한 손에 들고 있는 양말모양의 주머니에 담긴 사탕과 자동차를 보이며 말했다.

“엄마, 이것은 어린 아이들 거에요.”

남편과 나는 마주보며 웃었다.

“너는 아이가 아니냐?”

“나는 이제 큰 아이에요.”

지열이는 어른스런 말투로 대답하고 허리에 찬 권총을 뽑아 창가에 가서 쏘는 시늉을 했다.

지열이 나이 네 살. 아이를 기르는 재미란 이런 데 있는 것일까.

1968.12.25

왕자가 된 지열이

"엄마, 옛날이야기 해주세요."

"옛날이야기 다 떨어져 할 것이 없는데. 뭘 하지?"

매일 밤 아이에게 옛날이야기를 해주는 것도 사실은 좀 귀찮은 일이다. 그래도 버릇이 들어서 책이라도 읽어주어야 잠을 잔다. 나는 지열이 옆에 누우며 무슨 이야기를 할까 머리를 짜냈지만 쉽게 떠오르지 않았다. 남편이 내 옆에서 잠을 청하고 있었다.

"아빠 보고 해달랄까?"

나는 슬쩍 남편에게 미루려고 했다. 그러나 남편은 피곤한 얼굴로,

"어제 밤에 아빠가 해줬지. 오늘 밤은 엄마한테 해달라고 하렴."

엄마와 아빠가 서로 미루는 것을 안 지열이는 옛날이야기는 틀렸다고 생각했는지

"엄마, 그럼요, 백설공주 책 읽어 주세요."

"백설공주는 너무 많이 읽어서 재미없잖아."

"그래도 괜찮아요. 백설공주는 재미있어요."

"그럼, 책 가지고 오렴."

지열이는 일어나 백설공주 책을 가지고 왔다. 나는 읽기 시작했다.

"옛날에 궁정에 공주가 살았어요."

백설공주 이야기는 큰아이 때부터 수도 없이 읽어왔기 때문에 나는 다 외우고 있을 정도였다. 지열이도 외우고 있었다. 나는 지열이에게 묻고 싶었다.

"너 백설공주 이야기에서 어디가 제일 좋으니?"

"있잖아요. 왕자가 말을 타고 숲 속을 지나가다가 백설공주를 구해주는데 있잖아요. 여기가 제일 좋아요."

지열이는 그림 속에서 백마를 타고 온 왕자가 잠자는 공주에게 뽀뽀를 해주고 있는 그림을 가리켰다.

"엄마, 여기가 멋있잖아요."

"우리 지열이가 멋을 다 아네. 멋이 뭐니?"

"멋이요? 좋은 거요."

나는 지열이가 다섯 살 난 남자아이라는 것을 새삼 인식했다.

"어머, 그러니. 지열이는 이 다음에 커서 말을 타는 왕자가 되겠네."

"네. 엄마 전요, 이 다음에 왕자가 되고 싶어요."

나는 지열이가 말하는 것을 혼자 듣기가 아까워서 옆에 누워있는 남편을 흔들었다.

"여보, 지열이가 말하는 것 들었어요? 이담에 커서 왕자가 되겠대요."

남편은 막 잠이 들었는지 "응, 응." 하다가 아무 소리도 안 했다.

"엄마, 어떻게 하면 키가 빨리 크죠?"

지열이는 아주 심각한 목소리로 물었다.

"그건 말이야. 지열이가 밥 잘 먹고, 엄마 말 잘 듣고, 학교에 가서 공부도 잘하고 하면 자꾸 자꾸 키가 커서 훌륭한 왕자가 되요."

"엄마, 종국이는 좀 있으면 학교에 간대요."

"그래. 저는 내년에 가구."

"내년이 언제에요? 몇 밤 자면 되요?"

"아주 많이 자야 하지만 내년은 빨리 올 거야."

지열이는 눈을 껌뻑거리며 내년이라는 것을 생각하는 모양이었다.

"엄마, 걱정이 있어요. 제가 왕자가 될 때까지 백설공주가 숲 속에 있을까요?"

지열이는 걱정스럽게 물었다.

"걱정 말거라. 숲 속에는 언제나 지열이를 기다리는 공주가 있으니까."

"지금도 있어요?"

"그럼."

나는 지열이를 안심시켰다.

"숲 속에는 언제가 백설공주가 있거든."

"언제나요?"

"그럼, 지금도. 그리고 '지열아, 빨리 빨리 왕자가 되어라. 그리고 날 구해줘!' 하고 기다리고 있어요."

나는 공주 목소리를 내었다. 지열이는 자기를 기다리는 공주가 숲 속에 있다는 말에 흐뭇한지 만족한 듯 씩 웃었다.

내가 계속 백설공주를 읽어주는 동안 어느 새 지열이는 잠이 들었다. 가만히 책을 덮고 이불을 덮어 주었다. 그리고 볼에 뽀뽀를 해주었다. 미래의 멋진 왕자를 기대하면서 나도 잠을 청했다.

1969. 2

지열이는 심심하기만 하면 다이아몬드게임을 가지고 와서 같이 놀자고 한다. 나는 세 번 중에 두 번쯤은 져준다.

"엄마, 그쪽으로 가지 마세요. 이 길이 더 빨라요."

지열이는 나에게 가까이 가는 길을 가르쳐 주었다.

"어머, 그렇구나. 하마터면 엄마가 또 질 뻔했네."

나는 지열이가 대견하게 느껴졌다.

아빠하고 오목을 둘 때, 아빠도 지열이에게 여러 번 져주는 것 같다.

그런데 오늘 지열이가 아빠, 엄마한테 항의를 했다.

"엄마도 아빠도 나한테 일부러 져주는 거죠. 그건 기분 나빠요."

남편과 나는 마주보며 눈만 껌벅했다.

1969. 3

"엄마, 옛날이야기 해주세요."

지열이가 잠옷을 갈아입고 나면 으레 하는 말이다.

나는 지열이를 눕히고 나도 옆에 누우며 오늘밤엔 어떤 옛날이야기를 할까 고민한다. 이제는 밑천이 다 떨어진 것이다. 이럴 땐 동화책을 읽어주는 것이 제일 좋다. 그런데 다섯 살짜리 지열이에게 맞는 동화책은 그리 많지 않다. 학령 전 아동용 동화책들은 벌써 두 세번씩 읽어준 것들이다.

"오늘은 해줄 것이 없는데."

"엄마, 이거요."

지열이는 백설공주 책을 나에게 꺼내주었다. 그 책은 너무 많이 읽어서 표지가 다 닳아져 버렸다.

"이 책 또 읽어?"

"네. 또 읽어 주세요."

나는 속으로 어서 커서 학교에 들어가 글을 빨리 읽어야지, 하며 첫 장을 펼쳤다.

"지열이는 이제 백설공주를 다 외우고 있지 않니?"

"그래도 읽어 주세요."

나야말로 세 아이를 기르는 동안 백설공주를 하도 읽어서 거의 다 외우고 있었다.

"너는 백설공주 이야기에서 어떤 것이 좋으니?"

"엄마, 백설공주가 숲 속에서 죽었는데 하얀 말을 타고 왕자가 공주를 구하러 오는 것이 제일 좋아요."

나는 그렇게 말하는 지열이가 귀여워서 엉덩이를 두드려 주었다.

"엄마도 그렇지 않아요?"

"그래, 엄마도 그 장면이 제일 좋단다. 지열이도 이 다음에 말을 탄 왕자가 되겠니?"

"네. 나도 백설공주를 구해주고 싶어요. 엄마, 어떻게 하면 키가 빨리 크지요? 이만큼은 커야 하는데."

지열이는 머리 위로 손을 뻗쳤다.

"밥 잘 먹고 잘 놀고 하면 빨리 클 수 있을 거야."

지열이는 말똥말똥 눈을 뜨고 잠시 무엇인가 생각하고 있었다.

"엄마, 걱정이 있는데요. 내가 왕자가 될 때까지 공주가 있을까요?"

나는 지열이의 엉뚱한 말에 놀랐다.

"그럼, 걱정하지 마라."

아이는 내 말에 안심이 된다는 듯 고개를 끄덕였다.

"엄마, 오늘은 왕자가 말을 타고 공주를 구하러 오는 데만 읽어 주세요."

나는 동화책의 마지막 부분을 펼쳤다. 지열이가 갑자기 커진 것이 느껴진다.

1969. 5

요즘 지열이는 어려운 말 쓰기를 좋아한다.

"아빠, 위(배)가 아파요."

"엄마, 가슴을 뭐라고 하지요?"

"가슴이 가슴이지 뭐."

"아니, 어려운 말로요."

"글쎄. 뭐라고 하나. 흉이라고 하던가…"

지열이는 가슴을 가리키며 흉이 아프다고 하는 것이었다.

"발이 어려운 말로 뭐지요?"

"족."

지열이는 누나 방으로 갔다.

"누나. 내 족 좀 봐."

1969.10

지열이는 저녁 6시 TV 어린이 만화 시간이 되면 법석이다.

"누나! 언니! 엄마, 빨리, 빨리. 제목 읽어줘."

화면에서 제목이 사라지기 전에 빨리 오라는 것이다. 제목을 알면 내용을 이해하기 쉬운 모양이다. 가끔 아무리 불러도 아무도 나타나지 않고 제목이 없어지면 지열이는 식식거리며 눈물까지 흘리는 것이다. 나중에는 할머니까지 불러댄다.

"이거 글씨를 몰라서 서럽구나. 어서 어서 학교에 들어가라."

할머니는 제목을 읽어주시며 한 마디 거드신다.

"엄마, 할머니가 그러시는데요. 글씨를 모르면 서럽데요. 나 빨리 학교에 가고 싶어요."

"너는 아직 어리단다. 앞으로 두 살을 더 먹어야 학교에 가게 돼."

지열이의 모습이 안타깝기는 했지만 나는 어느 아이도 학교에 들어가기 전에 한글을 가르치지 않았다. 거기에는 이유가 있다. 미리 한글을 다 깨치고 학교에 가면 선생님 말씀이 재미없게 느껴질 우려가 있기 때문이다. 두 딸 아이도 제 이름만 겨우 알고 숫자도 1에서 10까지 정도만 알게 하였다. 첫 아이도 둘째 아이도 입학하기 전에 많은 아이들이 이미 많은 것을 배우고 학교에 오기 때문에 걱정을 하기도 했다. 그런데 학교 공부를 신기해하며 재미를 붙이는 것은 모르는 것을 새로 배우는 아이들이라는 것을 나는 분명히 알고 있다. 큰 딸애는 입시 때문에 6학년이 되어서 할 수 없이 과외를 시켰다. 작은 딸은 과외공부를 한 번도 안 했다. 지금까지 공부를 잘 하고 있다.

1969.11

내가 부엌에서 밥을 짓고 있는데 지열이가 걱정스러운 얼굴로 들어왔다.

"엄마, 물어볼 게 있는데요. 종국이가 그러는데 산타할아버지가 없데요. 선물은 엄마가 갖다놓는 거래요. 정말이에요?"

나는 여섯 살 먹은 아이의 근심어린 표정이 안쓰러웠다. 종국이는 동네친구인데 지열이보다 두 살이나 위로 초등학교 2학년이다.

"산타할아버지는 계시단다. 아마 종국이는 말을 안 듣는가 보다. 산타할아버지는 말을 잘 듣는 어린 아이에게만 선물을 갖다 주시거든."

아이는 내 말에 고개를 갸우뚱거리며 어느 쪽이 맞는 말인가 생각하는 모양이었다.

"엄마, 크리스마스가 언제지요?"

나는 지열이와 함께 달력의 날짜를 하나하나 짚어 보았다.

"하나, 둘, 셋, 넷, 다섯. 이제 다섯 밤만 자면 크리스마스구나."

"엄마, 내가 엄마 말을 잘 듣나요? 못 듣나요?"

나는 웃음이 나오는 것을 억지로 참았다.

"그럼, 우리 지열이는 엄마 말을 잘 듣는 편이지. 작은누나도 때리지 않고, 누나들 것도 빼앗지 않고."

"엄마, 사실은 작은누나 한 번 때린 적 있어요. 그것도 산타할아버지가 아시나요?"

지열이는 자못 심각했다. 나는 여섯 살 난 아이에게도 나름대로의 걱정이 있다는 것을 새삼 발견한 듯했다.

"걱정하지 말렴. 아마 알고 계시겠지만, 산타할아버지는 용서해 주실 거야. 이번 크리스마스에도 지열이에게 꼭 선물을 가지고 오실 거야."

지열이는 얼굴이 밝아졌다.

"종국이에게 가서 말해 주어야지."

지열이가 밖으로 뛰어나갔다. 나는 지열이가 나가는 것을 말렸어야 했는데 무심코 그냥 내버려 두었다.

저녁 때 나는 걱정이 되어 지열이한테 물었다.

"종국이한테 가서 아까 엄마가 한 말을 했니?"

"네. 종국이는 너희 엄마가 거짓말을 하는 거라고 했어요."

나는 아무런 대꾸도 하지 않았다. 그러나 지열이의 얼굴을 보니 종국이의 말 보다 엄마의 말을 믿고 있는 것 같아서 한편 마음이 놓였다.

이런 이야기를 들은 숙경이가 말했다.

"종국이는 나쁜 아이이구나. 그런 말을 하다니."

나는 숙경이에게 눈짓을 했다. 아무리 어린 아이지만 그 아이의 친구를 나쁘게 말하는 것은 좋지 않은 일이다.

숙경이는 벌써 5학년이 되었다. 그 아이는 1학년 때 산타할아버지의 꿈이 깨진 것을 지금 어떻게 생각하고 있는 것일까. 산타클로스의 꿈은 언젠가는 깨어지는 것이지만 되도록이면 오래 간직하는 것이 좋고, 언젠가는 깨지는 그 때에 그 의미를 깨닫는 것이 중요한 것이다. 그래서 숙경이는 먼 훗날 자기 아이들에게 그와 같은 꿈을 주리라고 나는 믿어 의심하지 않는다.

1969.12.20

뽀빠이만화

아이들은 TV 어린이시간이 되면 밖에서 놀다가 들어와서 TV 스위치를 누른다. 지열이가 제일 좋아하는 만화는 <뽀빠이>이다. 지열이뿐 아니라 숙경이도 화경이도 좋아한다. 물론 나도 가끔 아들과 함께 즐기곤 한다. 뽀빠이는 적수인 부루투스와 힘을 겨루는데 부루투스의 힘도 만만치가 않다. 드디어 지게 생길 때 뽀빠이는 시금치를 꺼내 먹는다. 그러면 금방 뽀빠이의 오른팔은 근육이 불어나고 힘이 솟는다. 그래서 다시 부루투스에게 덤벼든다. 부루투스를 기진맥진하게 해서 결국 뽀빠이는 승리하게 된다. 뽀빠이는 파이프를 문 입을 씰룩거리면서 의기양양해 한다. 아이들은 뽀빠이의 승리에 흐뭇한 미소를 짓는다.

그런데 어느 날 뽀빠이 만화를 보면서 화경이가 말했다.

"뽀빠이의 힘은 가짜야. 뽀빠이는 시금치 덕분에 기운을 낸 거니까. 아무런 힘도 빌리지 않은 부루투스의 힘이 진짜야."

"그래도 난 뽀빠이가 좋아."

지열이가 말했다.

어떤 이야기나 문제를 다른 각도에서 뒤집어 본다는 것은 그리 쉬운 것은 아니다.

1970. 2

저녁나절부터 비가 올 듯 말 듯하더니 밤늦게 비가 쏟아지며 천둥에 번개까지 쳤다. 옆방에서 지열이가 베게를 들고 건너왔다.

"오늘 엄마 방에서 자면 안 될까요?"

천둥소리가 무서운 모양이었다. 나는 그러라고 하면 내 이불 속으로 들어오라고 했다. 지열이는 이불 속에서 나에게 꼭 안겼다. 천둥소리가 나면 두 눈을 꼭 감았다.

"엄마, 천둥이 무섭지 않으세요?"

"응. 엄마는 어른이니까."

"엄마, 물어볼 게 있는데요. 천둥이 치는 것은 하느님이 나쁜 사람을 벌주는 거라는데 정말 그래요?"

요즘 지열이는 엉뚱한 질문을 해서 나는 대답이 궁할 때가 적지 않다.

"천둥은 하느님과 아무 상관이 없는 거란다."

초등학교 1학년에 막 들어간 어린애가 알아듣지 못하겠지만 나는 이렇게 말할 수밖에 없었다.

"엄마. 그럼, 천둥이 칠 때 하느님은 어디에 계신가요? 하느님은 천둥이 무섭지 않으신가요?"

1학년짜리 아이에게 하느님에 대해 어떻게 말해 주어야 할지 나는 한참 생각해야 했다.

"하느님께선 무서운 것이 하나도 없으시단다. 하느님은 아주 훌륭하시고 또 좋은 일만 하시기 때문에 이 세상에서 겁내는 것이 아무 것도 없단다."

지열이가 걱정스런 얼굴로 말했다.

"엄마, 학교에서 오는 길에 버스에서 지하도 공사하는 것을 내려다 보았어요. 그 속에서 일하는 사람들은 어떻게 되나요?"

"뭐가?"

"땅 속에 지옥이 있잖아요. 그 사람들이 지옥에 떨어지면 어떻게 해요.”

아이 셋 중에 유난히 질문이 많은 아이이다. 남자아이가 되어서 그런가.

“지열아, 걱정하지 않아도 된단다. 그 사람들은 지옥에 떨어지지 않아요.”

“왜요?”

“그 사람들은 많은 사람들을 위해서 열심히 일을 하니까.”

그래도 지열이의 의심을 사라지지 않았다.

“그럼, 엄마. 나쁜 사람들은 어떻게 지옥에 떨어지나요?”

나는 아이의 질문에는 즉각 대답을 해주어야 하므로 얼른 생각을 했다.

“나쁜 사람들은 아무리 높은 곳에 올라가 있어도 하느님이 벌을 주시니까 지옥에 떨어지는 거야.”

“엄마, 좋은 사람은 아무리 땅을 깊이 파도 지옥에 떨어지지 않는 거에요?”

“그럼.”

지열이는 더 이상 내게 묻지 않았다. 즉흥적인 나의 대답을 지열이가 알아들었는지 모르겠다. 그런데 지열이는 어디에서 지옥이 땅 속에 있다고 들었을까. 이제 초등학교에 들어가면서부터 지열이는 엄마나 누나들을 벗어나 조금씩 바깥세상을 접하고 있다는 증거이기도 했다.

아이들이 성장하고 있는 데에 나도 대비하지 않으면 안 된다는 생각이 들었다. 자라나는 아이들의 의문을 풀어줄 수 있는 엄마가 되어야 한다.

1971. 4

땅 속에 있는 지옥

땀을 뻘뻘 흘리면서 학교에서 돌아온 지열이가 자방을 내려놓으면서 나를 불렀다.

"엄마, 걱정이 있는데요."

지열이의 얼굴을 보니 표정까지도 아주 걱정스러웠다.

"엄마, 지하철 파는 사람들 말이에요. 그 사람들이 지옥에 떨어지면 어떻게 해요?"

나는 아이가 말하는 뜻을 금방 알아들었다. 지열이가 학교버스를 타고 오는 길은 요즘 지하철 공사가 한창이다.

"엄마, 규영이가 그러는데요. 땅 속에 지옥이 있대요."

나는 아이에게 지옥을 어떻게 설명해야 좋을지 얼른 생각이 나지 않았다. 그렇다고 지옥이 땅 속에 있다고 말할 수만은 없었다.

"지옥은 어둡고 무서운 곳이긴 하지만, 땅 속에만 있는 것은 아니야. 좋은 일을 하는 사람은 아무리 땅 속 깊이 들어가서 일을 해도 지옥에 떨어지지는 않아요."

"그러면 나쁜 사람은 어떻게 지옥에 떨어지지요?"

"나쁜 사람은 아무리 높은데 올라가 있어도 하느님이 벌을 주신단다. 그렇지만 일하는 사람은 땅 속에 있어도 괜찮아요."

"아무리 깊이 있어도요?"

"그럼."

나는 지열이를 안심시켰다. 하느님은 높은 데에 계시고 지옥을 땅 속 어두운 곳에 있다고 생각하는 일곱 살짜리의 걱정은 당연한 것일 것이다.

엄마가 아무 걱정이 없다고 말해서 그런지 지열이도 안심한 듯 크게 안도의 숨을 쉬었다. 나는 아이에게도 그 나름대로의 걱정이 있다는 것을 알게 되었다.

"엄마, 엄마. 그런데요. 지옥은 어떻게 생겼어요?"

지열이는 지옥에 대해서 궁금한 것이 많았다.

"어둡고 또 무섭고 하겠지, 아마."

"엄마, 엄마. 지옥에는 귀신도 있어요?"

"있을지도 몰라. 하지만 지열이같이 엄마 말 잘 듣고 공부 열심히 하는 아이는 지옥에 안 떨어지니까 괜찮아요."

나는 아이의 이마에 뽀뽀를 해주며 미소 지었다. 지열이도 따라서 미소 지었지만, 그렇게 밝은 미소는 아니었다. 아마도 무섭고 귀신도 있다는 지옥을 상상하고 있는지도 모른다.

1971. 7

오늘 성수중학교에 가서 숙경이의 고입 배치고사 성적을 보았다. 담임선생님은 이화도 좋고 숙명은 마음 놓고 보내도 된다고 했다. 성심여고를 물어보았더니 선뜻 충분하다고 말해 주었다. 교무실에는 학부모가 여럿 상담하고 있었는데, 담임선생님과 의견이 안 맞을 때는 높은 언성이 나오기도 했다. '아이의 성적을 냉정하게 생각해 보세요. 욕심을 부리면 나중에 후회합니다.' 이럴 때 담임선생님의 의견이 맞는지 자식을 기르는 부모의 말이 맞는지 모르겠다.

우리 부부는 벌써부터 학교 선정은 한 단계 낮추어 보내자고 의논했었다. 돌다리도 두드려보고 가는 성격의 남편이라 나는 가끔 불만이 있기도 하지만, 아이들 학교 문제에 있어서는 신중한 의견이 나을 것 같다.

1972. 1. 6

오늘은 숙경이의 중학교 졸업식이 있었다. 초등학교 6학년 때 중학교 입시가 돌연 폐지되어 추첨 배정으로 뚝섬에 있는 신설 성수중학교에 통학한 이래 3년이 되었다. 집이 멀어서 숙경이는 버스를 두 번이나 갈아타며 먼 통학을 하였다. 뚝섬은 낙후된 동네이고 소규모의 공장이 많아서 학교 주변 환경은 좋지 않은 편이었다. 비만 오면 길은 질척거렸고 언제나 버스는 초만원이었다. 학교 건물은 신축 중이라 시설이 불충분한데도 아이는 불평 한 마디 없이 잘 다녔다. 3년 동안 결석 한 번 없이 잘 다닌 것을 축하한다.

날씨도 쾌적해서 손에 꽃다발을 든 소녀의 모습이 한층 아름다웠다. 내일부터는 별로 예쁘지 않은 중학교 교복을 입지 않아도 된다. 어린 소녀로부터 한 걸음 나아가 숙녀의 길에 이르게 되는 것이리라.

졸업식이 끝나고 아빠는 YMCA 그릴에서 축하점심을 사주었다.

1972. 1.15

숙경이 성심여고 예비소집일. 경쟁률은 2 : 1. 합격되려면 한 명을 물리쳐야 된다.

1972. 1.16

오늘은 숙경이가 입학시험을 보았다. 아이를 시험장에 들여보내고 나는 근처 다방으로 들어갔다. 날씨가 추운데도 초초한지 운동장에 서 있는 학부모도 많았다. 오전 9시부터 오후 1시 50분까지, 무척 긴 시간이었다.

2시에 숙경이가 나왔다.

"엄마!"

"어떻게 봤니?"

"쉬운 편이었어요."

숙경이의 밝은 표정을 보자 우선 안도의 숨이 나왔다. 주위를 보니 다른 아이들도 문제가 쉬웠다고 했다.

모두 성적이 좋아도 정원수에 따라 반은 떨어져야 한다. 경쟁사회인 것이다. 중학교 입시를 치르지 않은 숙경이에게는 이번이 첫 번째 입시이다. 아직 어려서 그런지 경쟁이라는 의식도 별로 없고 그리 심각하지도 않은 것같다. 그것은 다행이기도 한다.

1972. 1.18

숙경이가 합격했다. 기쁘다. 간밤에 초조해서 잠을 못 이루었는데 안개가 걷히듯 상쾌해졌다. 아빠, 화경, 지열, 온 식구가 합격 발표를 같이 보러 갔다.

숙경이에게 기타를 사주고 고입 기념으로 종로에 있는 세기음악학원에 등록을 시켜 주었다. 아직 피아노는 사주지 못해서 미안하다. 해마다 피아노를 사주어야겠다고 하면서도 통 여유가 생기지 않는다. 몇 번인가 중고품이라도 사려고 했는데 중고품은 못 쓴다고 해서 차일피일 미루다가 못 사고 만 것이다. 언젠가는 살 수 있겠지.

1972. 1.25

오늘은 일요일, 남편은 등산 가고 나는 아이들을 데리고 남산에 있는 어린이회관에 갔다가 대한극장에 갔다. 노르웨이의 유명한 작곡가 그리그의 생애를 그린 <Song of Norway>를 보았다. 아직 어려서 자막을 읽지 못하는 지열이가 열심히 보고 있어서 나는 낮은 소리로 몇 마디씩 설명을 해주었다. 지열이가 내 귀에다 대고 속삭였다.

"엄마, 나도 어른 되면 노래할래요."

1972. 2.20

숙경이가 성심여고 교복 맞춘 것을 찾아왔다. 중학교 3년 내내 흰 칼라에 검은 제복을 입다가 자주색 투피스, 흰 블라우스에 리본, 모자까지 쓰니까 예쁜 숙녀 같았다. 숙경이가 새 교복을 입은 것이 하도 예뻐서 몇 번이고 보고 또 보았다.

1972. 2.21

오늘은 3·1절. 내일부터 숙경이의 고교 생활이 시작된다. 화경이, 지열이의 개학을 앞두고 숙경이의 입학 축하로 수안보온천에 갔다.

"땅에서 뜨거운 물이 나와요?"

이제 초등학교 2학년이 된 지열이는 온천이라는 것이 신기한지 자꾸 고개를 갸웃거렸다.

1972. 3. 1

숙경이 고등학교 입학식. 예쁜 자주색 교복 속에 흰 블라우스, 자주색 리본과 모자의 여학생들이 모두 꽃송이처럼 예뻤다. 숙경이는 모란반. 한 반에 40명이고, 한 학년이 200명밖에 안 되는 아주 작은 학교이다. 캐톨릭학교여서 분위기가 참 좋았다. 진정으로 교육다운 교육을 받을 수 있으리라 기대한다.

1972. 3. 2.

숙경이가 입학한지 열흘이 지난 오늘, 학교에서 부모님들을 소집했다. 성심학원의 유래를 비롯하여 교육방침을 들었다. 성심聖心은 1800년 프랑스대혁명이 있은 후 귀족들이 추방되어 자녀들의 교육이 엉망이 된 것을 보고 뜻이 있는 바라여사가 그 아이들을 모아서 현 사회에 알맞은 교육을 하여 사회에 내보낸 학교에서 시작된 것이라고 한다. 그 후 졸업생들이 사회에 잘 적응하여 교육방침이 호평을 받자 프랑스뿐 아니라 세계 각국에 세워졌다고 한다. 한국에서는 좀 늦은 감이 있지만 이곳에도 성심수도원이 있는 만큼 학교를 설립하게 된 것이다. 성심의 교육적 취지와 내력을 듣고 나니 숙경를 이 학교에 보낸 것이 잘 했다는 생각이 들었다. 끝나고 나오면서 교장선생님이신 김재숙 수녀님을 뵙고 내 딸을 이 학교에 입학시켜 주신 것에 감사를 드렸다. 그리고 앞으로 3년 동안 숙경이를 맡기니 여러 모로 지도 부탁드린다고 인사를 했다. 수녀님께서는 댁의 따님을 저희 학교에 보내주셔서 감사하다는 말씀을 하셨다. 오늘날 입시지옥이라고 말하는 교육 실정에 이렇게 좋은 학교가 있다는 것이 믿어지지 않을 정도였다. 2년 후에 화경이도 꼭 이 학교에 보내야겠다고 생각했다. 김재숙 수녀님의 맑고 순수한 인상이 정말 좋았다. 숙경이도 고교 시절을 맑고 순수하게 보내며 성장하기를 기도했다.

1972. 3.11

온 가족이 오페라 <나비부인>을 보러 갔다. 좌석이 C석이라 무대 위의 사람들이 조그맣게 보였지만 노래는 잘 들렸다. 나비부인역의 프리마돈나는 일본여성이었다. 지열이가

"엄마, 요 다음에는요, 우리 맨 앞에서 봐요."

해서 우리는 모두 웃었다. 숙경이와 화경이는 우리가 A석을 못 사고 C석을 산 이유를 아는지 웃기만 했다.

1972. 3.17

숙경이는 새로 시작한 고등학교 생활이 재미있는지 집에 돌아오면 엄마에게 학교 이야기를 하느라 바쁘다. 중학교 2학년이 된 화경이는 새로 바뀐 선생님과 반 아이들에 대한 이야기가 끊이지 않는다. 지열이만 별 말이 없다. 자기 혼자 생각하고 있다가 한 마디씩 하는 것을 보면 좀 다르다는 느낌이 든다.

1972. 3.18

"엄마, 4·19가 무슨 날이에요?"

지열이가 학교에 갔다 오더니 물었다.

"왜?"

"모두들 4·19, 4·19 하지 않아요?"

나는 초등학교 2학년짜리 어린 아이에게 4·19를 어떻게 설명해야 할지 잠시 생각했다.

"4·19에 대해서는 네가 더 크면 알게 되겠지만, 지금으로부터 12년 전 그러니까 지열이 네가 태어나기도 전에 있었던 일인데, 대학생들이 민주주의를 위해 희생된 날이란다."

알아들었는지 못 알아들었는지 지열이는 고개를 끄덕이더니 더 이상 묻지 않았다.

두 딸 아이는 4·19에 대한 질문을 한 적이 없었던 것 같은데 아홉 살밖에 안 된 지열이는 관심을 갖는 것이 신기했다.

벌써 12년 전의 일이다. 그 날의 그 감격은 지금 어디에 묻혀 버렸을까.

1972. 4.19

학교에서 돌아온 지열이가 내 앞에 와서 이야기할 것이 있다고 했다.

"뭔데?"

"엄마, 오늘 학교에서 부활절 예배를 보았어요. 목사님이 오셔서 예수님 이야기를 해주셨어요. 예수님은 십자가에 못 박혀서 돌아가셨다가 다시 살아나셨어요. 그런데 도마는 예수님이 살아나신 것을 믿지 않았대요. 그래서 예수님이 '자, 내 손을 봐라. 내 손에 못자국이 있지 않니?' 하셨데요. 도마는 그때서야 예수님이 다시 살아나셨다는 것을 알았데요. 그래서 예수님은 나를 보지 않고도 믿는 사람이 되어야 한다고 말씀하셨대요."

나는 내심 놀랐다. 어쩌면 조금도 틀림없이 그 이야기를 옮길 수 있단 말인가. 이제 2학년에 올라간 지 두 달 남짓밖에 되지 않는다. 어릴 때부터 옛날이야기를 많이 들어서 그런지도 모른다. 어떻든 지열이를 기독교계 초등학교에 보낸 것은 잘한 일이라 생각된다.

1972. 4

오늘은 우리의 결혼 16주년 기념일이다. 며칠 전에 어머니가 오셔서 김치를 새로 담가 주시고 가셨다. 결혼기념일을 잊은 적은 없지만 멋지게 지내본 일도 별로 없다. 어머니가 잊지 않고 챙겨 주시고 우리 식구들은 평상과는 조금 다른 저녁식사를 준비하는 정도였다.

그런데 이번에는 좀 색다르게 하고 싶어서 며칠이나 궁리한 끝에 양식집 <곰의 집>에 가기로 했다. 우리 식구 다섯이 모두 외식하기에 경제적으로 좀 부담스럽기도 하지만, 크게 마음먹고 그곳으로 결정했다.

학교에서 아이들이 돌아오는 것을 기다려서 같이 H의 사무실 근처로 갔다. 퇴근시간에 맞추어서 H가 약속장소에 나왔다.

H가 지열이의 손을 잡으려 하는데 지열이는 손에 무엇을 들고 있었다.

"이게 뭐냐?"

지열이는 어른스러운 말투로 대답했다.

"지금은 모르셔도 돼요. 곧 아시게 될 거에요."

<곰의 집>에 도착해서 자리를 잡고 웨이터가 주문을 받고 있는데, 지열이가 두리번거리다가 작은 소리로 물었다.

"아빠, 그런데 곰이 어디에 있지요?"

웨이터도 웃고 우리 모두 웃었다.

조금 있으면 알게 될 거라던 선물꾸러미가 아빠와 엄마 앞에 놓였다.

"이제 열어 봐도 되니?"

"네. 물론이에요. 보세요."

세 아이가 똑같이 대답했다.

포장을 열어보니 신랑과 신부의 인형이었다. 주먹만한 크기의 고무 인형인데, 신부인형은 웨딩드레스에 면사포까지 쓰고 신랑인형도 정장을 하고 있어서 아주 재미있었다. 이것은 숙경이의 아이디어일 것이다. 중학교 3학년이니 아빠, 엄마의 결혼기념일 선물을 위해 용돈을 조금씩 모았다가 마련한 것으로는 아주 잘 어울리는 선물이었다. 두 인형의 발바닥에 '아빠, 엄마 결혼 16주년'이라고 적혀 있었다.

1972. 4.29

숙경이가 집에 들어오면서 나를 보자 눈물을 글썽이며 울먹였다. 왜 그러냐고 물으니 금방 대답도 안 하고 자기 방으로 들어가 버렸다. 조금 후에 방에 들어가 보니 책상에 엎드려 울고 있었다. 아이들이 울 때는 나는 보통 그냥 둔다.

얼마 후 숙경이는 눈물을 거두고 내게 말을 했다. 한 달 전부터 학교 문예반에서 <문학의 밤>을 준비하고 또 문집도 만들고 있었다. 숙경이는 역사분야를 맡았는데 2학년 선배언니와 같은 담당이었다. 숙경이가 고등학교에 입학해서 처음 하는 일이고 우리 집에 책이 좀 있는 편이어서 숙경이는 선배언니와 같이 집에 와서 여러 권의 사전과 책을 찾으면서 원고를 같이 쓴 것을 나는 알고 있었다. 그런데 원고에는 선배와 숙경이의 이름을 나란히 썼는데 나중에 인쇄된 책자에는 숙경이 이름은 자취를 감추고 말았다는 것이다. 숙경이는 그것이 부당하다며 눈물까지 흘리고 있었다. 숙경이가 얼마나 열심히 그 일을 했는지 알고 있기에 나도 억울함과 분함을 이해할 수 있었다.

"숙경아, 속이 상하겠지만 좀 참아라. 그 선배는 너를 조수 정도로 생각해서 이름을 뺐겠지. 그 대신 너는 그동안 일하는 것을 배우지 않았니. 그것만으로도 충분하다고 생각하렴."

"원고는 제가 거의 다 썼는데요."

"넌 후배니까 선배가 시키는 대로 하는 것이 당연하지."

숙경이로서는 처음 당하는 섭섭함이었을 것이다.

"자아, 그만 마음 돌리렴. 아마 그 선배는 작년에 자기 선배가 그랬을지도 모르지. 그러나 넌 나중에라도 후배에게 그러면 안 된다."

"전 절대로 그렇게는 안 할 거에요."

"그래야 엄마의 딸이지. 이것은 좋은 경험이야."

내가 숙경이의 두 손을 잡고 웃어보이자 숙경이도 마주보며 고개를 끄덕였다.

숙경아, 이런 경험을 통해서 인생이라는 것을 깨닫게 되는 것이란다. 고등학교 시절은 중학교 때와는 다른 폭 넓은 관계를 체험하게 되는 것이지. 전에도 그런 것이 있었는지도 모르지만 그 때는 아마 의식하지 못 했을 것이다. 처음 느끼는 배신감이었기에 충격도 큰 것이리라. 이런 상처들이 너를 더욱 성장시키는 계기가 되는 것이란다. 나는 소리 없이 눈빛으로 딸에게 말해 주었다.

1972. 5

남의 것과 내 것

지난주의 일이다.

지열이가 마당에서 놀다가 무엇을 발견한 듯 마당 구석으로 가고 있었다. 마침 창밖을 내다보고 있었던 나는 왜 그런가 하고 유심히 지열이의 행동을 바라보았다. 아이는 그곳에서 무엇인가를 줍는 모양이었다. 공이었다. 낯선 예쁜 공이 지열이의 작은 손에 쥐어졌다. 아마 밖에서 동네아이들이 놀다가 우리 집 담 안으로 넘긴 공인 것 같다. 지열이는 분명 제 것이 아닌 예쁜 공을 손바닥에 놓고 잠시 미소를 지었다. 조금 있다가 그 공을 다시 주웠던 자리에 가만히 놓고 안으로 뛰어 들어왔다.

"엄마, 엄마. 저기요, 이상한 공이 있어요."

"그래? 누구 것인데?"

"몰라요."

"동네 아이들이 갖고 놀던 공이 들어왔나 보다."

"어떻게 해요?"

"주인을 찾아 주어야지."

"엄마, 가지고 올까요?"

지열이는 다시 뛰어나가더니 그 공을 집어왔다. 아이의 얼굴에는 그 공을 갖고 싶은 마음이 엿보였다. 공은 새것이었고 아주 단단해 보이는 야구공이었다.

"엄마, 이 공 참 좋아요. 나도 이런 것 사주세요."

"그래, 사줄게. 그 공은 주인이 찾으러 오면 돌려주자."

"알겠어요."

지열이는 공을 마당에 놓고 들어왔다.

나는 지열이의 마음을 모르지 않기에 시장에 가는 길에 데리고 나가서 운동용품가게에 들렀다. 담 넘어 들어온 공은 외제인지, 그렇게 생긴 공은 없었다. 나는 괜찮아 보이는 공을 하나 사주었다.

이튿날 대문을 두드리는 소리가 나서 나가보니 중학생 정도의 아이가 동생인 듯한 6학년쯤 된 듯한 아이와 함께 서 있었다.

"어제 동생이 제 야구공을 갖고 놀다가 잃어버렸는데 혹시 여기 있지 않나요?"

지열이는 그 말이 끝나기도 전에 마당에 있는 야구공을 집어다 주었다. 아이들은 고맙다는 인사를 하고 돌아갔다. 지열이와 나는 서로 보고 싱긋 웃었다. 주인에게 돌려준 기쁨을 함께 맛본 것이다.

그런 며칠 후 일요일, 나는 지열이와 등산을 갔다. 처음에는 아빠와 셋이서 가기로 했는데 갑자기 아빠가 일이 생겼다. 우리도 그만둘까 하다가 아왕 가기로 했던 것이니까 지열이와 단 둘이 떠났다. 보문사로 올라가는 등산길은 여러 번 가본 경험이 있고 해서 자신이 있다고 생각했다.

우이동 종점에서 내려서 진입로를 한참 오르다보니 갈림길이 나왔다. 몇 번이나 와본 곳이긴 하지만 늘 따라다녔기 때문에 막상 갈림길 앞에서 주춤하게 되었다. 그러다가 오르기 쉬워 보이는 길을 택했다. 등산객이 많지 않은 것은 우리가 늦게 떠난 탓이라고 생각했다. 목적지는 보문사였으나 어린아이와 둘이서 나선 등산길이니까 중간까지만 오르리라 마음먹었다. 그래서 쉬기에 적당한 자리가 보이자 배낭을 내려놓고 점심 준비를 서둘렀다. 물이 있는 계곡을 찾으러 가다가 나는 <입산금지구역>이라는 팻말을 발견했다. 나는 지열이가 있는 곳으로 되돌아와서 다른 곳으로 옮기자고 하였다.

"우리가 입산금지구역에 와 있었어."

"입산금지가 뭐에요?"

"들어와서는 안 된다고 정해놓은 구역이야."

우리는 꺼내놓았던 취사도구들을 다시 배낭에 챙겨 넣었다.

"엄마, 저기에도 사람이 있는데요."

지열이가 가리키는 곳을 보니 서너 명의 등산객이 점심을 먹고 있었다.

"아마 저 사람들도 여기가 입산금지구역인지 모르고 들어왔나 보다."

우리는 위로 더 올라갔는데 금지구역이 해제되는 곳이 어딘지 알 수가 없었다.

“에에, 그냥 거기서 해먹을 걸…”

지열이는 좀 지친 듯 중얼거렸다.

“그건 안 된단다. 금지구역이라는 것을 안 이상 지켜야지.”

“그럼, 아까 그 사람들은 어떻게 되나요? 순경이 잡아가나요?”

“글쎄다. 지금쯤 그곳에서 떠났는지도 모르지.”

“엄마, 왜 입산 금지를 하지요?”

“글쎄, 무슨 이유가 있을 거야. 그러니까 사람들은 그 지시를 따라야 하는 거란다.”

지열이는 입산금지구역 때문에 좀 고생이 되서 그런지 여러 차례 질문을 하였다.

우리는 사람들이 여기저기 눈에 띄는 곳에 이르자 입산금지구역이 아니라고 생각되어 자리를 잡고 앉았다.

“금지구역에 들어가면 왜 안 되나요?”

“그것은 나라에서 정한 규칙이니까. 사람들이 규칙을 지키지 않는다면 우리들은 아무도 편안하게 살 수 없게 되지.”

지열이는 고개를 끄덕였다.

나는 지열이에게 설명을 해주면서 나의 어린 시절 기억이 하나 떠올랐다.

내가 초등학교 5학년 때였다. 외삼촌이 얼마동안 우리 집에 와있었다. 삼촌은 우이들을 친구처럼 대해 주었고 함께 놀러 다니기도 하였다.

어느 날 삼촌은 우리들을 데리고 조금 먼 곳으로 낚시를 하러 갔다. 우리들은 지렁이를 잡았고, 삼촌은 그것을 낚시 밥으로 해서 물고기를 잡았다. 우리는 신이 나서 열심히 지렁이를 찾으러 다니다가 연못가에서 팻말을 보았다. 그 팻말에는 <낚시금지>라고 쓰여 있었다.

우리가 삼촌한테 가서 이야기를 하자 삼촌은 그러냐고 하면서 낚시대를 거두고 잡은 물고기를 도로 물 속에 놓아 주었다.

"이미 잡은 것을 놓아주다니, 그것 아깝지 않아요?"

"아깝긴 하지만 할 수 없지."

삼촌은 우리가 잡았던 지렁이도 다 놓아주라고 하였다.

집으로 돌아오는 길에 우리는 몇 번이나 뒤를 돌아다보았다. 잡았던 물고기와 지렁이를 그냥 두고 오기가 아까웠던 것이다.

"물고기가 많은데 왜 낚시를 못하게 하지요?"

"글쎄다. 이유가 있어서 금지시킨 것이겠지."

"에잇, 이왕 잡은 것은 그냥 가지고 오는 건데……"

동생이 중얼거렸다.

"약속은 지켜야 하는 거야. 금지구역이라는 것도 일종의 약속이지. 사람들의 약속은 법을 지키지 않으면 어떻게 되는 줄 아니? 우리들은 다같이 평화롭게 살 수가 없었단다. 사람들이 각각 자기가 하고 싶은 대로 한다고 생각해 보렴. 남의 물건도 내가 갖고 싶으면 막 빼앗고 힘센 사람이 약한 사람을 마구 괴롭히게 되겠지. 그렇게 하지 못하도록 법을 정하고 모두 다 양보하면서 함께 잘 살게 하려는 것이 법이란다. 알겠지?"

그 때의 일이 오랜 세월이 흐른 오늘까지도 나의 머리 속에 생생히 남아있다. 어쩌면 학교에서 배운 여러 가지 지식에 포함되는 법의 개념보다도 나의 체험과 삼촌의 행동이 내에게 준 가르침이 보다 큰 것이다. 누가 정했든지 간에 법이 있다는 것은 우리 모두를 위한 것이라는 사실을 나는 목격과 체험으로써 터득했던 것이다. 나는 법을 지키는 것에 대한 확신과 신념을 갖게 되었기에 불법을 절대로 용납할 수 없고 또 때에 따라서 어떤 불법이 나에게 커다란 이익을 가져다준다 해도 쉽게 넘어가지 않게 되었다.

내가 지금 아이들을 키우는데도 마찬가지이다. 아이들에게 관념적으로 법과 도덕을 가르치기 보다는 일상적인 생활 속에서 스스로 배울 수 있도록 해야 한다고 생각한다. 밖에서 날아든 공이나 입산금지구역 등과 같은 작은 일들에서 양심이라는 것을 느끼고 배우는 것이다. 윤리나 도덕은 바로 우리 자신을 위해 있는 것이라는 의미를 깨닫는 것이 중요하기 때문이다. 이것이 결국 보다 좋은 사회를 만드는 밑거름이라고 생각한다. 내 어린 시절에 삼촌에게서 배운 것이, 얼마 전에 있었던 공 사건과 등산길에서 입산금지구역을 보고 경험한 일을 통해 지열이에게도 가슴에 남게 되기를 간절히 바란다.

1972. 5

걔네들은 없잖아요.

지난 달 어린이날에 지열이에게 두발자전거를 사주었다. 언제까지나 세발자전거만 타라고 할 수도 없고, 이제는 아예 세발자전거는 어린애 것이라고 하면서 손도 대지 않았다. 벌써부터 사주고 싶었지만 뭔가 여의치 못했었다. 그래서 남편과 여러 번 상의한 끝에 이번에는 꼭 사주겠다고 약속한 것이다.

초등학교 2학년짜리에게 알맞은 자전거라 했지만, 자전거 가게 주인은 "그래도 몇 해는 타야지요." 하면서 약간 크고 보통 자전거보다 좀 비싼 것을 내보였다. 반짝반짝한 핸들과 몸체에다 빨간 덮개가 보기만 해도 예쁘고 아름다웠다. 이것을 사다주면 지열이가 얼마나 좋아할까를 상상하며 우리는 예산보다 약간 초과해서 자전거를 샀다.

자전거를 마당에 내려놓으니 우리가 예상한대로 지열이는 좋아서 어쩔 줄을 몰랐다.

"지열아. 자전거를 타기 전에 아빠하고 한 가지 약속을 해야 한다."

"뭔데요?"

"학교에서 돌아오면, 먼저 숙제를 하고나서 자전거를 타야 한다."

"네. 알겠어요."

대답은 시원하게 했으나 지열이의 눈은 자전거만 바라보고 있었다. 대답은 건성으로 하는 것 같았다.

다음날부터 지열이는 학교에서 돌아오면 가방을 내동댕이치다시피 하고 자전거를 끌고 나간다. 얼마를 탔는지 집에 돌아올 때는 땀을 뻘뻘 흘리고 기진맥진이다. 저녁밥을 먹고 숙제를 하려고 책상에 앉으면 졸음부터 쏟아졌다.

"너 이러면 아빠하고 한 약속이 틀리는 거야. 자전거 가게에 돌려줄 거야."

그러면 눈을 번쩍 뜨고 숙제를 한다. 글씨는 엉망이다. 그러나 남편은

"얼마동안 그렇겠지."

하면 관대하다. 엄포는 자기가 놓고……

지열이가 바깥에서 노는 것을 제일 잘 아는 사람은 아무래도 일하는 순자이다. 자전거를 사준 지 몇 달이 지났다.

"아주머니, 지열이 큰 일 났어요. 찻길까지 자전거를 타고 나간대요."

"아주머니, 지열이 야단 좀 쳐주세요. 자전거를 타면서 이제는 묘기까지 부린대요. 두 손을 활짝 벌리고 핸들도 안 잡고 페달만 밟고 탄대요. 거기다 뒤에 동네 아이들 다 태워가지고 탄대요. 하나도 아니고 둘씩이나 태운대요. 위험해 죽겠어요."

나는 이런 말을 몇 번이나 듣고 난 다음에 지열이가 자전거를 끌고 나가 놀고 들어오면 아주 기진맥진 지쳐서 들어오는 이유를 알았다.

"너 자전거를 타면서 위험한 짓 한다면서?"

"조금 해봤어요. 하나도 겁 안 나요."

"왜 아이들을 둘씩이나 태워 가지고 다녀? 그러다가 다치면 어떻게 하려고?"

"엄마, 걔네들은 자전거가 없잖아요. 좀 태워주면 어때요."
"그러다가 다칠까봐 그러지. 너도 힘들고."
"힘들어도 괜찮아요. 걔네들은 자전거를 타는 것을 좋아하거든요."
나는 아주 어른스럽게 말하는 지열이가 대견스러웠다.

1972. 6

날씨가 추워져서 지열이에게 따뜻한 겉옷을 하나 사주어야겠다고 마음먹고 있었다. 학교에서 돌아온 지열이가 가방을 집어던지고 밖으로 나가려 했다.
"너 오늘 학교에서 시험 봤니?"
"봤어요."
"몇 점 받았니?"
"보세요."
지열이는 밖으로 나갔고 나는 부지런히 가방을 뒤졌다. 오늘 성적이 좋지 않은 모양이라는 생각을 하며 시험지를 펴보니 산수가 100점이었다. 딸들 같으면 현관에서부터 '엄마, 오늘 100점이야!' 하고 들어올텐데, 지열이는 한 번도 그런 일이 없다.
지열이가 밖에서 놀고 집에 들어왔다.
"지열아, 엄마가 오늘 너한테 잠바 사줄게. 같이 나가자. 너 산수시험도 100점 받았던데."
"엄마, 가죽장갑도 사주시겠어요?"
옷가게에 나가보니 지열이에게 잘 맞는 가죽잠바가 있었다. 지열이가 원하던 가죽장갑도 사주었다.
"엄마, 이거 누구 어린애에게 주세요."

지열이는 제 옷장 속에서 작년까지 끼었던 털실 벙어리장갑을 꺼내며 말했다.

"너는 어린애가 아니냐?"

"나는 초등학교 2학년이에요. 벙어리장갑은 어린애나 끼는 거에요."

나는 유난히 지열이가 큰아이처럼 구는 것이 재미있었다. 그런 애에게 동생이 없는 것이 미안하게 생각되기도 했다.

"엄마, 오늘은 선생님이 옛날이야기를 해주셨어요. 찌루찌루와 미찌루라는 아이가 파랑새를 찾아서 여러 곳을 다녔는데요. 드디어 그 새를 찾아 가슴 속에 품고 행복하게 살았데요. 나도 지금 가슴 속이 행복해요. 아무리 작은 것이라도 가지고 싶은 것을 가졌을 때 행복한 거래요."

지열이는 가죽장갑을 두 손으로 꼭 가슴에 안았다. 지열이의 순수함에 나도 행복을 느꼈다. 그리고 아이들에게 행복이 무엇인가를 가르쳐 주신 선생님에게 감사하지 않을 수 없었다.

1972.11.20

결혼17주년 기념

어느덧 우리가 결혼한 지 17년이 되었다. 돌이켜 보니 시간의 흐름이 긴 것 같기도 하고 짧은 것 같기도 하다. 결혼생활 17년 동안 무엇을 했는가. 무엇인가 많은 변화가 있었던 것 같기도 하고, 별다른 변화가 없어 보이기도 한다. 우리 두 사람이 함께 이루어놓은 것은 세 아이들이다. 그들이 우리 보금자리 속에서 자라고 있다는 사실이 중요하게 느껴진다. 동시에 우리도 나이를 먹어가고 있다는 사실. 그것뿐인가. 세 아이를 낳고 그 애들을 기르느라 시간이 흐르는 것도 의식하지 못

하고 살아온 세월일까. 시간의 흐름에 어떤 흔적을 남기기 위해 노력한 것은 없는가. 나는 그 동안 몇 편의 글을 썼던가. 첫 작품집을 내고 출판기념식을 해서 많은 문인 선후배가 참석해 주었지만, 결혼이 전부가 아니듯, 그것 또한 전부가 아니라는 것을 알고 있다. 지금 우리 집의 작은 마당에는 남편이 연구소에서 과장으로 승진되었을 때 심은 벚나무가 조금씩조금씩 자라고 있다. 벚나무가 언제가 되어야 큰 나무가 될 것인가. 아이들이 자라고 벚나무가 자라듯 우리의 인생도 자라고 있는 것일까.

결혼 17주년을 맞아 나는 좀 멋있는 계획을 세웠다. 중국음식점인 국일대반점에 방 하나를 예약했다. 우리는 이제 아빠, 엄마의 결혼기념일을 손꼽아 기다리는 세 아이를 데리고 갔다.

큰 딸 숙경이가 고등학생이 되면서 선물하는 것도 조금 달라졌다. 아이들은 손으로 두드려서 만든 은잔 두 개에 예쁜 리본을 매어 우리 앞에 내놓았다. 은잔의 바닥에는 "숙경, 화경, 지열 올림"이라는 싸인이 새겨져 있었다. 저희들이 받는 용돈 중에서 일부를 모았다가 마련한 것이다.

색다른 중국음식이 계속 나오자 지열이는 즐거운 비명을 질렀다.

"엄마, 그만 가져오라고 하세요. 이제 너무 배가 불러요."

세 아이들이 즐거워하는 것이 보기 좋았다. 좀 이색적인 분위기에서 새로운 기분을 내는 즐거움을 갖고 싶어서 중국음식점을 택했던 것이다. 국일대반점은 중국풍의 이국적인 실내장식이 화려했다. 아이들은 놀라면서 즐거워했다.

그런데 나는 결혼 당시의 기분은 나지도 않았고 열심히 먹는 세 아이들을 바라보며 흐뭇함을 느끼는 정도였다. 생활에 여유가 약간 생겼으니 특별한 날에 멋을 부려본 것이지만 오늘의 푸짐한 요리가 부담이 전혀 없는 것은 아니었다. 해마다 찾아오는 결혼기념일이 조금씩 타성화되는

면이 있기 하지만 그 날을 잊지 않고 있다는 것이 감사한 일이었다.

이제 우리는 단 둘이 아니다. 둘만의 이야기보다는 서로에 대한 신뢰감이 중요해졌다. "가정이란 서로 얼굴을 맞대고 있는 것이 아니라, 같은 방향을 바라보고 있는 것이다"라는 말이 기억난다. 결혼 초기의 달콤하고 흐뭇한 날들, 애정의 깊이와 넓이를 생각하던 시절은 갔고, 이제는 깊은 이해와 신뢰를 쌓아가고 있는 것이다. 그래서 처음에 우리가 가졌던 둘만의 사랑은 세 아이의 분신을 통해 더욱 넓어진 것이다.

아무리 생각해 보아도 그저 평범한 것뿐이다. 그러나 누가 그랬던가. 평범한 것이 그리 쉽지 않은 것임을. 때로는 즐겁고 때로는 권태롭기도 하고, 때로는 서로에게 상처를 주면서 더욱 깊어지는 신뢰 위에 세워진 것이 바로 가정인 것이다. 처음에는 애정이 전부라고 여겼는데 이제는 노력, 책임, 인내 등을 깨달으며 살아가는 것이 결혼생활이라면, 그것도 그리 쉽기만 한 것은 아니다. 우리는 결혼 초기 때처럼 서로 마주 보고 애정의 깊이를 재지는 않지만 아이들과 함께 엮는 신뢰의 생활을 하루하루 살아가면서 삶의 의미를 되새기고 있는 것이다.

1973. 4.29

지열이는 3학년이 되면서 공부보다 노는 데에 더 열중하는 것 같다. 지열이는 학교에서 돌아오기가 무섭게 가방을 집어던지고 뛰어나간다.

"숙제 먼저 하고 나가 놀아야지."

내 말에 지열이는 나가다가 되돌아 들어왔다.

"조금만 놀다가 들어오면 안 돼요?"

"놀다가 들어오면 TV 볼 시간이 되잖니. 어린이시간을 안 보겠다고 약속하면 나가 놀아도 된다."

그 약속에는 자신이 없는지 지열이는 투덜거리며 책을 폈다.

"글씨는 도대체 누가 만들었지. 나를 이렇게 괴롭히다니."

"너 지금 세종대왕을 모독했어."

누나가 동생을 나무랬다.

"엄마, 모독이 뭐에요?"

"온 백성을 위해 우리나라 글자를 만드신 분한테 그렇게 말하는 것은 그 분을 욕하는 것이나 마찬가지야."

"엄마, 사람들은 왜 공부를 해야 하지요?"

지열이는 지금 공부하는 것이 짜증나는 모양이었다.

"많은 것을 알기 위해서지."

작은누나가 옆에서 대신 대답했다.

"나는 몰라도 괜찮아. 많이 알고 싶지도 않아."

지열이는 작은누나에게 곧잘 반항을 했다.

"모르면 다른 사람들 도움만 받고 살아야 한단다. 그러나 아는 것이 많으면 남들을 도와주는 사람이 되는 거야. 지열이는 남에게 도움을 받는 사람이 되기를 원하니, 아니면 도와주는 사람이 되기를 원하니?"

"도와주는 사람이 되고 싶어요."

"그럼 됐어. 빨리 숙제하고 나가 놀렴."

지열이는 결국 숙제를 다 해놓고 나갔다.

1973. 5

지열이가 책을 읽고 있다가 나를 불렀다.

"엄마, 라스코르니코프는 바보에요."

나는 무슨 말을 하고 있는지 의아해서 지열이가 들고 있는 책을 보니 톨스토예프스키의 <죄와 벌>이었다.

"왜?"

"자기가 나폴레옹처럼 굉장한 사람이라고 생각해서 사람을 죽였어요. 그런데 결국 자수를 했으니 바보 아니에요?"

나는 아이의 말에 깜짝 놀랐다. 지열이는 이제 초등학교 4학년이다. 외국의 명작소설을 아동용으로 만들었다 해도 <죄와 벌>을 어떻게 아이가 이해할 수 있단 말인가. 아무리 명작이라 해도 아직 어려서 이해를 못하는 아이들에게 읽게 하면 악서가 되는 것이 아닌지.

"너, 그 책 어디서 났니?"

"친구한테 빌렸어요."

"그것은 어른들이 보는 소설이야. 아이들은 아직 이해하기 어려운 내용이야."

"아동문고인 걸요. 잘은 모르지만 그래도 재미있어요."

1974. 4

어제 숙경이가 좀 늦게 귀가했다. 숙경이는 그 이유가 있었다며 약간 상기된 어조로 내게 보고했다. 말을 들어본 즉 담임선생님이 반장을 때렸다는 것이다. 그래서 반 아이들 전부가 이럴 수 없다고 해서 수업도 거부하고 전원이 책상에 엎드려 울었다는 것이다. 결국 춘천에가 계셨던 교장수녀님이 급히 학교로 달려오셔서 교직원회의를 열고 중재를 하셨다. 교장수녀님은 학생도 반성하도록 하셨다는 것이다.

예전 같으면 학교에서 스승이 제자를 때리는 것은 그만한 이유가 있다고 인정되고 또 흔한 일이기도 하지만 요즘 아이들은 그게 아닌 것 같다. 스승이 제자의 잘못을 지도 편달하는 것이 온당한 일인데도 요즘 아이들은 일종의 폭력으로 인식하여 용납하지 못하는 모양이다. 말로 해도 될 것을 때리는 것으로 표현하는 것은 부당하다는 게 아이들의 항의였다. 숙경이의 말에도 일리는 있기는 하지만 아이들의 태도에는 어쩐지 개운치 않음이 있다. 나도 나이가 든 탓인지도 모른다.

숙경이네 학교는 약간 특수한 분위기가 있기는 하다. 수녀님들이 교육하시는 종교적 분위기도 그렇고 사립학교이니만치 자율성이 있었다. 학생도 한 해에 200명만 모집하여 한 반에 학생이 40명이니까 다른 고등학교 보다는 여유가 있는 환경이라고 생각된다. 따라서 아이들도 자유스럽고 그러다 보니 자존심이 강한 점도 없지 않을 것이다. 게다가 사춘기 나이의 여학생들인 것이다.

"이건 너희들이 좀 지나친 것 같다."

아이의 말을 듣고 있다가 남편이 말했다.

"왜요? 아빠."

"선생님은 부모와 마찬가지야. 그런 선생님이 한 대 때렸다고 해서 너희들의 반응이 너무 심했다고 생각한다."

남편의 의견에 나도 동감이었다.

"물론 말로 다스리는 것이 좋은 방법이긴 하지만 애정이 없이 제자를 때리는 스승은 없단다."

"아니에요. 그 선생님은 부인과 이혼을 했대요. 그래서 우리들을 대할 때도 무척 신경질적인 행동을 많이 하세요."

"그것도 너희들의 잘못이야. 선생님의 사생활을 들추는 것은 좋은 일이 아니야. 선생님이 아무 이유 없이 학생을 때릴 리가 없겠지. 너희들은 오히려 선생님에게 감사해야 한다. 지금은 모르겠지만 먼 훗날 고교시절을 회상할 때 이번 일이 아름답게 추억되고 그 선생님을 고맙게 생각할 것이다. 어떤 잘못 때문이었든 맞은 아이는 두 번 다시 그런

짓을 안 할테니까. 아빠가 초등학교 5학년 때 담임선생님이 어찌나 무서운 선생님이셨는지, 주산을 배우는데 하나 틀리면 한 대, 두 개 틀리면 두 대를 때리는데, 그것도 제일 아픈 손가락 끝을 회초리로 때리셨지. 그 땐 그 선생님을 지독히 싫어하고 미워했지만 지금 생각해 보면 그 선생님 덕분에 나도 주산선수가 될 수 있었단다. 스승이 제자를 때리는 것은 정열이 있어야 해. 너희들이 선생님의 마음을 조금도 헤아리지 못하고 수업 거부까지 한 것은 반성할만한 일이다."

아빠의 말에 숙경이는 숙연해졌다.

때리고 맞는 일에 대해서는 나도 기억에 남는 일이 있다. 초등학교 2학년 때였다. 아침에 사랑채에 있는 숙모 방에 들어갔더니 작은어머니가 화장을 하고 있었다. 시집온 지 몇 달 안 된 새색시였기에 나는 작은어머니의 모든 것이 새롭고 신기하게 느껴졌다. 우리 어머니 경대에는 머릿기름과 크림 정도만 있었기에 여러 가지 화장품이 놓은 새색시의 경대에 흥미가 있었다. 작은어머니는 손바닥에다 분가루를 놓고 거기에 물을 조금 넣어 잘 개어서 얼굴 전체에 하얗게 바르고 난 다음 성냥불을 켰다가 꺼서 까맣게 탄 부분으로 눈썹을 그렸다. 내가 하도 열심히 보니까 작은어머니는 내 얼굴에도 화장을 해주었다. 나는 화장한 얼굴로 안방에 들어갔다가 아버지한테 회초리를 열 대나 맞았다. 그 때가 여름이었는데 종아리에 벌건 자국이 나서 나는 며칠 동안이나 바깥에 나가지도 못했던 기억이 난다.

내가 지금도 요란하게 화장을 하지 않는 것은 화장에 벼로 취미가 없기도 하지만 그 때의 영향이 조금은 있는지도 모른다.

우리 딸 숙경이도, 그 반 아이들도, 또 선생님한테 매를 맞은 아이도 모두가 성숙으로 가는 또 하나의 계기가 되고 이것이 애정이라는 것을 먼 훗날이 되어야 알게 될 것이다.

1974. 5

오늘밤 아빠가 출장을 가서 지열이가 엄마 방에 와서 자겠다고 했다. 내가 허락을 하자 이불과 베게를 들고 왔다. 나는 지열이에게 무슨 이야기를 해줄까 하고 생각하고 있는데, 지열이는 책도 가지고 왔다. 지열이는 엎드려서 책을 읽었다. 학교에 들어가고 나게 되면서 옛날이야기를 조르지 않게 되자 나는 한편 편하면서도 엄마가 덜 필요하게 된 것처럼 섭섭하기도 했다. 지열이가 읽고 있는 책은 <플란더스의 개>였다. 조금 있으니 책을 덮은 소리가 나서 보니 지열이 얼굴이 좀 이상했다.

"슬프니?"

지열이는 고개만 끄덕이더니 그만 이불을 머리끝까지 뒤집어썼다. 아마 눈물이 나온 모양이었다.

1974. 6

지열이가 오늘 자연시험을 100점 받아왔다.

"100점 받았구나."

나는 기분이 좋아서 지열이의 머리를 쓰다듬어 주었다.

"엄마는 100점이 제일인가요?"

"그럼, 열심히 공부했으니까."

"나는 아니에요. 나는 타잔이 제일이에요."

TV에서 타잔을 보며 좋아하니까 그런가, 아니면 사내 녀석이라 힘이 제일이라고 느끼는 것일까.

1974. 6.20

TV를 보다가 지열이가 누나에게 물었다.

"누나, 간첩을 사살하면 벌을 안 받아?"

마침 뉴스에서 남해안에 침투한 간첩 사건이 나오고 있었다.

"응, 그건 죄가 아니니까."

"왜?"

"적을 죽인 것이니까."

지열이는 얼른 납득이 안 가는지 의아한 표정을 지었다.

"간첩은 무장을 하고 있기 때문에 전쟁에서 적군을 죽인 것과 같이 취급한단다."

"엄마, 전쟁에서는 사람을 죽여도 괜찮은데 보통 때는 사람을 죽이면 왜 안 되나요?"

"그건 말이야. 전쟁은 나라를 지키기 위해 싸우는 것이거든. 그러니까 적이 쳐들어오는 것을 막으려니까 어쩔 수 없이 싸우는 거야. 군인이 싸워주지 않으면 나라도 빼앗기고 사람도 죽게 된단다. 군인은 자신의 목숨을 내놓고 적과 싸워서 나라를 지키는 거야. 그러나 전쟁이 아닐 때 사람을 죽이는 것은 남을 미워하거나 나를 위해서이기 때문에 당연히 벌을 받아야 하고 자신도 사형이 되는 거야. 알겠니? 누구든지 다른 사람을 미워해서는 안 된다."

나는 지열이가 알아듣도록 말하려고 애를 썼다.

"그럼, 다른 사람을 미워하기만 해도 벌을 받나요?"

"그건 하느님이 벌을 주시지."

"하느님이 그런 것까지 어떻게 아시나요?"

"하느님은 다 아신단다. 남을 미워하게 되면 얼굴이 점점 이렇게 찌그러지거든."

나는 얼굴을 찌그러뜨려 보였다. 지열이는 내 얼굴이 우스운지 씨익 웃었다. 전쟁에서 적을 죽이는 것과 일반 살인 사건을 구별하는 것은 초등학교 5학년에게는 어려울지 모른다.

1975.

지열이는 한 살 위인 병철이(이종사촌)와 놀 때는 언제나 아주 즐거워한다. 나는 어느 날 둘이 노는 것을 보고 그 이유를 알았다.

전쟁놀이를 하면 먼저 병철이가 대장이 되고 지열이는 졸병이 된다. 그러다가 조금 지나면 '이젠 네가 대장을 해.'하는 것이다. 병원놀이를 할 때도 마찬가지이다. 한번은 병철이가 의사를 하고 지열이는 환자가 되고, 그 다음은 반드시 역할을 바꾸는 것이다. 물론 형인 병철이가 주도를 하고 지열이는 거기에 잘 따르고 있었다.

나는 두 아이의 놀이에 대해 H에게 이야기를 했다.

"그건 병철이가 대단한 거야. 비록 한살이긴 하지만 형이 동생에게 양보를 해가며 대등하게 노는 것이니까. 형이라고 자기 마음대로 해도 지열이는 그대로 따를 판인데."

H의 말은 옳았다.

나는 점심 때 아이들이 좋아하는 자장면을 사주었다. 두 아이는 열심히 맛있게 먹었다. 나는 아이들을 바라보며 생각했다. '아이들아, 그대로 반듯하게 자라다오. 서로 양보하며 따르고 또 믿으며.'

요즘 문단에서 어제의 둘도 없는 친구가 또 선후배가 회장 자리를 놓고 서로 싸우는 것을 보면, 이런 것이 어릴 적부터 양보 없이 또 믿음 없이 자란 탓이 아닐까 하는 생각이 든다. 바른 생각과 바른 행동은 갑자기 이루어지는 것이 아니라, 어릴 때부터의 훈련으로 몸에 배어야 하는 것이다.

1976. 6.30

아들의 사춘기 (2)

"나, 참. 큰일 났어. 여자아이 앞에 있으면 얼굴이 붉어지고 말이 잘 안 나와."

저녁을 먹다가 지열이가 무심코 누나에게 한 말이다.

"뭐가 큰일이니? 그런 일 가지고……"

소년의 기분을 알 리 없는 누나는 동생의 고민을 일축하고 있었다. 나는 조금 웃음이 났지만 이들의 대화를 못들은 척 돌아서서 일을 했다.

"여자들은 안 그래? 남자를 봐도."

"그건 불량학생이나 그런 거야."

"그럼, 내가 불량학생이란 말이야?"

지열이가 좀 흥분해서 누나에게 대들었다. 이제 엄마가 나설 수밖에 없었다.

"네 나이 또래에는 다 그런 거야. 너무 걱정할 것 없단다."

"아, 알았다. 너 참 사춘기지?"

누나가 손뼉을 치며 놀려대었다.

"또 그 사춘기 소리. 도대체 사춘기가 어떻다는 거야. 왜 날 자꾸 비웃는 거야."

지열이는 볼멘 목소리로 대꾸했다.

"누나가 농담으로 한 소리를 가지고 뭘 그렇게 화를 내니. 남자답지 못하게."

나는 또 한 번 중재에 나섰다.

"그게 아니에요. 엄마는 언제나 누나들 편만 드신단 말이에요."

지열이는 수저를 놓고 식탁에서 일어나 나가 버렸다. 누나들도 요즘 들어서 화를 잘 내는 지열이에게 놀랄 수밖에 없었다. 나는 할 수 없이 딸들을 나무랐다.

"너희들이 지열이에게 그게 뭐니? 그 애의 감정을 너무 돋우지 말아라."

"엄마, 지열이 너무 받아주지 마세요. 걔가 요새 이상해요. 너무 제멋대로인 것 같아요."

그러고 보니 요즘 지열이가 매사에 불만이 있는 듯한 행동을 하는 것 같기도 하다. 어떤 때는 폭발 직전처럼 잔뜩 부어있기도 하였다. 지열이의 성격은 세 아이 중에서 제일 느긋한 편인데 왜 변해 가는지 모를 일이었다. 이번 학기에는 성적도 그리 좋은 편이 아니었다. 반에서 10등 안에는 들곤 하던 놈이 15등을 하기도 하였다.

"혹시 성적 때문에 그런 거 아닐까."

"글쎄요…"

"그런지도 모르지요. 우리도 성적이 떨어지면 걱정이 되기도 하고 화가 나기도 해요. 엄마, 지열이 학원에 좀 보내면 어떨까요?"

큰 딸아이가 제의했다.

"그렇구나. 어디 생각 좀 해보자. 그런데 그 놈이 할까. 요즘엔 그 애의 눈치만 보게 되니…"

"엄마는 지열이를 너무 받아주시는 것 같아요."

작은딸은 이제 대학 2학년이니 큰딸보다 엄격한 편이었다.

"나도 잘 모르겠다. 너희들 기를 때는 몰랐는데 사내 녀석은 왜 이리 힘이 드는지……"

"우리야 엄마 말을 잘 듣는 효녀잖아요."

딸들은 깔깔거리며 입을 모았다.

나는 그 날 저녁 서재에서 심리학 책을 찾아서 보았다.

소년기, 사춘기는 순종보다도 자기 나름의 비판을 한다는 것, 밖으로부터 간섭을 받는 것을 싫어한다는 것, 지금까지의 자신으로부터 해방

되고 싶어 한다는 것, 제멋대로 판단하려 하기 때문에 부모를 거부하려는 태도를 보이기도 하다는 것 등의 내용이 적혀 있었다.

소년기 아들의 반항적 태도를 얼마만큼 이해하고 받아주고 또 지도할 것인지 나는 은근히 걱정이 되었다. 이런 시기에 엄마는 아들이 빗나가지 않고 공부에 열중하도록 조심스럽게 이끌어 주어야 한다고 했는데…

며칠 후 나는 지열이를 불렀다.

"지열아, 요즘 성적이 좀 떨어져서 그런 모양인데, 저녁 때 학원에 좀 나가 보겠니?"

엄마는 너를 이해한다는 눈빛으로 부드럽게 말을 붙였다.

"싫어요!"

지열이는 단 한 마디로 엄마의 의견을 서슴없이 일축하고 자기 방으로 들어가 버렸다. 순간적으로 아들에게 무시당한 것이나 다름없어서 나는 잠시 멍해질 수밖에 없었다. …아… 나도 모르겠다… 정말 모르겠어… 이제 저 아이는 내 말을 안 듣기로 작정했나봐. 엄마 말이면 그렇게 잘 듣던 아이가 이제는 무조건 퉁명스러운 태도로 나오다니……

나는 밤에 남편에게 아들에 대한 내 나름의 푸념을 늘어놓았다.

"사내아이는 자랄 때 그런 때가 있는 거야. 엄마가 이해를 해야지. 당신은 더구나 작가가 아니야. 우리 인내심을 갖고 기다립시다."

"지금 같아서는 앞으로도 계속 저럴 것 같은 기분이에요."

"그렇지 않겠지. 저도 뭔가 생각도 하고 괴롭기도 하다는 표현이니까."

남자의 심리는 남자가 아는 것일까.

그런 얼마 후 지열이가 내게 왔다.

"엄마, 저 학원 나갈까요?"

나는 어리둥절했다. 그러나 역시 기쁨이 앞섰다.

"그래. 어디 네가 아는 학원 있니?"

"아니요. 엄마가 알아봐 주세요."

옛 모습 그대로의 지열이는 부드럽게 내게 의논했다.

아…… 소년의 심리는 화산처럼 위험하고 봄 날씨처럼 변덕스럽다더니 정말 그렇구나. 나는 미소로 아들을 바라보았다. 얼굴에 군데군데 여드름이 돋아나 괴로운 것만큼 내부도 화산의 혼돈스러움이 있을 아들을 나는 인내를 가지고 지켜보아 주어야 하리라.

1978. 5.25

보통 엄마와 꼭 같구나

고등학교 3학년 딸 화경아이가 어느 날 자기 친구들을 데리고 왔을 때다. 학교와 집이 워낙 먼 탓도 있었지만, 입시 준비에 바빠 친구 집을 방문할 기회도 드문 시절이라, 딸의 친구들을 직접 대하기는 처음이었다.

딸의 친구들에게 대해서는 딸로부터 말만을 들어왔고 또 전화목소리만 들어온 터라 소개를 받자 무척 반가웠다.

"네가 바로 미영이구나, 너는 미숙이고……."

이들 소녀들은 내 딸아이와 똑같이 명랑하고 청아하고 예뻤다. 이들과 인사를 나누고, 다과를 갖다 주고 방을 나오려는데 뒤에서 이들의 말소리가 들려왔다.

"애, 너희 엄마 보통 엄마와 꼭 같구나."

"그럼 애, 얘는……."

그리고 뒤이어 까르르 웃는 소리가 들려왔다.

나는 마루에 나와 미소 지었다. 엄마가 소설을 쓴다니까, 그들은 그들 나름대로 무엇인가 "소설가 엄마"의 상像을 그리고 있었던 모양이다.

그들이 어떤 이미지를 가지고 있었는지 확실히는 알 수 없지만, 추측컨대 살림을 떠난 듯한 여자, 책상에 앉아 글을 쓰는 여자는 무엇인지 외모부터 다를 것이라는 관념을 가진 것이 분명한 모양이었다. 그것은 그녀들의 잘못이 아니다. 소녀다운, 또 일반 사람들의 관념인 것을 나는 평소 사람을 대할 때마다 느껴오고 있다.

새벽부터 일어나, 도시락 싸고, 밥상 차리고, 또 뒤이어 남편 출근 준비를 해주는 엄마는 여느 엄마와도 똑같은 일상생활이다. 게다가 장바구니를 들고 시장 보러가는 나는 집에서 입던 롱스커트에 스웨터나 걸치고, 슬리퍼를 신은 다른 아낙과 다른 점 하나 없는데, 어느 틈에 책상에 앉아 글을 쓰고, 책을 보며 생각을 하는지 아무도 생각할 수 없는 모양이다. 어쩌다 나에 대한 이야기를 듣고는,

"저어, 아주머니께서 소설을 쓰신다는데……."

하며, 그게 사실이냐는 의문의 시선을 보내곤 한다. 아마 대개의 경우 사람들은 소설가 또는 미술가 등은 색다른 사람일 것이라고 생각되는 모양이다.

우리 집만 해도 그랬다. 문학 공부를 하고 소설을 쓰겠다고 했을 때, 우리 아버지는 펄쩍 뛰시면서,

"계집애가 뭘 못해 문학을 하겠다는 거냐. 천하의 바람잡이들이 소설을 씁네, 시를 씁네 하는거다. 예전에 방方아무개도 심아무개도 다 장안의 이름난 바람잡이였다."

하시는 아버지의 작가에 대한 이미지는 결코 좋은 것은 아니었다. 술이나 마시고 다니며, 혹자는 폐병으로 요절할 수밖에 없는 것으로 인식되고 있었던 것이다. 그것은 아버지 뿐 아니라, 우리 어머니께서도 마찬가지였다.

"예전에 너 어릴 때, 우리 뒷집에 방 하나 얻어 사는 여자가 있었는데, 사람들 말로는 그 여자가 소설가라고 하더라. 그래 그런지 그 옷차림이 맨날 후줄근하고 가난이 흐르더라. 보기만 해도 저절로 배가 고파 보여."

우리 어머니는 작가란 배고픈 직업이라고 믿고 있음이 분명했다.

요즘은 작가에 대한 이미지가 어떤지 모르겠지만, 모두들 그들 나름의 호기심에 차 있고, 그들이 읽는 소설과 작가를 한데 묶어 작가의 이미지를 그리고 있는 것 같다. 가끔 우리 집을 방문하는 사람들을 보면 누구든지 우선은 나를 살피고 내 집안을 관심과 호기심을 가지고 두리번거리곤 한다. 그리고는 여기오기 전에 그들이 상상했던 어떤 이미지에 어긋났을 때의 그 묘한 표정을 읽을 수 있는 것이다.

그날 저녁 식사 시간에 나는 딸의 친구들이 한 말을 식구들에게 이야기 했다. 더욱이 딸아이가 말한 "그럼 얘, 얘는……."한 말에 우리는 한바탕 폭소를 터뜨렸다.

"참들 재미있어요. 난 암말 안했는데도 어디서들 들었는지 나한테 와서는 '너희 엄마 시인이라며?'하지를 않나, '얘, 너희 엄마 소설 쓰신다며? 어떤 소설 쓰니?'하며 호기심에 꽉 찬 표정을 짓곤 해요."

"그래 모두들 이상한가봐, 소설가 뿐 아니라, 엄마가 소설가인 아이까지 신기하게 보거든. 소설가가 뭐 별건가." 딸아이의 말에

"그럼 이렇게 대답해. 우리 엄만 머리에 뿔이 달렸다고."

아들놈의 말이 걸작이었다.

"나도 그런 적이 많아, 어떤 친구는 '부인이 글을 쓴다니 돈 많이 벌겠군.'하기도 하고, 그런가 하면 '그렇게 대단한 여자하고 어떻게 사나?'하고 제법 동정어린 눈으로 바라보기도 하고 말이야."

"모두들 나 때문에 피해가 많군요."

"많은 정도가 아니라 막중이야."

남편은 무척 심각한 표정을 지어보였다.

"어떡한담. 나 소설 집어 치울까? 재주도 없는 소설 써봤자 가족들에게 피해만 주니 말이야."

나도 제법 심각한 표정을 지을 수밖에 없었다.

"엄마, 너무 비관하지 마세요. 예술이란 그 당대에 평가받는 것이 아니니까요."

모두들 폭소가 터져 나왔다.

"그러나 저러나 왜들 그러지? 작가가 뭐 정말 뿔이 달렸나? 우리 엄만 다른 엄마들처럼 우리 밥해 주고, 젖 먹여서 키우고, 잘못하면 야단치구, 저녁 반찬 걱정하시고, 맨날 아빠 월급 적다고 칭얼거리시고, 보통 엄마와 꼭 같은데 말이야."

"얘들아 너희들 그러니 얼마나 행복하니. 엄마가 보통 엄마와 꼭 같아서, 문학 합네, 소설 씁네 하고 척하고 다니며 살림 돌보지 않고, 자식들 관심 없이 돌아다니기나 한다면 우리 가정은 어떻게 되겠니."

이들의 말에 나는 입 속에서 이렇게 중얼거렸다.

–맙소사 내가 뭐 살림하고 싶어서 하나, 살림이고 아이들이고 다 집어 치우고 글만 쓰며 여기저기 돌아다니고 싶은데…… 밤늦게까지 문학하는 친구들과 술도 마시며 떠들고 싶은데. 나도 끼가 있는 여잔데, 친구들과 팔도강산 다 돌아다니고 싶단 말이야. 글 쓰는데 생활이라는 것이 얼마나 방해가 되는 줄도 모르면서, 그래서 난 때때로 고독을 느끼는데–

그러나 이런 소리는 남편과 다툴 때나 하는 소리다. 이런 즐거울 때에 그런 말을 할 수는 없다.

"아빠, 우리 엄마 보통 엄마와 다르잖아요."

작은 놈이 돌연 어른스럽게 말했다. 갑자기 분위기가 변하며, 모두의 시선이 그에게로 향했다. 나는 아이의 입에서 무슨 말이 나올지 가슴이 뜨끔했다.

"소설 쓴다는 게 다르죠. 다른 엄마들 소설 쓰나요?"

"지열이 말이 맞구나. 정말 그게 보통 엄마와 다른 거지. 그뿐이냐, 글을 쓰려면 생각을 해야 하니까 생각하는 엄마라는 것도 다르지."

즐거운 화젯거리로 시작된 것이 조금 진지해지며, 어떤 문제의 결말을 맺은 듯 모두들 가벼운 미소를 지었다.

나도 무엇인가 흐뭇했다. 소설 쓰는 엄마라고 남들과 다를 게 없이 똑같이 평범한 생활을 해나간다는 것, 그러면서도 다른 게 있다면 쓴다는 것과 생각하는 엄마라는 것이다.

나는 내 가족들로부터 이렇게 하나의 작은 인정을 받고 있는 것이다. 그래서 나는 행복하고, 그들에게 깊이 감사하는 마음이 솟고 또 솟았다.

1979. 5

엄마생일은 네 번

지난여름 7월 5일은 내 아들 지열이의 15번째 생일이었다. 그날을 우리는 밖에 나가 보다 멋지게 잔치를 해 주기로 약속을 했었다. 그런데 공교롭게도 그날 본인의 기말시험이 있었고 나도 원고에 쫓겨 한참 분주한 때였다.

생일 며칠 앞두고 지열이가 내게 오더니

"저도 시험 준비를 해야 되고 엄마도 바쁘신 것 같으신데 이번 저의 생일은 집에서 간소하게 해주셔도 되는데요."

했다. 나는 그 순간 아이의 성장한 모습을 새삼 느끼며 흐뭇한 미소가 지어졌다. 예전 같으면 "자식 컸구나"고 말했었던 것이다.

아주 어릴 때 말하는 것도 하는 행동도 나날이 발전해 가는 것을 보고 "자식 컸구나"하면 그놈은 곧 "엄마 제가 컸다는 것을 엄마는 어떻게 아시죠?"고 물었었다. 그러면서 "나도 내가 커가는 것을 볼 수 있으면 좋은데" 했었다.

나는 너의 커가는 모습을 보여주겠다며 벽에다 키를 재어 주었더니 그게 아니라고 아이는 펄쩍뛰었다.

"제가 무슨 말을 할 때마다 엄마도 아빠도 자식 컸구나 컸구나 하신단말이에요, 그것은 저의 무엇을 보고 그러시죠?"

하고 따지고 들었었다. 그런 놈이 이제는 엄마 키도 넘고 아빠 키도 넘었다. 또 자기 나이에 무엇이 더 중요한 것인지 알만큼 내적 성장도 제법하고 있다.

지열이의 15살 생일은 그가 말한 대로 집에서 간단한 저녁식사로 했다. 아빠가 생일 케이크를 사갖고 오고 큰누나는 지열이도 이제 손수건을 많이 쓸 나이가 된다고 하면서 손수건을 선물했다. 작은 누나는 성경책을 선물했다. 그리고 엄마인 나는 지열이가 좋아하는 통닭 두 마리를 샀다.

케익에 열다섯 개의 촛불을 켜고

"야 벌써 지열이가 열다섯 회 생일이로구나."

하며 생일축하 노래를 불러주며 건배를 했다.

"지열이 생일을 축하 해 줄만큼 또 엄마도 축하 해 드려야 한다."

남편의 말에 나는 어리둥절했다.

"아이들 생일 때 마다 내 생일도 된다면 내 생일은 1년에 네 번이나 되게."

나는 조금 우쭐했다.

"아이 낳는 게 뭐 자랑은 아니지만 다 잊어버려도 아이 낳을 때만은 잊을 수가 없거든, 지열이 낳을 때 비가 오던 일, 내가 진통을 겪고 있을 때 나이 많은 간호원이 시중들면서 보기가 안쓰러운지… 여자는 무슨 죄로 이렇게 고통스럽게 하며 아이를 낳는지 모르겠다고 한 말까지 기억나거든."

여덟 개의 눈동자가 나를 향해 반짝였다. 두 딸아이는 미소를 지으면서도 미간을 약간 찌푸리고 지열이는 싱글거리고 남편은 부러운듯한 눈빛이었다.

"그렇게 죽을 듯이 아프고 나서 아기의 울음소리가 나면 아픈 것도 말끔히 잊고 안도랄까 무엇인지 모르게 눈물이 나오거든, 이건 세 아이 낳을 때 마다 그랬단다."

"왜요?"

지열이는 나의 눈물의 이유를 물었다.

"글쎄 아기를 낳고 눈물을 흘리는 것은 아마 지열이가 어른이 돼도 모를꺼다."

"그래서 난 당신이 부럽단 말이야. 그것은 여자만이 갖는 행복이란 말이야. 남자는 도저히 상상도 할 수 없거든, 그런 의미에서 사람의 행복 중에서 남자보다, 여자가 더 많은 행복을 점유하고 있는 것 같아."

남편은 진심으로 부러워하는 것 같았다.

"그런 여자의 행복은 다름 아닌 당신이 준 것 아니에요."

나는 여자의 행복은 남자에게 있다는 식으로 나의 행복을 남편에게 돌렸다.

"정말로 그렇게 생각해 주는 건가. 알아줘서 고마운데."
하며 남편은 흐뭇해서 나의 어깨를 가볍게 쳤다. 그렇다고 나는 링가(男根) 숭배주의는 아니다.

인도印度의 흰두교敎에선 최고의 신神 시바가 곧 창조創造의 신神이며 그 창조가 바로 링가로 되어있다. 또 링가 그것 자체만을 숭배하는 것은 아니고 요니[女根] 속에 들은 링가인 것이다. 인도나 북부 네팔에서는 이 요니 속에 들은 링가의 사원寺院이 많다. 시바신神은 최고의 신인 동시에 링가인 것이다.

또 그밖에도 인도조각에는 남녀쌍신상男女双身像이 많이 있는데 이것도 인간人間은 어디까지나 반남반녀半男半女로 통합統合하지 않으면 창조創造가 어렵다는 뜻이라고 한다.

여하튼 남녀평등男女平等의 시대, 인간人間의 심오한 진수가 낳은 종교 예술이 인도에 있었다.

이렇게 생각할 때 무엇이나 만남은 가장 성스러운 것이며 자연의 순수성을 우리는 일단 인정해야 하는 것인지 모른다. 그래서 생명을 잉태한 여인은 순수해지고 곧 성스러움과 여인은 순수해지고 곧 성스러움과 상통하는 것이 아닐까?

예수를 낳은 마리아는 결혼하지 않고 성령으로 생명을 탄생했다.

하느님의 사도 가브리엘이 마리아에게 와서

"두려워하지 말라 마리아야 너는 하느님의 은혜를 입은 자다"했다는 것으로 보아도 여성의 잉태가 대단한 축복이다. 주위에 대한 두려움만 없다면 잉태한 여인은 그 누구나 그 신비스런 내 체내의 생명에 대한 어디에도 비할 수 없는 성스러운 마음이 솟는다. "성령이 네게 임하옵시고……."

이것이 바로 여인만이 갖는 행복인지 모른다.

남편 없이 생명을 잉태한 마리아는 어떤 두려움도 어떤 고통도 다 하느님의 말씀으로 극복했던 것이다. 마리아가 성녀聖女로 추대 받는 이유는 여기에 있다고 보아진다.

진통 끝에 아이가 탄생하면 눈물이 나는 것은 오직 여자만이 갖는 기쁨이다. 아이들 생일마다 엄마도 또 하나의 생일을 맞는다는 말을 한 남편은 거의 어머니가 아기를 낳고 심한 신고 끝에 타계한 위험을 경험했기 때문이었다.

여인이 한 생명을 탄생시키는 데에는 자신의 생명과 맞바꾸는 위험이 충분히 있다. 그런데도 불구하고 그때마다 두 번 다시 겪고 싶지 않은 그 진통을 여인은 또 겪고 또 겪는다. 여인은 우둔한 것일까.

또 아이를 기를 때의 여인의 헌신을 그 어디에 비할 수 있을까. 여인이 진실로 나를 떠날 수 있는 일이란 자식을 낳고 기르는데 있는 것이며 그래서 한 인간으로 성장돼가는 것이 아닌가. 그러나 여인의 참 성장의 길은 새 생명을 탄생시키는 데 만 있는 것은 아니다. 또 내 자식에 대해서만 집착하는 것에 있는 것도 아니다. 나에게 속한 생명뿐 아니라 다른 생명 어떤 생명체에도 내 생명처럼 내 몸처럼 순수한 마음으로 대하게 될 때 비로소 그 여인은 인간으로서의 참 성장이 이룩되는 것이다.

인도印度의 관음觀音의 얼굴은 남자男子도 여자도 아닌 양쪽을 다 합한 조화된 풍요한 인간상人間像이었다.

그러고 보면 참 인간人間의 도달은 남자로나 여자로나 따로 분리된 것이 아니라 어떤 완성의 상像인 것 같다.

그래서 불교에서는 후덕 있고 조화 있는 관음상 뒤에는 더 없는 후광이 빛나는데 그것은 또한 인간의 창조創造(多産, 多福)를 뜻하는 것이라고도 한다.

이렇게 생각할 때 엄마의 생일만이 네 번일까, 아빠의 생일도 네 번이어야 한다고 말하자 아이들은 아빠에게도 박수를 보냈다.

1980. 3

Chapter 3

아들 이야기

지열이의 고민거리

지열이는 학교에 입학하기 전에 걱정이 하나 있었습니다. 그 걱정이란……

지열이는 밖에 나가 친구들과 노는 것이 무엇보다도 재미있고 즐거운 것이고, 다음으로 즐거운 것은 잠잘 때 엄마가 옛날이야기를 해 주시는 것이었습니다. 매일 듣는 엄마의 이야기라 가끔 엄마는 이제는 해줄 이야기가 없다고 하십니다. 그러면 지열이는 백설공주 이야기를 해달라고 조릅니다. 백설공주 이야기는 아무리 들어도 싫증나지 않고 그것만큼 재미난 것도 없었습니다.

"엄마, 다른 옛날이야기 생각 안 나시면 백설공주 얘길 해주세요."

"그건 벌써 너무 많이 해서 다 외우고 있잖니."

"네. 다 알고 있어요. 그래도 재미있는걸요."

엄마는 미소를 지으십니다.

"그래? 그럼 또 해주지. 그런데 백설공주 이야기 속에서 어디가 제일 좋으니?"

엄마는 물으셨습니다.

"있잖아요. 왕자가 말 타고 숲속을 지나다가 공주를 살려내는 데 있잖아요. 거기가 제일 좋아요."

지열이는 언제나 생각하고 있던, 왕자가 백설공주를 구출하는 그 장면을 곧바로 대답했습니다. 엄마는 그런 지열이가 하도 귀여워 뽀뽀를 해주시며,

"어머 그러니? 그럼 지열이도 이담에 왕자가 되겠네."

하고 말씀하셨습니다.

"네. 될거예요. 엄마, 난 꼭 백설공주를 구해주는 왕자가 되고 싶어요."

지열이는 정말 빨리 빨리 커서 왕자가 되어 말을 타고 숲속으로 가서 공주를 구해주고 싶었습니다.

"엄마, 어떻게 하면 빨리 내 키가 커지지요?"

"그건 말이야, 지열이가 잘 먹고, 엄마 말 잘 듣고, 학교에 가서 공부도 잘 하고 하면 언젠가 훌륭한 왕자가 되는 거란다."

이런 엄마의 말을 들으며 지열이는 자기도 빨리 학교에 가고 싶어졌습니다. 그런데 지열이는 문득 자기가 왕자가 될 때까지, 공주가 숲속에서 그때까지 기다리고 있을까 하는 생각이 들자 큰 걱정이 생겼습니다.

"엄마, 걱정이 있는데요. 내가 왕자가 될 때까지 공주가 있을까요? 없으면 어떻게 하지요?"

지열이는 걱정이 가득해서 물었습니다.

"으응, 그건 걱정할 것 없어요. 숲속에는 언제나 왕자를 기다리는 공주가 있단다."

"언제나요? 그럼 지금도요?"

"그럼. 지금도 숲속 어딘가에는 왕자를 기다리는 공주가 있어요. 그리고 공주는 '지열아, 빨리 빨리 왕자가 되어라. 그래서 날 구해줘!'하고 기다린단다."

지열이는 엄마의 이야기를 듣고 안심이 되었습니다. 그리고 빨리 커서 왕자가 되어야겠다고 마음먹었습니다.

국민학교에 입학한 지열이는 숙제는 별로 하고 싶지 않았지만, 학교에서 배우는 것, 많은 친구들과 노는 것은 무척 재미있었습니다. 그뿐 아니라 집에서 엄마가 들려주는 옛날이야기보다 더 재미있는 이야기를 아이들에게서 들을 수가 있어 그것도 즐거웠습니다. 그것들은 어느 땐 무섭기도 하고, 또 그 무서운 것이 재미있기도 했습니다.

어느 날 지열이는 숙제를 겨우 마치고 아까 낮에 친구한테서 빌려온 007 만화를 보고 있는데 엄마가 들어오셨습니다.

"그만, 잘 시간이다."

하시며 지열이가 보던 만화책을 빼앗아 책상위에 높이 올려놓고 나가셨습니다. 지열이는 이불 속에 들어갔지만 지금 본 007의 다음 이야기가 궁금해서 잠이 오지 않았습니다. 그래서 살그머니 일어나 의자 위에 올라가 꺼냈습니다. 그리고 얼른 자리 속으로 들어가 보려는데, 그때 별안간 밖에서 요란스레 천둥이 치고 푸른 번개가 번쩍이는 것이 아니겠어요? 지열이는 그만 책을 집어던지고 후다닥 옆방인 엄마방으로 달려갔습니다.

"엄마… 무서워요!"

엄마는 그런 지열이를 안아주시며,

"괜찮아"

하셨습니다. 지열이는 엄마 가슴에 머리를 파묻고 눈을 감았습니다. 그리고 걱정을 했습니다. 엄마가 보지 말라는 만화책을 보려고 한 것과, 또 얼마 전에 아무도 없을 때 아빠가 마시다가 남겨 놓으신 술을 무슨 맛인가 하고 한 모금 몰래 마셨다가 혼이 난 일까지 생각되었습니다. 그리고 겁이 났습니다.

잠시 후 천둥소리가 멎었는지 조용해졌습니다. 지열이는 이불 속에서 머리를 내밀었습니다.

"엄만 천둥이 무섭지 않으세요?"

"아니!"

지열이는 한참 있다가 다시 물었습니다.

"엄마, 천둥치는 것은 하느님이 나쁜 사람을 찾아 벌주려는 거지요?"

엄마는 미소를 지으시면서

"천둥은 하느님과는 아무 상관이 없어요."

하셨습니다. 엄마 말에 지열이는 조금 안심이 되었습니다.

"정말이에요?"

하고 지열이는 의심이 생겼습니다. 그럼 하늘에 계신다는 하느님은 어디에 계신 것일까?

"엄마, 그럼 하느님은 천둥이 칠 때 어디에 계세요? 하느님은 천둥이 무섭지 않으신가요?"

엄마는 걱정에 가득 찬 지열이의 얼굴을 가만히 바라보시면서 잠깐 생각에 잠기셨습니다. 그리고

"하느님께선 무서운 것이 하나도 없으시단다. 왜냐하면 하느님께선 너무 훌륭하시고 좋은 일만 하시기 때문에 이 세상에서 하느님을 겁내 줄 것은 아무것도 없거든."

지열이는 엄마 말을 듣고 나니 조금 안심이 되었습니다. 그날 밤 지열이는 너무나 훌륭하시기 때문에 무서운 것이 없으시다는 하느님을 생각하며 엄마 품에서 잠들어 버렸습니다.

며칠 후 일입니다. 지열이는 또 걱정을 하게 되었습니다.

지열이가 학교에서 돌아오는 길엔 지하도공사를 하는 곳이 있었습니다. 그곳을 지날 때마다 아이들은 모두 버스 창가에 모여 그것을 내려다봅니다. 일하는 사람들이 땅 깊숙이에서 아주 작게 보입니다. 그러던 어느 날, 같이 밖을 내다보던 철이가

"저 사람들 죽을거다."

하고 자신 있게 말했습니다.

"왜?"

아이들은 모두 놀라서 철이에게 물었습니다.

"땅 속엔 지옥이 있잖아. 그러니까 저렇게 자꾸 땅을 파면 지옥에 떨어질거 아냐?"

철이 말에 모두들

"그래, 그럴거야. 그럼 저 사람들 어떻게 하니?"

모두들 얼굴에 걱정이 가득 찼습니다. 지열이도 하느님은 하늘에 계시니까 지옥은 땅속에 있을 것이라고 생각되었습니다. 그날부터 버스가 지하도 공사장을 지날 때마다 더 많은 아이들이 창밖을 내다보며 사람들이 지옥에 떨어졌나 안 떨어졌나 지켜보았습니다.

"아직도 안 떨어졌다!"

하고 누군가가 소리치면 철이는

"내일이면 떨어져 죽을거야."

하며 어른스럽게 말했습니다. 아이들은 그 내일이 무서우면서도 기다려졌습니다. 그런데 내일은 일요일이었습니다.

"내일은 학교에 안 가는데, 저 사람들 지옥에 떨어지는 거 못 보겠다."

"걱정마, 우리 내일 만나자. 그래서 여기 오자."

"그래, 그거 좋아. 그럼 내일 만나자."

모두 입을 모아 내일 언제쯤 올까를 의논하고 약속했습니다.

지열이는 아이들과 약속을 해야 할지 어떨지를 결정할 수가 없었습

니다. 지열이는 일요일이면 엄마랑 교회에 나가기 때문입니다. 하지만 땅속에서 일하는 사람들이 어떻게 지옥에 떨어지는지 보고 싶었습니다. 무섭고 걱정도 되는 이 일은 엄마에게 물을 수밖에 없었습니다.

"엄마, 지하도 파는 사람들 있잖아요."

"왜?"

"그 사람들 지옥에 떨어지면 어떻게 해요?"

엄마는 지열이의 근심에 가득 찬 얼굴을 쓰다듬으셨습니다.

"걱정 안 해도 된단다. 그 사람들은 많은 사람들을 위해 열심히 일하는 것이니까 지옥에 절대로 안 떨어져요."

"암만 땅을 깊이 파도요?"

"그럼!"

엄마는 걱정 없다는 듯이 말씀하셨습니다.

"그럼 나쁜 사람들은 어떻게 지옥에 떨어져요?"

"나쁜 사람은 아무리 높은 데 올라가 있어도 하느님이 벌을 주시니까 지옥에 떨어지지."

"엄마 엄마, 땅을 암만 깊이 파도 지옥에 안 떨어져요?"

"그럼, 땅 파는 것도 좋은 일이라면 그런 위험은 없단다."

지열이는 엄마 말에 크게 숨을 쉬었습니다. 다음날 학교에서 돌아오는 길에 버스 창밖을 내다보니, 아무 일 없이 언제나처럼 많은 사람들이 열심히 일들을 하고 있었습니다.

아이들이

"으응? 아직 안 죽었다!"

하고 소리쳤을 때 지열이는

"우리 엄마가 그러시는데, 지하철 파는 것은 남을 위해 하는 일이니까 절대 지옥에 안 떨어진대."

했습니다. 아이들의 얼굴은 약간의 실망과 그러나 모두 안심이 되어 밝은 미소를 나타냈습니다. 또 하나 지열이의 걱정거리가 풀린 것입니다.

지열이는 이제 2학년이 되었습니다. 1학년 때보다 아는 것도 많아졌습니다. 크리스마스가 가까운 어느 날, 지열이는 뜻밖에 아이들한테 산타 할아버지가 없다는 말을 들었습니다.

“아냐, 있어! 작년에도 내게 탱크를 갖다 주셨는데?”

“이 바보야. 그건 너희 엄마, 아빠가 네가 잘 때 머리맡에 살짝 갖다 놓은 거야.”

이 말은 지열이에게 무엇보다도 큰 충격이었습니다. 다른 때 같으면 엄마에게 뛰어가 물어보는 것이 당연하나, 어쩐지 이것만은 그럴 수가 없을 것 같았습니다. 그래서 6학년인 누나에게 가서 물어보았습니다.

“누나, 산타할아버지 정말 있어?”

“그럼.”

“아이들이 그러는데 산타할아버지는 없고, 엄마, 아빠가 선물을 갖다 놓은 거래. 정말이야 누나?”

누나는 무슨 생각을 하는지 지열이의 물음에 잠시 잠잠했습니다. 그리고 지열이의 걱정스런 얼굴을 한참 바라보더니 이렇게 말했습니다.

“나두 너맘 땐 산타할아버지가 없다는 말을 듣고 깜짝 놀랐거든. 근데 생각해보니까 산타할아버지는 계시더라.”

“그럼 누난 산타할아버지 본 일 있어?”

누난 지열이의 물음에 한참 눈을 깜박였습니다.

“나도 본 일은 없지만 크리스마스 아침에 눈을 뜨면 선물이 머리맡에 있거든. 그러니까 있는거지 뭐.”

“그런데 그게 사실은 엄마, 아빠가 갖다 놓은 선물이래.”

“얘는 누가 그러든? 그럼 말 하는 애는 나쁜 애야. 자, 시끄러우니까 그만 나가.”

누나는 공연히 소리를 빽 지르며 지열이를 방에서 내쫓았습니다.

누나의 대답은 지열이의 궁금증을 속 시원히 풀어주지 못했습니다. 그러나 누나는 분명히 산타할아버지가 계신다고 했습니다. 지열이는 밖에 나가 아이들한테 말했습니다.

"우리 누나가 그러는데 산타할아버지는 꼭 있대."

아이들은 지열이를 웃기지 말라는 듯이 쳐다보았습니다.

"너 그럼 말이야, 이번 크리스마스 밤에 자지 말고 정말 산타할아버지가 오시는지 보란 말이야."

지열이는 정말 그래야겠다고 단단히 마음먹었습니다.

크리스마스 전날 밤. 식구들은 모여 앉아 재미난 이야기를 해가며 맛있는 것을 먹었습니다. 크리스마스는 아기 예수님이 탄생하신 것을 많은 사람들이 기뻐하고 축하하는 날이라고 했습니다. 밤이 깊어, 엄마는 지열이의 자리를 펴주시며

"빨리 자야 산타할아버지가 오시지."

하셨습니다.

"엄마, 자지 않으면 산타할아버지가 안 오셔요?"

지열이는 또 걱정스러운 얼굴로 물었습니다.

"그럼, 산타할아버지는 애들을 깜짝 놀래주려고 꼭 애들이 잠들었을 때만 오신단다."

"그럼 잠을 안자고 있으면 산타할아버지는 영 안 오시나요?"

지열이의 걱정은 점점 커졌습니다. 지열이는 이제 더 자기의 걱정을 참고 있을 수가 없었습니다.

"엄마, 아이들이 그러는데요. 산타할아버지는 없대요. 그게 정말이에요?"

"산타할아버지는 산타할아버지가 계시다고 믿는 아이들에게만 가시니까."

"정말 산타할아버지는 계시는 거죠?"

"지열이는 산타할아버지가 계시다고 믿니?"

"네!"

"그럼 됐어. 오늘밤 산타할아버지는 꼭 지열이한테 선물을 가지고 오실거야. 자, 이젠 자라."

엄마는 지열이에세 이불을 덮어주시고 등을 토닥거려 주셨습니다. 지열이는 비로소 가슴이 후련해지고 안심이 되어 잠들었습니다.

아침에 일어나니 머리맡에 선물로 스케이트가 가지런히 놓여있었습니다.

"산타할아버지는 정말 계셨구나!"

지열이의 얼굴엔 만족스럽고 행복한 미소가 지어졌습니다.

1981.10

내 아들 철학자
그 첫 번째 이야기

지열이가 고등학생이 되고서부터 모든 면이 현저하게 달라졌다. 몸도 콩나물 자라듯 부쩍부쩍 커가지만, 태도도 여간 의젓해진 것이 아니다. 말하자면 그 애의 성숙이 눈에 띄게 보였다.

어느 날, 갑자기 지열이는 내일부터 도시락을 안 가지고 가겠다고 했다. 이유를 물으니, "모르셔도 된다."는 답이다. 이 말은 그 애가 즐겨 쓰는 말이다. 한 번 그 말을 하면 나도 다시 묻지 않기로 했지만, 혹 궁금해서 재차 물어도 어지간해선 대답을 안 하는 아이이다. 그러나 점심을 갖고 가지 않겠다는 것을 엄마로서 그냥 내버려 둘 수만도 없었다.

"왜 그래, 점심시간에 다른 것 사 먹으려고 그러니?"

"아니요."

"그럼?"

"그냥 내버려 두세요."

이쯤 되니 나도 하는 수 없었다.

도시락을 안가지고 간 날, 나는 연신 시계를 봐가며 아이가 빨리 돌아오기를 기다렸다. 그런데 그날따라 지열이는 늦게 돌아온 것이다. 보통 때 이렇게까지 늦은 일은 별로 없었다. 나는 이 늦음과 도시락 안가지고 간 것하고 관련이 있다고 생각했다.

“왜 늦었니, 뭐 좀 먹었니?”

“아니요.”

한 끼 굶었는데, 얼굴은 눈에 뜨이게 핼쑥해 보였다.

“왜 이렇게 늦은 거야. 어디 갔다 왔니?”

나의 집요한 추궁에 어쩔 수 없었는지, 겨우 입을 열었다.

“선생님 댁에요.”

“왜?”

“토론하러요.”

“혼자서?”

“친구와 같이요.”

“무슨 토론? 그래서 도시락 안가지고 갔니?”

아이는 내 물음에 대답하지 않고 밥만 먹었다. 어쨌든 다른 데도 아니고 선생님 댁에 갔었다니 안심은 되었다.

이튿날도 지열이는 도시락을 안 가지고 간다고 했다. 나는 큰 소리로 안 된다고 소리쳤지만, 그는 도망가듯 도시락을 현관에 놓고 갔다.

학교에서 돌아온 지열이의 눈이 십리만큼 들어갔다. 그도 그럴 것이 아침 7시에 아침을 먹고, 하루 종일 있다가 저녁에나 돌아오니 허기에 지칠대로 지쳐 있었다.

“너 어디 아프니?”

“아니요.”

저녁밥을 순식간에 먹어버리는 것을 보니 몸이 불편한 것 같아 보였다.

“점심 안 먹으니까, 배고프지?”

"아니요."

"여하튼 너 내일부터 도시락 안 가지고 가면 학교 못 가게 할 거야. 그리 알아."

나는 단호히 명령했다.

그날 밤 지열이가 안방에 들어 왔다. 뒷머리를 긁적거리며 퍽 난처한 얼굴을 하고.

"저어…… 엄마·아빠한테 할 말이 있는데요."

"뭔데?"

무척 거북한 말을 하려는지 자꾸 뒤통수만 긁었다.

"내일도 도시락 안 가지고 가겠어요."

"글쎄 왜 그러냐고? 너 그러다가 병나면 어떻게 해? 재 얼굴 좀 봐요."

나는 남편한테 도움을 청했다.

"그런데 왜 그러니? 무슨 일이 있었니?"

아빠가 물었다.

"사실은요, 제 짝하고 도시락 안 먹기로 약속을 했거든요."

"왜?"

"점심시간 때 아이들이 아우성을 치거든요. 도시락을 이리저리 들고 다니고 남의 것을 빼앗아 먹고, 꼭 쓰레기통에 몰려들어 주어먹는 갈매기 떼 같아요. 그래서 사람은 왜 밥을 먹고 사나하는 의문이 생겼어요."

"그래서……."

"사람들이 왜 밥을 먹고 살아야 하는 가 그것이 의문이에요. 또 먹기는 먹되 저렇게 야단을 하고, 또 다들 그렇지는 않지만 밥 먹을 때 자기는 반찬을 안가지고 오고 남의 반찬을 뺏어 먹느라 도시락을 들고 다니며 먹는다든지, 남의 반찬을 몽땅 빼앗아 그 아이가 밥을 못 먹는다든지 하는 것이 꼭 갈매기 떼가 쓰레기통을 뒤지며 꽥꽥거리는 것 같아요."

나는 평소에 지열이에게 일러왔다. 도시락을 먹을 때, 반찬이 좋건 나쁘건 혼자서 먹지 말고 꼭 펼쳐놓고 친구들과 같이 먹으라고 하였다. 여자도 그렇지만 남자 녀석이 단체생활에 내 것 네 것을 가리고 옹졸하게 될까 걱정되기 때문이었다.

"아이들이 네 반찬을 먹어서……."

"아니요. 저는 아예 처음부터 도시락을 아이들 앞에 내놓고 여럿이서 먹거든요, 그런데 그렇지 않은 아이들도 많아요. 혼자만 먹는 아이도 있고 점심시간만 되면 시끄럽게 떠들어 대고 싸우고 하는 아이들도 있어요."

"그런 것도 한 때야. 고등학교 시절뿐이다. 대학에 가서는 그렇게 하라고 해도 못한단다."

"전 그런 것보다도 '왜 사람들이 꼭 밥을 먹고 살아야 하나'하는 거예요. 그래서 저는 그렇지 않겠다고 했어요."

"허어, 철학자 다 됐는데"

아빠는 웃으면서 감탄한 듯 말했다.

청소년기는 흔히 자기 나름의 어떤 이상을 설정하고 다른 사람이 그것에 어긋나는 행동을 보일 때 그 사람을 인간이하로 생각하는 결벽심리가 있는 시기이다. 나 역시 그맘때 내가 좋아하던 선생님이 구멍 난 양말을 신은 것을 보고 그 선생님이 싫어진 기억이 있다.

"저어…… 철학자가 되고 싶은데요."

아빠의 말에 지열이는 아주 진지하게 말했다.

"너 물리학을 하고 싶다고 했잖아?"

"생각해 보니 철학자가 좋을 것 같아요. 아인슈타인도 철학을 좋아했대요."

지열이는 다섯 살 때 집에 와서 일하던 목수를 따라다니며 자기는 목수가 되겠다고 했었다.

"좋았어. 하지만 철학자이건 아니건 간에 사람이면 누구나 철학을 가지고 살아야 해."

"왜요? 철학이 뭔데요?"

"바로 네가 지금 고민하는 것이지. 어렵게 말한다면 그게 철학적 고민이란 거야. 사람이란 왜 먹고 살아야 하나, 인생이란 무엇인가, 사람은 먹기 위해서 사나 아니면 살기 위해서 먹나……."

"그리고 철학을 가진 사람은 살아가는데 어떤 가치관을 가지고 살 것인가를 생각하지. 어떤 장사가 열심히 돈을 벌되 절대로 나쁜 짓을 해서 돈을 벌지는 않겠다고 한다든지, 교육자는 교육자답게 살겠다든지, 이렇게 자기 신조를 가지고 사는 사람이 철학적 삶을 사는 사람이지."

우리는 이렇게 번갈아 가며 말해주었다.

"그럼 저 도시락 안 가지고 가도 되겠죠?"

나는 난처했다. 그러나 아빠는

"그래 한 번 마음먹은 것이니 해봐라. 네 나이엔 그런 것도 있어야 해."

"여보……."

나는 아이의 건강이 걱정되었다. 한참 먹어도 먹어도 모자라는 16세 나이가 아닌가.

며칠 지나자 지열이는 계속 점심 한 끼를 걸러서인지 눈이 퀭하고 몸이 야위어 갔다.

"안되겠어요. 아이 건강도 생각해야지요."

우리는 지열이를 불러 다시 일렀다.

"그만하면 배고픈 것이 무엇인지 알았겠지. 또 그동안 생각도 많이 했겠고."

"아니요. 견딜 만해요."

지열이는 자신의 의지를 보였다.

"하지만 네 나이 땐 건강도 중요하니까."

이렇게 해서 우리는 겨우 지열이가 다시 도시락을 가지고 학교에 가게 했다.

나는 이런 지열이의 성장과정이 흐뭇했다. 미국의 신학자이고 목회심리학자인 로버트 C. 레슬리교수는 성인의 생활을 지배하고 방향 잡는 것은 소년시절에 이루어진다고 했다. 그것이 전부는 아닐지라도, 나는 아들이 언제나 가치 있는 철학을 갖고 살기를 바란다.

빅터・프랭클 박사가 제2차 세계대전 당시 강제수용소(아우슈비츠 수용소)에서의 체험을 기록한 것을 보면, 그는 자기철학을 가진 사람과 안 가진 삶의 차이를 이렇게 말했다. 수용소에서 인간으로서 견디기 어려운 금수와 같은 대우를 받았고 또 많은 사람들이 금수로 전락해 갔다. 그러나 그런 극한 상황 속에서 인간으로 머물러 있었던 사람들은 인간이 도달할 수 있는 가장 고귀한 성취보다 더 높은 형상과 이성을 실천했다. 사람은 단순히 빵으로만 살 수 없고 더욱이 그가 다른 요구를 만족시키기 전에 빵에 대한 요구가 만족되어야 한다는 것도 아니다. 사실, "첫째는 살고 볼 것이다. 그런 연후에야 거기에 대한 철학을 논하자."라는 교훈은 그 수용소에서는 통하지 않았던 것이다. 프랭클은 분명히 말하기를, "수용소에서는 오히려 정반대가 타당한 것이었는데, 첫째 철학을 갖고 그리고 죽는다."는 것이다. 사람의 생활방식이 항상 철학을 내포하고 있을 때, 그의 높은 요구는 순간적인 요구보다 더 중요시되는 것이다.

1981. 6

내 아들 철학자
그 두 번째 이야기

지열이 방에는 예쁜 어린 소년의 사진이 오랫동안 걸려 있었다. 그것은 초등학교 때부터 방을 장식하던 판넬이었다.

그런데 어느 날 그 사진이 떼어지고 대신 금발에 넓적다리를 드러내고 노래를 하는 가수 데비·블론디의 큼지막한 판넬 사진이 걸려졌다.

엄마인 나는 지극히 놀랐다. 그런 나에게 지열이는

"왜 놀라세요?"

했다.

"아니 그저. 그런데 이거 네가 산거니?"

"친구가 제 생일 선물로 해준 것이에요."

"이런 것을?"

"이것이 어때서요. 친구가 판넬을 해주고 그림은 제가 골랐어요."

지열이는 뒷머리를 긁으며 말했다.

나는 지열이 방을 나오면서 남자 나이 17세이면 저 정도인가 하고 경이를 금치 못했다. 키가 크고, 고등학교 2학년이긴 하지만, 아직도 내겐

늘 어린애처럼 보여지는데…… 갑자기 나는 아들의 변화를 느꼈다.

놀란 것은 나뿐이 아니었다. 큰 누나도, 작은 누나도 놀랐다.

"너…… 이게 무슨 사진이니?"

"네 취미가 이 정도야?"

"왜 어때서 그래? 데니 · 블론디 노래를 좋아하니까."

"노래 좋아하면 노래만 부르면 될 거 아니니?"

"그래. 이 사진은 너무 야해 못쓰겠다."

"걱정 마. 내 방에 거는 거니까."

쫓겨나온 누나들은

"엄마 보셨어요?"

하며 일대 큰 사건처럼 뛰어와 내 귀에 속삭였다. 나는 "쉿!" 하고 조용히 하라고 주의를 주었다.

나는 남편에게 그 사진을 보고했다.

"그래……."

남편은 별로 대수롭지 않은 눈치였다.

"당신도 그 나이에 그랬어요?"

"그때야 어디 그럴 여유나 있었나."

여유라는 말에 난 다시 생각했다. 음악을 즐기고, 자기가 좋아하는 사진을 사서 방에다 걸고 하는 것은 분명 여유가 있기 때문이다. 그러나 나는 아들의 변화에 놀랐고, 이 변화를 어떻게 받아들여야할 지 한참 생각게 했다.

남자에게 있어서 17세는 어떤 나이일까.

16세만 해도 아직 어린티가 있었고, 18세라고 하면 어딘지 청년이 다 된 듯하지만, 17세는 어리지도 않고 그렇다고 청년이라고 하기엔 좀 이른 나이가 아닌가.

16세와 18세 사이에 있는 17세. 이 나이에는 무슨 생각을 하며 무엇을 좋아하는 것일까.

지열이가 중학생이 되어 머리를 깎고 검은 교복을 입었을 때, 나는 이제 어린 아이가 아닌 큰 소년으로의 변모에 대견함과 이젠 엄마로부터 조금 멀어져 갔구나 하는 것을 동시에 느꼈다. 그러면서 또 한편으로는 걱정도 되었다. 이젠 어린애가 아니니 어떤 방법으로 대하고 교육해야 하나 하는 문제였다. 한참 과외공부가 성했던 무렵이었다. 남자아이는 초등학교 때부터 과외를 시켜 선두를 달리게 해야 한다는 주변 엄마들 이야기를 귀 따갑게 들어가면서도, 나는 평상시 신조대로 지열이를 그 속에 틀어넣지 않았다. 선두를 달리는 것은 처음부터 반대였다 엊그제까지 구슬치기를 하고 자전거 타길 즐기던 지열이에게 대신 중학생이 되면서부터는 뭔가 다른 차원의 취미를 갖게 해야겠다고 생각했다. 그래서 택한 것이 바둑이었다. 또 남편이 늦게 배우기는 했지만 지열이와 함께 두기로 했다. 그러나 지열이는 자꾸 지는 것이 싫은지 두기를 싫어했고, 또 아빠 일이 바쁘다 보니 같이 둘 시간이 없어졌다.

그래서 나는 지열이에게 기원에 다니기를 권했다. 별로 달가워하지 않는 아이를 데리고 비교적 환경이 좋은 기원을 택해 매일 보냈다.

장래 바둑을 시키려고 그런 것은 아니었다. 단지 엄마의 성급한 기우로서 일찍부터 자신의 취미생활을 갖게 해주고 싶었고, 인내심・정신집중・두뇌 훈련 같은 것을 시키기 위한 것으로 적절하지 않을까 하는 나의 어설픈 생각에서였다.

어느 책에서 보니까 남자 15세에서 18세의 나이는 탈선하기 쉬운 어려운 때이므로 엄마는 이 나이의 아들에게 정신 집중을 시킴으로 해서 수재를 만들어야 한다고 했다. 그래서 택한 것이 바둑이었으나 지열이는 엄마의 성의만큼 따라주지를 않았다. 시험 때라고 빠지고 어떻게든 이유를 대고 안 가려고 들었다. 그럴 때마다 야단을 쳐 보내긴 했으나,

결국 1년 6개월 만에 나는 손을 들고 말았다. 한 5급까지 올려놓으면 스스로 하겠지 했었는데, 지열이는 후하게 해서 7급, 엄격히 해서 8급에서 중단하고 말았다.

그리고 중학교 3학년쯤 되니까 엄마의 강제 성의로는 되어지지 않았다.

고등학교에 들어가더니 지열이는 팝송을 즐겨 학교에서 돌아오기만 하면 옷도 벗기 전에 FM부터 틀었다.

지열이는 어릴 적부터 음악을 많이 들은 편이었다. 내가 원고를 써야 할 때면 지열이를 옆에 앉혀놓고 장난감을 주며,

"자아, 엄마는 음악을 들으면서 원고를 쓰고, 지열이는 음악을 들으면서 장난감을 가지고 놀자."

해가며 음악을 듣게 했었다. 그래서인지는 몰라도 지열이는 다른 아이들보다는 음악을 더 좋아했고, 클래식에 대해서도 많이 아는 편이었다. 학교에 들어가기 전에는 <팔려간 신부>를 제일 좋아해서 웃은 적도 여러 번 있었다. 그러던 것이 팝송으로 돌아버렸다. 시끄럽게 쿵짝거리며 악을 쓰는 음악은 온 집안을 뒤흔들어댔다. 어느 때는 너무 시끄러워서 머리가 아플 지경이었다.

내 입에서

"그만 껐으면 좋겠다."

는 말이 여러 번 나오고, 아빠도

"좀 조용한 음악을 들으면 안 되겠니?"

하면서 전축을 꺼버리게 했다.

그런 어느 날이었다.

지열이가 볼륨을 한껏 높이고 팝송을 듣고 있을 때 큰누나가 시끄럽다고 말했다. 그랬더니 그 녀석이

"누나도 늙었어."

하는 것이었다.

이 말이 불쾌했던지 대학생인 딸은

"그래, 세대차 느낀다."

하고 톡 쏘아붙였다. 그러나 그 순간 엄마인 나는 지극히 쇼크를 받았다.

그때부터 나는 지열이가 아무리 크게 팝송을 틀어도 일절 말을 안 하기로 했다.

그런데 거기서 끝나는 것이 아니었다.

이번엔 기타를 좀 배우겠다는 것이다. 팝송이나 기타보다 나으리라 생각한 바둑은 마다하고 딴따라 끼가 있는 기타를 배우겠다니 아무리 생각해도 난처한 일이었다. 그러나 말린다고 그대로 주저앉을 지열이도 아니었다. 혹시 얘가 딴따라 기질이 있는 것은 아닌지, 왠지 간담이 서늘해지기도 했다.

"그럼 방학 동안만이다. 이젠 공부만 해도 모자랄 땐데."

"글쎄."

말은 그럴싸하게 한다만, 얼마만큼 믿어도 좋을지 반신반의할 수밖에 없었다. 그러나 자식은 믿어줘야 한다. 그래야 저도 책임을 갖게 되니까.

다행이 지열이는 방학 1달 동안으로 기타 강습을 끝마쳤다. 그리고는 집에서 교습책을 보며 이따금씩 기타를 치곤 한다.

고등학교 1학년 겨울 방학이 되었다. 이번에는 집에 있는 책을 읽기 시작했다. 희랍 비극을 읽고, 자기의 전 재산을 털어 세익스피어 전집을 사서 읽고, 토스토예프스키를 읽었다. 마치 명작을 다 읽겠다는 듯 밤낮없이 책만 붙들고 있었다.

욕심 많은 엄마는 지열이가 독서를 즐기는 것은 물론 좋지만, 저러다가 성적이 떨어지면 어쩌나 하는 우려가 생겼다. 노파심인지 지열이가 하는 모든 것이 위태롭게만 여겨지는 것이었다.

2학년이 되었다.

지열이는 이과理科를 지망했다. 역시 자기는 이과가 적성이라는 것이었다. 공부도 그만큼 힘들어지니, 이젠 학교 공부를 열심히 하겠지 싶었다. 그러나 웬걸, 독서는 여전히 계속 되었다.

어느 날, 이 녀석은 나를 또 한번 놀라게 했다. 소설을 쓴다고 자기 방문을 걸어 잠그고, 식사 때에 겨우 얼굴을 내밀었다. 어쩌다 그 녀석의 방을 들여다 볼 것 같으면, 책상 위에 수북한 시집과 소설책들만 눈에 들어오는 것이었다.

"아이구야. 저러다 성적 떨어지면 어떻게 하지."

나의 가슴은 그저 불안하기만 했다.

"내버려둬요. 누구나 한 때는 그러는 거 아닌가."

남편은 오히려 느긋했다.

"하지만 벌써 2학년인데, 그럴 시간이 어디 있어. 남들은 밤을 새워가며 공부할 텐데……."

"저 녀석이 당신을 닮았나……."

남편은 고개를 갸우뚱 했다.

나는 내 자식들이 나를 닮기를 별로 원치 않는다. 나는 그만큼 남들보다 결점이 많은 편이기 때문이다. 매사에 성급하고 감성적이며, 화끈한 성격이다. 감격 잘하고, 열이 한번 오르면 중천을 뚫을 듯이 올랐다가, 한 번 싫어지면 칼로 자른 듯이 싫어하고, 그러나 좋은 것은 목숨을 내걸고 빠져든다. 또 계산에 둔하여 늘 손해 보기가 밥 먹듯이다. 나의 아버지께서는 이런 성격 때문에 내 장래에 대해서 지극히 걱정도 많이 하셨다. 남편도 나를 가리켜,

"도무지 현실성이 없는 여자."

라는 것이다. 그러니 이런 나를 닮은 자식이 반가울 리가 없다.

"너 소설은 왜 쓰니?"

"한 번 써 봐도 될 것 같아서요. 잘 되면 신춘문예에라도 보낼까 해요."

나는 웃음이 나왔지만 억지로 참았다.

"그게 쉬운 일인 줄 아니?"

"남들 다 하는데요 뭐. 별 것 있을라고요."

"그래 뭘 쓰는데?"

"주인공이 의사예요. 사회의 암적 존재인 범죄자를 의술로 살릴 것인가, 정의감에 입각하여 그대로 죽게 놔둘 것인가로 고민하는 거지요."

지열이의 소설은 쉽게 끝나지 않는 모양이었다. 나는 말없이 그런 일거일동을 초조히 지켜 볼 뿐이었다.

"너 소설 다 썼니? 너무 오래 걸리는 것 같구나."

"다 되어가요. 그런데 역시 의사에 대해서 아는 것이 부족하니 힘드네요."

나는 그 말을 듣고 비로소 안심이 되었다.

"그래, 그런거야, 남이 써놓은 것은 별 것 아닌 것 같아도, 막상 하려면 그렇지 않지. 더구나 넌 아직 배우는 중 아니니. 지금은 공부를 더 할 때야. 정 쓰고 싶으면 대학에 간 후에 정말 자기 경험도 쌓고 해서 써야지. 그렇지 않니?"

"그렇지만 소설가가 어디 자기 경험만 쓸 수 있나요."

지열이는 내 말이 불만이었다.

"물론 다 그런 것은 아니지만, 적어도 이론적으로도 알아야 쓸 것 아니니."

아빠도 옆에서 거들어 주었다.

"엄마, 제가 쓴 글이 신춘문예에 안 되면 『갈숲』에라도 내주시겠어요?"

우리 온 가족은 배를 쥐고 웃었다.

"왜들 웃지?"

"너 『갈숲』을 뭘로 아는거니?"
"『갈숲』 멤버들은 문단의 원로급이야."
누나들이 지열이에게 충고했다.
"글 쓰는 데에도 원로가 따로 있나. 좋으면 됐지."
"너 그렇게 자신이 있니?"
"소설은 아직 미완성이지만 시는 완성했어. 낭송해 볼까?"
"그래, 어디 좀 듣자."
"제목은 <붕우朋友>야. 자, 들어 봐."

"너는 누구냐"
어디서 묻는 소리가 들린다.
"나는 인간이요, 아니, 사람이요."
멀리서 한 사람이 걸어온다.
"너는 누구냐?"
대답이 없다.
계속 걸어온다.
"너는 누구냐?"
앞에까지 다가온 그는
나의 멱살을 잡고 가슴을 치며 소리친다.
"나는 너다!"
순간 나는
온 몸에서 힘이 빠져 나간다.
그에게 나의 몸을 의지한다.
그러나 그는
나를 일으켜 세운다.
쓰러지려는 나를 "나"는 계속 일으켜 세운다.

"이거야, 어때?"

"모르겠다. 무슨 소린지."

작은 누나가 빈정거렸다.

"시란 원래 쓴 사람만 아는거야."

"우리 집에 시인 하나 나왔구나."

그 후 쓴다던 소설에 대해선 얘기가 없더니, 어느 날 큰누나와 주고받는 이야기를 들으니 쓰기는 다 쓴 모양이었다.

"누나, 남의 글을 읽었으면 소감을 얘기해야지."

"응… 그런데 말이야. 지열아, 넌 아직 고등학교 2학년생 아니니, 그런데 어른들의 이야기를 쓴다는 것은 좀 무리인 것 같아. 더구나 의사에 대해서는 그 직업도 또 사회생활에 대해서도 아는 바가 전혀 없잖아. 그러니까 무리가 많지. 글이란 읽는 사람들로부터 공감을 얻어야 하는데 말이야."

큰 누나는 지열이의 자존심이 상하지 않도록 상당히 조심스럽게 말을 해주는 모양이었다.

"왜 공감이 안가?"

"공감이고 간에 나도 잘 모르는 사회생활이니까 말이야. 그 세상을 잘 알고 소화시켰을 때만 글은 자연스러울 수 있거든."

"응, 하긴 그래, 그래서 나도 쓸 때 참 어려웠어, 생각 같아서는 금방 쓸 것 같았는데. 모르는 것이 너무 많아 소설 쓴다는 것, 쉬운 일이 아니던데…."

"맞았어. 그래도 넌 그것을 써봄으로써 얼마나 어려운가를 알았으니, 공부를 많이 한 셈이지."

이제 지열이는 다시 학과 공부를 하기 시작했다. 나는 이런 지열이를 보며, 비로소 안도의 숨이 쉬어졌다.

비틀거려가며 성장해가는 시절. 그것은 소년에서 청년으로 넘어가는 위태위태한 줄타기와 같은 것이 아닐까.

그밖에도 지열이는 엄마인 나를 불안스럽게 만드는 적이 한두 번이 아니었다.

여름방학 때는 혼자서 여행을 가겠다고 졸라 대기도 했고, 친구와 함께 말도 없이 인천을 갔다 오기도 했다.

이럴 때 나는 야단치기보다는 오히려 조심스럽게 눈치를 보아가며 지열이를 달래야 하고, 그가 말하는 것을 온전히 믿어줘야 했다.

어느 토요일, 귀가가 늦었을 때, 어디를 다녀왔느냐고 물었다. 미술 전시회에 갔었다고 했다.

"시현이하고 갔었니?"

"아뇨."

"그럼 짝하고?"

"엄마, 엄마는 왜 여자하고 갔었느냐고 묻지 않으세요?"

"너 엄마를 시험하는 거니? 난 널 믿어."

"여자하고 안 갈 것이라고 믿으시는 거예요?"

난 할 말이 얼른 생각나지 않았다. 당황해서였다.

"여하튼 난 널 믿어. 통째로 말이야. 너는 현재 네가 해야 할 것을 잘 알고 있으니까."

하며 눈치를 보았다. 지열이는 더 이상 아무 말이 없었다. 남자 아이를 기르는 것이 여자 아이보다 어렵다는 말이 실감났다.

이제 곧 지열이는 '고 3'이 되고, 입시준비에 시달리게 되니, 지열이의 17세 나이도 얼마 남지 않았다. 또 이젠 고통스럽게 나던 여드름도 없어져 얼굴도 깨끗해져 간다.

"어머, 너 코 밑이 왜 그렇게 시커멓니? 세수 안했구나."

어느 날 누나가 힐책했더니

"응, 수염을 안 깎았더니 그래."

하며 쓱 코밑을 문지른다. 지열이는 어느 사이 아빠의 면도를 슬쩍 하는 모양이었다.

“그럼 어서 깎아. 그 잘 생긴 얼굴이 그게 뭐니?”

“그런 소리 말아. 모두들 나를 보고 ‘잘 생겼다’ ‘잘 생겼다’해서 난 정말 내가 잘 생긴 줄 알았잖아.”

“그런데?”

“그런데 어느 날 거울을 보니까 그게 아니더란 말이야.”

“어머, 왜 네가 어때서?”

“자세히 보니까 내 얼굴은 균형이 잡혀 있질 않더라고. 누나 생각해 봐. 날 보고 잘 생겼다고 말하는 사람은 모두가 집에 오는 손님들 아니야. 그러니 그게 아첨이나 그냥 해보는 소리가 아니고 뭐겠어. 괜히 잘 생기지도 않은 얼굴을 가지고 허튼 소리들만 해가지고 날 비참하게 만들었지 뭐야.”

“어머, 그래서 너 비관했니?”

내가 웃으며 물었다.

“비관까진 안했지만, 제가 잘 생긴 얼굴이 아니라는 것은 알았지요. 뭐.”

“너 참 똑똑하다. 얘, 일찍이 주제파악을 다하고.”

누나들이 놀려대었다.

“똑똑한게 아니야. 그동안 정말 남의 말만 믿고 취해있던 내가 어리석은 거지.”

모두 폭소를 터뜨렸다.

인생이 무엇인가? 먹기 위해 사나, 살기위해 먹나? 하느님은 정말 계신 것인가? 그리고 소설을 써보고, 시도 써보며, 그래서 그것이 어렵다는 것도 알고, 자신이 그리 잘 생긴 것이 아니라는 것도 알아가는 지열이의 17세도 저물어 간다.

이 글을 쓰던 중간에 내가 외출했다가 돌아오니 지열이가

"엄마…."

"저 이 글 읽었는데요. 「내 아들 철학자」라고 제목을 붙이시고는 저를 아주 호색가로 만드실 작정이세요?"

"그렇게 느껴지던?"

"네, 아직 끝은 모르겠지만,"

"걱정 마, 이 글을 읽는 독자들은 결코 너를 호색가라고 보지는 않을 테니까."

"저도 독자인데요, 난 독자가 아닌가?…… 아, 참, 나는 모델이지. 그럼 모델료를 받을까요?"

말까지 느물느물해졌다. 고3이 되면 그땐 말하는 것도 징그럽겠지.

지금도 지열이의 방에서 은은히 기타 소리가 들려온다. 공부를 하다가 이따금씩 기타를 치고, 시험이 끝나면 책 한 권을 읽는 지열이. 그렇게 가르치려던 바둑은 일절 두지 않는다. 바둑은 어디까지나 엄마의 취미였던가.

"지열이 저 놈은 수학을 좀 하니까 이과를 가기는 했지만, 문과 계통이 적성에 맞는지도 몰라."

남편의 의견은 이러하다.

"철학을 논하고, 기타를 치며 또 독서를 즐기는 과학자. 그것이야말로 바람직한 것 아닌가."

이제 지열이가 고 3이 되면 어떻게 발전해가며 또 내가 당황하고 놀라게 할지 미지수긴 하지만 나는 어느 때고 자식을 믿어야 한다. 그 자체 그대로 믿어야 한다. 자식을 믿는 것은 그에게 무한히 발전할 수 있는 자유를 주는 것이며, 그 자유를 얻은 자는 곧 책임의식을 갖게 되는 것이니까.

그것은 비단 부모 자식 간의 문제뿐 아니다. 남편이 아내에게, 정부

가 국민에게 믿고 자유를 줄 수 있어야만 그들은 마음껏 성장해 나갈 수 있는 것이다. 불필요한 제약은 오히려 참 창조적인 발전을 저해하기 때문이다. 인간이 동물과 다른 것은 이 자유를 누릴 때 책임을 진다는 것이 아닌가.

1982. 2

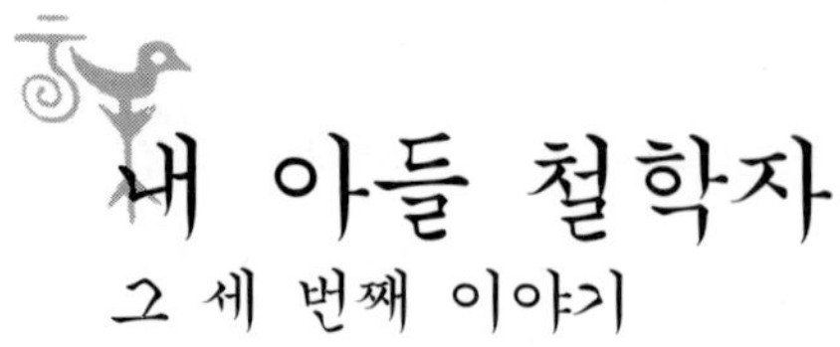

내 아들 철학자
그 세 번째 이야기

만16세의 남자 고교생은 무슨 생각을 어떻게 하고 있는지, 가장 가까운 엄마도 아들의 속을 알 길이 없다. 그저 남의 자식을 보듯 그 변화를 조심스레 바라볼 뿐이다. 신체적인 변화는 눈에 뜨이게 나타났지만 그 내면의 정신적 변화는 도무지 알 수가 없다. 가끔 이야기를 하다보면 "많이 컸구나!"하는 것을 느낄 수 있으나 정확한 정도는 아니다. 어쩌면 엄마보다는 제 누나들과 더 자상히 얘기하기도 하여, 나는 딸들을 통해 간접적으로 아들아이의 변화를 눈치채기도 한다.

지열이는 이러면서 어느새 엄마에게서 조금씩 떨어져 가고 있는 것인지 모른다. 엄마에게서 조금씩 떠나간다는 것도 변화라면 큰 변화이다. 이런 것들이 때로는 엄마인 나를 조금은 섭섭케 했고, 또, 한편으로는 그의 성장이 대견하기도 하다. 말 수가 점점 적어져가고, 자기 방문도 가끔 잠궈 놓기도 한다. 아무튼 자기 생각이 많아진 것은 분명했다.

어느 날 지열이는 갑자기 신神에 대한 이야기를 꺼냈다.

"신이 어디 있어요? 신은 없어요."

그러고는 제 나름의 의견을 펴나가며 의문을 던지기 시작하더니, 곧 잘 나가던 교회에도 발걸음을 중단하고 말았다.

"도대체 하느님이 뭐죠? 하느님은 선善 그 자체 아니에요? 그렇다면 굳이 '하느님'이라는 명칭이 아니라도 되잖아요."

"그래, 네 말도 전혀 틀린 것은 아니지만, 하느님은 꼭 선만이라고는 할 수 없어, 사랑의 하느님, 정의의 하느님, 창조의 하느님 등등 여러 형태를 가지고 계시거든. 너도 알지? 살아계신 하느님, 우리 안에 역사하시는 하느님이라는 말씀 들어왔지 않아."

나는 그 점에 대해 이런저런 얘기를 해주었으나, 자기 생각에만 가득 찬 지열이에게는 내 말이 들어갈 틈이 없었다. 그러더니 그 다음에 지열이는 신神의 부재不在를 들고 나섰다.

"그런데 왜 갑자기 신이 없다는 생각을 하게 되었니? 하느님이 있는지 없는지는 교회에 나가봐야 알지 않겠니. 교회에 가서 목사님과 토론해봐."

"모르겠어요. 교회에서 하는 짓이 마땅치 않아요. 예수를 믿는 어른들도요. 헌금 액수에나 신경 쓰고, 그리고 어른들이 어딘지 저속해요."

나는 아이의 말에 솔직히 조금 놀랐다. 좀 유치하긴 하지만 저로서는 그런대로 느낀 바가 있는 것이 아닌가. 그러던 어느 날 지열이는 평상시의 귀가 시간이 훨씬 지나서도 돌아오지 않고 있었다. 도시락도 가지고 가지 않은 날이라서 점차 걱정이 더 되었다. 지열이는 8시 반이나 되어서 밖이 이미 어두워 졌을 때 돌아왔다.

"왜 이렇게 늦었니? 학교에서 오는 길이니?"

딸들 같으면 야단을 쳤겠지만 남자 아이라 섣불리 야단도 칠 수가 없었다. 남편도 고등학교 때가 제일 어려운 때이니 너무 어린애 취급은 하지 말라는 충고였다.

"선생님 댁에 다녀왔어요."

"그래?"

"신에 대한 토론을 좀 하느라구요."

"그래서… 결론은?"

"결론이 나올 리 있어요? 저는 신이 없다는 주의고, 선생님은 계속 신이 있다고 하시는데…."

더 이상은 물어도 순순히 얘기하질 않았다.

중학생 때만 해도 지열이는 이렇게 뻣뻣하게 굴지는 않았었다. 이런 변화는 고등학생이 되면서부터 나타났다. 더 강하게 물으면 물을수록 입을 다물어 버렸다. 그러니 할 수 없이 나는 자식의 눈치만 볼 수 밖에 없는 것이다. 확실히 자식은 상전이었다.

지열이는 일찍부터 나와 하느님에 대한 이야기를 했었다. 5~6살 쯤 해서는 교회의 어린이부에 다니면서 눈을 꼭 감고 기도도 잘했었다.

국민학교도 마침 미션스쿨을 다녀서 부활절이야기나 예수님의 십자가 이야기를 학교에서 듣고는 엄마에게 자상히 이야기 해주곤 했었다.

"엄마 엄마, 도마는요(예수의 12제자의 하나) 예수님의 못박힌 손바닥을 보고서야 예수님을 알아 보았대요. 예수님은요 나를 보지 않고도 믿는 사람이 제일이라 했대요."

천둥번개가 칠 때는 하늘에 계신 하느님은 천둥이 무섭지 않느냐고 걱정도 했었고, 학교 길에서 지하철 공사장을 보고는 "저 사람들이 땅을 자꾸 파들어 가다가 지옥에 떨어지면 어떻게 하느냐"고, 자못 근심스러운 얼굴을 하기도 했었다.

나는 그런 지열이의 궁금증을 설명해주고, 그 때의 그런 대화들을 동화로 엮어보기도 했었다.

그런데 이제 지열이는 청소년으로 성장을 해서 신의 부재를 들고 나선 것이다. 그만큼 그는 성장했고, 또 성장해 가고 있었다.

어느 날 신학대학의 교수이신 A박사님이 오셨을 때, 우리는 지열이

가 무신론자가 되었다는 말씀을 드렸다. A박사님은 지열이를 상대로

"어디 네 얘기를 들어보자. 왜 무신론이냐?"

고 문제를 펼치셨다.

"첫째로, 신은 우리 인간이 자신이 의지하기위하여 자신보다는 높은 가상의 무엇인가를 만들어 놓은 것이 아니겠어요. 그리고 그를 향해서 그렇게 살라고 하는 것이지요. 그러니 진짜 신은 없지요. 그런데 요즘 와서 저의 생각은 역시 그래도 인간에게는 신이 있어야겠다고 생각해서 유신론으로 바뀌어졌지요."

지열이는 자기 나름대로 비판하고 생각한 것을 이야기했다.

"그런데 말이다. 신은 네가 생각하는 주관적인 그런 것이 아니야. 신은 사람이 만든 것이 아니고 또 하느님은 설명되는 것이 아니야. 어디까지나 네가 하느님의 인격의 말씀을 듣고 네가 느낄 때 너는 그분과 만나는 것이야. 그리고 신은 네가 그분에게 끌려가는 무엇이야. 어떤 강력한 힘에 네가 그분 앞에서 압도당하는 것이다. 나를 압도시키는 그분이 신이야. 마치 사랑하는 사람에게 내가 끌리는 것처럼 너를 눌러서 넘어뜨리는 그분이…"

"그럼 그런 신이…"

지열이는 그럼 그런 신이 어디 있느냐고 묻고 싶은 모양이었다.

"2차 대전 때 히틀러에 저항하다가 많은 사람들이 죽어갔지? 그 때 사람들이 "자, 이런 상황이 벌어지고 있는데 신이 어디 있느냐?"고 했을 때, 저어기 있잖아. 저 죽어가는 사람들말야…"

그 말씀에 돌연 우리 주위가 숙연해 졌다. 남편의 표정도, 두 딸의 얼굴도, 지열이의 눈빛도, 그리고 내 가슴에는 뭉클하고 뜨거운 것이 일었다.

나는 A박사님의 설교를 많이들은 편이지만 그날처럼 압축되고 농도 짙은 신관神觀을 들은 것은 처음이었다.

신의 존재에 대한 물음은 인간이면 누구나 생각해 보는 문제다. 오늘날과 같이 사람을 파리처럼 예사로 죽이기도 하고, 물질이 곧 신처럼 되어있는 시대에서 더욱이 그런 질문이 나올 수 있을 것이다.

일본의 소설가 엔도 슈사꾸遠藤周作씨가 폴란드를 방문했을 때, 그곳 사람으로부터 아우슈비츠수용소를 안내받고 쓴 글이 있다. 독일 나찌스가 3백만에 가까운 유태인을 가스실로 보내거나 폭력으로 학살하고, 살아있는 자들은 강제노동과 심한 고문으로 더할 수 없는 고통을 주던 그 유명한 아우슈비츠 수용소. 엔도씨는 그 때까지 아우슈비츠에 대한 이야기를 책으로만 읽어왔고 들어왔던 그 끔찍한 장소를 직접 눈으로 본다는 것이 썩 마음에 내키지는 않았다고 한다. 그러나 적극 권유한 그 사람은 자기가 그곳 수용소에서 있다가 살아남은 사람이니만큼 잘 설명해 줄 수 있다면서 가보기를 권유했다는 것이다.

아우슈비츠수용소는 병사兵舍와 같은 벽돌건물들로서 줄지어 세워져 있었는데, 건물과 건물 사이는 말할 것도 없고, 그 주변은 모두 날마다 시체가 묻히고 또 묻혔다고 한다.

"직접 체험하지 않은 사람은 이해하기 어렵지요." 안내원은 말하며 건물 안을 안내했다. 안내된 건물 안에는 죽은 사람들의 머리카락이 산더미처럼 쌓여있고(이것은 독일에 가지고 가서 카페트의 재료로 사용되었다고 한다) 그밖에도 안경 등 재소자들이 가지고 있었던 소지품이 한구석에 그대로 쌓여있다. 중노동을 시키는 재소자들에게는 하루에 빵 한 개와 약간의 스프만 주었기 때문에 극도의 영양실조에 뼈와 가죽만 남았는데 그들의 해골 같은 몰골의 사진이 건물 안에 걸려있는데, 이들은 굶주림과 심한 노동에 그 자리에서 쓰러져 죽거나, 아니면 더 이상 노동을 할 수 없다고 판단되어지면 다음은 가스실로 끌려 가 죽을 수 밖에 없었다. 또 다른 건물 안은 당시 재소자들이 잠자던 침대가 삼단으로 되어있는데, 각 단의 폭은 1미터 80센티 정도로 여기서 여섯명 내지 아홉명이 자리가 좁아 가까스로 옆으로 누워서 자야만 했다는 것이다. 이불이라고는 한 단마다 모포 한 장 뿐이어서 자연 가장 힘 센 자가 많이 차지하게 되고, 또 가장 힘센 자가 추위를 덜기 위해 자리도 가운데를 차지하고 잤다. 약한 자는 결국 이리 밀리고 저리 밀려서 끝자리에 있을 수 밖에 없었다. 변소는 콘크리트 사이에 홈이 길게 파있고, 그 위에 나무 판대기가 둥글게 파헤쳐 있어, 주어진 시간에 한꺼번에 2백 명이 일을 보아야 했는데 물론 거기에는 휴지도 있을 턱이 없었다. 그러한 실정이니 그들의 식기가 때로는 용변기도 될 수 밖에 없었다고 한다.

이렇게 당시의 비참한 생활을 낱낱이 보여주는 건물 하나하나를 둘러보면서 엔도씨를 제일 괴롭게 한 것은 낭하에 걸려있는 당시 재소자들의 사진들이었다고 한다. 정면과 좌우를 찍은 3장의 사진들은 처음에는 모두 남자인줄 알았는데 가까이 가서 보니, 머리는 까까중으로 깎이고 공포와 영양실조로 유령처럼 된 여자의 얼굴도 반 이상이었다는 것이다(이 장면은 얼마 전 우리나라 TV에서도 방영된 아우슈비츠 수용소의 이야기인 "죽음의 연주"에서도 본 바가 있다).

건물 하나를 보고 나올 때마다 그는 안내자의 뒤에서 크게 숨을 쉬었다고 한다. 왜냐하면 건물 속에는 아직도 공포와 죽음의 냄새가 충만해서 그것을 토해내야만 했다는 것이다.

건물 밖은 예외 없이 모두 무덤이었고, 마당 한 가운데에는 두개의 기둥이 서있는데, 이것은 도망자가 생기면 본보기로 재소자 중에서 열 명씩을 뽑아 교수형을 시킨 교수대였다.

저자는 몇 개의 건물을 보고 나와, 마지막으로 10호와 11호 건물 앞에 섰다. 그는 일찍이 이 두개의 건물에 대해서는 너무 많이 들어왔기에 숨을 죽이면서 안으로 들어갔다고 했다. 이 두 건물의 이야기는 나찌의 의사들이 나이 어린 소녀와 쌍둥이들에게 숱한 병균을 넣어주고 생체生体실험을 하고 나서 죽인 곳이었다. 그뿐 아니라 11호 건물은 고문과 처형만을 위한 것이었다. 이 두 건물 사이에는 총살형을 집행하는 형장이었던 것이다.

그 옆 또 하나의 건물에 대해 안내자는

"이곳은 독일 친위대 장교의 심문실이지요." 했다. 그 말을 듣고 들어서니, 책상과 의자와 벽에는 당시 히틀러의 사진이 아직도 걸린 채였다. 옆에는 재소자들이 밤에 잠을 못자도록 괴롭히던 방이 있고, 또 그 옆에는 고문실과 고문용 도구가 그대로 진열되어 있었다.

사형수 중에서 즉각 총살 당한 사람들은 그래도 행복한 편으로, 최대의 고통을 받고 죽임을 당한 사람들은, 벌거벗겨져서 지하실로 데려가졌는데, 거기에는 가스실과 아사실餓死室이었다. 이 아사실에 넣어진 사람들은 물 한방울 빵 한조각도 주지 않아 그대로 굶어죽은 것이다. 또 하나의 방에는 창문이 하나도 없었는데, 140명이나 되는 재소자를 처넣고 질식시켜 죽이는 방이었다. 그 안에 들어간 사람들은 문틈으로라도 공기를 맡으려고 아우성을 치다가 죽어간다. 그 방벽에는 무수한 손톱자국이 있는데, 그들의 괴로운 몸부림의 흔적이라고 했다. 아사실에 넣어진 사람들은 대체로 2주일 만에 죽었는데, 기록에 의하면 그들은 굶주림보다도 갈증에 못 견디어 자신의 오줌을 마시고 벽을 핥고, 몸부림치며 죽어갔다고 한다. 이 두 방의 문에는 열쇠구멍보다 약간 큰 구멍이 있었는데, 이것은 나찌 감시원들이 날마다 들여다보면서 몇이나 죽었는지 확인하던 것이라는 것이었다.

저자는 이 수용소를 보고 호텔에 돌아와서, 어떻게 할 수 없는 기분으로 술을 마셨고, 그리고 이 죽음의 수용소를 직접 보기 전에 여기에 관한 수많은 기록을 읽은 것을 하나하나 되살리며 눈물을 흘렸다고 한다.

아우슈비츠수용소 소장 헤스가 옥중에서 쓴 수기에 의하면 그가 제일 고민한 것은 학살한 시체의 처리 방법이었다고 한다. 매일같이 수

천명의 시체를 처음에는 수용소 근처에 묻었으나 나중에는 더 이상 묻을 장소가 없어서 결국은 소각 난로를 몇 개 만들고, 타다 남은 뼈는 재소자들로 하여금 가루로 만들게 했다는 것이다. 그런가 하면 그 재소자 중에는 가스실에서 운반되어 나온 시체 속에서 잃어버렸던 아내나 자식을 발견하기도 했는데, 그들은 순간 놀라나 곧 아무 일도 없었다는 듯이 자기 처자의 시체도 다른 시체와 똑같이 자기 손으로 태우고 가루로 만드는 작업을 진행했다고 헤스의 관찰 기록에 적혀 있다.

나도 그전에 빅터·프랭크가 자신의 체험을 엮은 여러 권의 저술을 보았는데, 수용소에서의 극한 상황에서, 재소자들이 어제까지의 친구였고 옆에서 자던 동료의 죽음도 고통 없이 무감동하게 되어, 최후의 굴종에 까지 익숙해져간 것이 구체적으로 쓰여 있었다.

인간이란 무엇인가. 지난번 TV에서 방영되었던 <죽음의 연주>에서도 보았듯이 독일친위대 대장이나 수용소장등 기타 감시원들도 누구나처럼 어린아이를 귀여워하고, 밤이면 모차르트에 심취하기도 했다. 수용소 소장 헤스는 하루에 수천 명을 죽이도록 명령하고 자기 눈으로 그들의 고통스러운 죽음을 목격하고 그리고 나서 집으로 돌아가서는 아이들의 머리를 쓰다듬고 과자를 주는 좋은 아버지요, 믿음직한 남편이었다고 한다.

그런데 엔도씨가 그날 밤 호텔에서 빅터·프랭크의 「밤안개」를 다시 읽으면서 눈물을 흘린 것은 그런 잔인무도한 현장인 극한 상황에서도 재소자들 중엔 인간의 사랑이 결코 말살되지 않았다는 발견이었다. 죽음의 공포와 폭력과 에고이즘의 소용돌이가 맴도는 죽음의 수용소에서 매일 따뜻한 말을 친구에게 건네고 서로 위로하고 격려하며, 그리고 나보다 약한 동료에게 자신도 모자라는 양의 작은 빵을 나누어준 사람이 있었다는 것을 프랭크는 증명했던 것이다. 물론 그 수는 아주 적었지만, 이름난 성인聖人도 아니요, 힘센 영웅英雄도 아니면서 그들은 그렇게 위대했었다고 한다. 그들은 아마도 어느 작은 마을에서 사랑하는 가족이나 이웃과 함께 인사를 나누면서 자기 일에 만족하고 충실히 살던 가난한 서민, 사람들일 것이라고 저자는 말했다. 그렇다면 역시 인간은 믿을 수 있는 것일까….

엔도씨는 아우슈비츠의 비참한 현장을 목격하고 나서 견딜 수 없는 구토와 불쾌감을 달래기 위해 술을 마시면서 수용소를 걸어 다녔던 자신의 구두를 벗어 신문지에 싸서 호텔 창 밖에 버릴 정도로 인간에 대해 절망했었다고 했다. 그러나 빅터 프랭크의 「밤안개」를 다시 읽으면서 그 속에 인간 사랑이 있음을 다시 발견하고 울었다.

인간 사회는 도식적으로 확대하는 자, 학대 받는 자. 희생자, 폭력을 휘두르는 자, 그것을 참고 견디는 자등 크게 둘로 나눌 수 있다. 그러나 학대받는 피해자들 속에서 그것을 극히 소수의 사람들에 의해 인간의 따뜻한 사랑이 지켜졌다던 것이다. 그리고 어쩔 수 없이 가해자들 속에 낀 독일인들 중에도 자신의 힘이 미치는 범위 내에서 인간적인 따스함을 재소자들에게 보인 사람이 있었다고 한다.

프랑케라는 독인친위대 장교는 적어도 자기 방에서 일하는 재소자들만은 여하한 방법을 써서도 죽음에서 그들을 보호했다는 이야기도 있다. 이 이야기는 우리에게 그래도 약간의 광명을 찾게 해주는 것이 아닌가. 그렇다면 그런 인간적인 사랑이 있었으면서 왜 더 적극적으로 생명을 걸고 당신 나라 독일의 잔인무도한 동료들에게 항거하지 않았느냐고 비난할 권리는 우리들에게는 없다고 저자는 말했다. 그런 상황속에서 자기의 최선을 다해 따뜻한 말 한마디, 빵 한조각을 재소자들에게 나누어 주며 그들을 도왔다는 것만으로도, 이들은 자신의 힘껏 최선의 노력을 했다고 보아야 한다. 왜냐하면 폭력적 상황에 가담했거나 아니면 그 현실을 외면한 사람이 더 많았기 때문이다.

그런데 같은 재소자의 입장으로 자기 목숨을 던져 다른 재소자를 구한 사람이 있었다. 우리나라에서도 익히 알려진 맥시밀리안·꼴베 신부이다.

꼴베 신부는 일본에서 한동안 포교하다가 폴란드로 돌아가 1941년에 아우슈비츠 수용소로 보내졌다. 폴란드 교회에서 가장 높은 칭송을 받자 반 나찌라는 죄목으로 잡혀 수용소로 보내졌다. 신부는 그곳에서 다른 재소자들과 똑같이 중노동을 하고, 동료들의 시체를 운반해야만 했다. 그런 어느 날 7월 하순. 그의 건물에서 도망자가 나왔다. 그 건물에서 10명의 재소자를 뽑아 본보기로 죽이게 되어있다. 예외 없이 전부를 세워놓은 속에서 10명을 골랐다. 카이오니 체크라는 사나이가 그중에 뽑혔다. 그는 머리를 쥐어뜯으면 통곡을 했다. 그때 그 줄에서 마르고 안경 쓴 한 재소자가 앞으로 나오더니, 자기가 저 사람 대신 죽겠다고 친위대 장교에게 자청했다. 왜냐하면 자신은 처자식이 없는 신부이나 저 사람은 그를 필요로 하는 처자식이 있다는 것이었다.

이렇게 해서 꼴베 신부는 그 사람 대신으로 다른 9명의 재소자들과 함께 죽음의 11호 건물 지하실로 끌려갔다. 벌거벗기고 앞서 말한 아사실에 넣어졌다. 숨을 거둘 때까지는 빵 한조각도 물 한모금도 없다. 때는 한참 더위의 여름이었다. 당시 몇몇 사람들의 증언과 기록에 의하면 꼴베 신부가 들어간 아사실에서 매일 기도소리가 흘러 나왔다고 한다. 그러나 그들도 갈증에 못 견디어 자기 오줌을 마시고 벽을 핥고 몸부림치며 죽어갔다. 열흘이 지났다. 아직도 생명이 끊어지지 않은 사람들 속에 신부가 있었다. 그는 힘을 다할 때까지 기도했다. 그것은 결코 살려달라는 내용은 아니었을 것이다. 아사실에 들어간지 2주일 후인 8월 14일 헤스의 명령으로 석탄산 주사를 정맥에 맞고 최후를 마쳤다고 한다.

프랭크가 「밤안개」에서 밝힌 바와 같이 "극히 적은 수의 사람들" 가스실과 고문과 주림의 생지옥 속에서도 사랑을 베푼 사람들, 또는 남을 위해 자신의 생명을 바꿔 아사실에서 죽어간 신부, 그들의 행위 역시 하나의 투쟁이었다고 했다. 인간이 인간 아닌 것으로 떨어져가는 세상에서 인간만이 할 수 있는 정신적인 인간애를 증명해준 거룩한 투쟁이 아닐 수 없다 하겠다. "친구를 위해 죽을 수 있는 것 만큼 큰 사랑은 없다."고 성서에는 있다. 그리고 그 말씀은 수용소 안에서 분명히 실행되었던 것이다. 프랭크는 그러므로 인간에게서 어떠한 극한 상황도 자유를 빼앗을 수는 없다고 결론지었다.

아우슈비츠를 방문한 사람들은 최종적으로 "신이 있느냐?"는 문제에 부딪힌다고 한다. 그리고 그 참상을 보고는 "신이 어디있어? 신은 없는거야."하고 결론짓는다고 한다. 그것은 너무나 당연한 얘기인지도 모른다. 그러나 그 지옥 속에도 꼴베 신부과 같은 사람들이 있음을 알았을 때, 우리들은 "역시 신은 계시구나!"하고 소리칠 수 밖에 없었다고 엔도씨는 말했다. 그들은 몸으로 하느님의 존재를 증명해 주었기 때문이다. 저 십자가에 못 박힌 예수의 이미지가 없었더라면 꼴베 신부도 자신의 죽음 앞에서 통곡한 카이오니 체크를 위해 스스로 나서지는 못했을 것이라고 엔도씨는 끝을 맺었다.

이처럼 엔도 슈사꾸나 빅터 프랭크의 글을 읽을 때마다 나는 가슴 찌릿한 전율을 느낀다. 그리고 이것이 바로 나를 압도하는 것이다. 인간의 극한적인 잔악성에 절망하다가도 어느 구석에선가 자기를 희생하는 따뜻한 사랑의 빛이 보일 때, 그 순간 가슴이 떨려오면서 눈물이 흐르는 것이다. "하느님은 계시다!"하고.

꼴베 신부는 예수의 십자가에 압도당했다. 뿐 아니라 예수의 십자가는 전 인류의 대속代贖이었다. 그러므로 그의 이미지는 지금도 몰리서 가까이서 또 우리 주변에서 남을 위해 자신을 버리는 사람, 작은 남의 일에도 가슴 아파하고 이웃을 도와가며 살아가는 것이 아닌가.

나는 엔도씨의 글을 다 읽고 마지막장을 덮으면서 나를 생각해 본다. 나는 과연 누군가를 위해 내 빵을 얼마나 나누어 주었는가. 내 믿음이 내 행위와 일치하고 있는가의 자신에 대한 물음이 파도처럼 밀려오고 밀려간다.

예수께서는 의인義人의 나라에 들어가는 이유를 이렇게 말씀하셨다. "너희 형제 중에 가장 보잘 것 없는 자가 헐벗었을 때 옷을 주고, 감옥에 들어갔을 때 찾아주고, 목마를 때 물을 준 자가 그들이다."라고.

아우슈비츠 수용소장 헤스가 집에서는 착한 아버지요, 남편이었다고 해서, 그가 베토벤을 즐기는 교양인이었다고 해서 그래도 그는 인간적이요 인격자였다고 할 수 있을까. 마찬가지로 신앙을 갖는다는 것은, 하느님을 믿는다는 것은 적어도 이와 같은 이중적 자기분열은 막는 것이 아닌가.

지열이는 신의 존재에 회의를 가졌다. 그것도 하느님이 무엇인가를 추구하는 과정이라고 보고 싶다. 나 역시 이런 과정이 있었다. 하느님을 회의하고 부인도 해보고 그래서 도피도 했으나 하느님은 나를 버리지 아니하시고 늘 내 곁에 계셨음을 알았을 때 나는 새롭게 눈뜨고 보잘것없는 자신을 인식하고 그래서 내 주위에 감사라지 않을 수 없고… 이런 과정이 남들보다 더디기 때문이었을 것이다.

회의하는 지열이, 고민하는 지열이, 사색하는 그는 언젠가 어른이 되었을 때 자기 철학을 가지고 신앙을 가지고 살아갈 것을 나는 믿는다.

1982. 7

별을 보는 지열이

대학 입학시험에 불합격하여 재수를 하는 아들을 바라보는 엄마의 마음은 살얼음을 건너가는 것같이 가슴 조이며 불안으로 가득 차있다. 고등학교에 다닐 때도 여러 가지로 걱정이 되기도 했었지만 어디에도 소속감이 없는 재수생 본인에 비할 바가 못 된다는 것도 알게 되었다.

두 딸 아이는 단 한 번의 낙방 경험이 없이 대학원까지 진학을 했었기에 아들의 낙방은 나에게 큰 충격이 아닐 수 없었다. 당사자도 낙방에 대한 실의와 소속감 없는 불안이 컸겠지만 그런 자식을 바라보는 부모의 마음 또한 안쓰럽기 그지없는 것이다.

아침에 수면 부족으로 잔뜩 못마땅한 얼굴을 하고 가방을 매고 학원에 나가는 아들의 뒷모습을 보는 엄마로서는 그저 기도밖에는 다른 것을 할 수 없었다.

학원에서 돌아오는 시간이 너무 늦거나 또는 너무 일러도 엄마는 혹시나 하고 신경을 곤두세우게 된다. 설마하니 내 자식이……. 하는 아들에 대한 신뢰감이 있음에도 불구하고 가끔 불신이 가슴 속에 번쩍거리는 때도 없지 않다. 고등학교 시절에는 곧잘 가족들을 웃기던 그 여유도 없어지고 그 애 방에서 흘러나오던 기타소리도 이제는 거의 들리지 않는다. 그만큼 자신도 정신적 여유가 없는 것이다. 내 아들을 믿고 또 믿고 싶으면서도 엄마는 가끔 아들이 화장실에 갔을 때 살짝 방에 들어가서 떨리는 손으로 가방이나 바지주머니를 만져 볼 수밖에 없다. 혹시 담배를 피우는 것이 아닌가 하고. 다행히 담배 냄새는 나지 않았지만 밤늦은 시간에 귀가하는 아들에게서 술내음이 풍길 때 엄마의 가슴은 벼랑으로 떨어지는 기분이 되는 것이다.

"사내자식이니 술 좀 마셔도 돼."

남편은 나의 염려를 대수롭지 않게 넘겼지만, 그도 내심 은근히 걱정이 되는지 다음날 아침에 지열이가 일주일에 몇 번 술을 마시고 들어오나 잘 살피라고 말했다.

그런데 감시라는 것만큼, 하는 사람이나 받는 사람이나 불쾌한 것이 또 어디 있을까. 아들을 못 믿기 때문이라기보다는 걱정이 되어서 그런 것이긴 하지만……. 오늘은 어떤 얼굴로 들어오나 하고 미리 염려하는 것은 편안한 마음이 아니다. 잔뜩 촉각을 세우고 문을 열어주는 내 얼굴은 그리 밝지 않을지도 모른다. 실의와 피곤과 편안하지 않은 마음으로 귀가하는 아들의 표정부터 살피는 것은 그리 유쾌한 일이 아니기 때문이다. 엄마만 아니고 가끔은 아빠까지 걱정스러운 얼굴로 아들의 귀가를 맞는 것은 애정으로 느껴지기보다는 무거운 부담감이라고 생각되어 오히려 역효과가 될지 모른다는 걱정도 되었다. 재수 생활을 한 지 5~6개월이 고비라고 경험자가 한 말이 기억났다. 술이나 담배보다 겁나는 것은 학원 주변에 산재해 있는 당구장이나 이성교제라고 하는 사람도 있다. 이 두 가지에 빠지면 재수를 도중하차하거나 또 한 번 실패하기 십상이라고도 했다. 그런데 어떻게 일거수일투족을 모두

감시할 수 있단 말인가.

어느 공휴일, 지열이는 학원에서 보충수업이 있다고 하면서 나갔다. 보통 일요일과 공휴일은 학원도 쉬는 날이지만 가끔 보충수업이 있기도 했다.

남편과 나는 도대체 학원이 어떤 분위기인가 하고 궁금해서 한 번 가보기로 했다.

서울역 근처에 있는 J학원은 대부분 일류대학을 떨어진 낙방생들이 입학시험을 치루고 선발되어 다니는 세칭 일류학원이다. 철로를 옆에 끼고 있는 어수선한 주변에 동서남북으로 종횡무진으로 교차하는 차량들이 들끓는 속에 5층 정도의 우뚝 선 건물이 J학원이었다. 같은 서울 장안이지만 나는 처음 와보는 거리였다. 건물 앞으로 가니 고등학생도 아니고 그렇다고 직업인도 아닌 청소년들이 가방을 들고 건물 안과 밖을 들락거렸다. 남학생도 있고 여학생도 있었다. 머리가 짧은 아이들은 금년에 들어온 재수생이고 머리가 제법 길어서 옆으로 넘겨진 젊은 이들은 3수, 4수를 하는 아이들이라는 것을 알 수 있었다.

현관 앞에 두어 명의 수위가 서 있었다. 그들은 우리를 보자 무슨 용건이냐고 물었다. 우리 아이가 이 학원에 다니는데 학원 분위기를 좀 보려고 왔다고 하니까 쾌히 들어가라고 했다. 몇 반이냐고 물어보고 3층까지 안내를 해주었다. 오늘 보충수업이 있었느냐고 물었더니 오전 중에 있었는데 반마다 보충수업이 다 다르니까 잘은 모르겠다고 했다.

학원의 건물 내부는 황량하고 살벌하기까지 했다. 복도의 벽면엔 낙서가 가득했고, 교실에 빈틈없이 늘어서 있는 낡은 의자들, 덩그마니 걸려있는 칠판 하나, 대낮인데도 어두컴컴한 천장에는 희뿌연 형광등과 그 사이 사이에 선풍기가 무겁게 매달려 있었다. 어느 영세공장이나 창고를 연상시키는 분위기였다.

한 교실에서 몇 명이나 공부하느냐고 물어 보았다.

“아마, 3백 명 정도 될 겁니다.”

한 반에 3백 명이라니, 친구 사귀기도 어려울 것이다. 선생님도 아이들의 얼굴이나 이름도 기억 못할 것이다. 어쩌면 알려고 하지 않을지도 모른다. 안내해준 수위에게 평일에는 보통 몇 시에 끝나느냐고 물었더니 수업 종료시간은 4시라고 했다. 우리 애는 밤에 늦게 들어오는 날이 대부분인데……. 그럼 어디서 무엇을 하고 들어오는 것일까.

J학원을 둘러보고 나오려는데 복도나 현관에서 담배를 피우고 있는 아이들의 모습이 눈에 띄었다. 주변에 늘어서 있는 술집과 당구장이 너무 많은 것을 보고 가슴이 뜨끔했다.

“설마하니 지열이가 저런 데에 출입을 하지는 않겠지.”

“그렇게까지야 하겠어. 우리, 자식을 믿읍시다.”

남편은 한층 내려앉은 나의 어깨를 가볍게 두드렸다.

그러나 학원이 끝나고 어디에 있다가 오는지 지열이에게 묻지 않을 수 없었다.

“도서관에 가기도 하고 친구를 만날 때도 있어요.”

“도서관에 가도 좋지만, 네가 지금 친구 만나서 놀 때는 아니잖니!”

친구를 만난다는 말에 나는 벌컥 화가 났다.

“전 친구를 만나면 안 되나요.”

“안 된다는 것이 아니라, 지금은 그럴 여유가 없다는 말이야.”

엄마의 태도를 이해하기 어렵다는 듯이 지열이는 잠깐 쳐다보고 다시 고개를 숙였다. 그 순간 나는 어떤 섬뜩함을 느꼈다.

“물론 친구도 중요하지. 그런데 지금이 어떤 때인지를 잘 생각해 봐. 하루 종일 책을 붙들고 앉아있어도 시원치 않을텐데….”

여기까지 말을 하다가 자식의 대학입학만을 원하는 욕심 많은 엄마의 모습이 여지없이 들어난 것처럼 느껴져서 나도 모르게 입이 다물어졌다. 그렇다고 네가 알아서 하라고 그냥 둘 수도 없는 일이 아닌가.

이왕 말이 나온 김에 분명히 할 것은 말하고 넘어가야 한다는 생각이 들었다.

"하여간 기회는 한 번 밖에 없다는 각오로 공부해. 엄마를 이런 소리 자꾸 하는 속물로 만들지 말고."

날씨가 더워지면서 지열이의 학원 성적이 많이 떨어졌다. 이쯤 되면 엄마 혼자로서는 될 일이 아니었다. 나는 남편에게 SOS를 칠 수밖에 없었다. 마침 남편이 해외 출장을 가게 되어서 자연스러운 기회가 마련되었다. 남편에게 상황을 설명하고 나서 너무 야단을 치지는 말고 부드럽게 훈계하라고 몇 번이나 사전에 말해두었다.

"그래, 요즘 어떠니?"

물론 성적표를 가운데 놓고 이야기하는 것이다. 아이는 무릎을 꿇고 앉아서 고개를 숙이고 있었다.

"이 성적이 네 실력의 전부이니? 아무리 생각해도 아빠는 믿을 수가 없어. 고등학교 다닐 때도 이런 성적은 받은 일이 없다고 생각되는데. 네 생각은 어때? 이렇게 성적이 떨어지는 데는 분명히 이유가 있을 거야. 처음 배우는 것도 아니고, 두 번 되풀이하는 것인데 몰라서 그럴 리는 없고, 이건 필경 네 정신이 다른 데 가 있다는 증거라고 볼 수 있어. 담배 피우니? 술 마시니? 당구장에 출입하니? 아니면 여자친구가 생겼니?"

"………."

지열이는 그 어느 것에도 긍정도 부정도 하지 않고 묵묵히 앉아 있었다.

"대답이 없다는 것은 모두 긍정으로 받아들여도 된다는 것이냐."

그러자 지열이는 숙였던 고개를 한 번 들었다가 다시 숙였다.

"좋다. 내가 말한 것이 사실이든 아니면 아빠가 말하는 것을 무시하든지 둘 중에 하나일 거야. 넌 내 자식이야. 고등학교는 졸업했지만 아직 스무 살도 안 된 미성년이야. 그래서 아빠는 너를 교육시킬 의무가 남아있어! 여보, 가서 몽둥이 가져와."

우리가 자식을 때린 것은 아마 아이들이 초등학교 시절 서너 번 있을까. 그러나 그것은 사랑의 매 정도였다. 중학생이 된 다음에는 회초리를 든 적이 거의 없었다. 나는 당황하지 않을 수 없었다. 남편이 이렇게 강하게 나오리라고는 미처 몰랐다.

"아빠는 너보다는 기운이 없을지 몰라도 아직은 너를 훈계할 기운은 남아있어. 어서 가지고 오라는데 뭐하고 있어!"

나는 정말 남편이 최악의 사태까지 몰고 가는데 내심 놀랐다. 내가 엉거주춤하고 있는데 지열이가 마지못해 무거운 입을 열었다.

"지금 말씀하신 거 제게 해당되지 않아요. 술은 가끔 마실 때도 있지만."

"그래…. 그럼, 왜 성적이 갑자기 떨어졌지? 분명히 어떤 이유가 있을 거야."

"저…… 회의가 생겼어요."

"회의?… 무슨 회의?"

"이렇게까지 해서 공부를 해야 하나 하는 생각이 들어요."

나는 가슴이 철렁 내려앉았다. 공부하는데 회의를 느꼈다니, 그럼 공부를 중단하겠다는 말인가.

"어떤 뜻이냐? 공부가 싫어졌니?"

"그게 아니고, 이런 분위기가 싫어요. ……질식할 것 같아요. 모든 게 내겐 정지된 것 같아요."

울먹이는 목소리가 방 안에 가득 메아리쳤다. 나도 순간 뜨거운 눈물이 흘러내렸다. 남편의 음성도 낮게 가라앉았다.

"무슨 뜻인지 알겠다. ……하지만 이건 너의 업보야. 네가 좀 더 공부를 열심히 하지 않았기 때문에 생긴 결과야. 너뿐만 아니라 대학 낙방하고 재수하는 아이들이 다 그렇게 느낄 거야. 그렇다고 모두들 회의하는데 시간을 보내고 있니…… 물론 18세라는 너희 나이에는 회의가 생기는 것도 당연하지만 혼자서 회의하면서 갈 길을 못 찾는다면 너의 앞날은 어떻게 되겠니. 대학 입시에 재수가 있는 것은 특혜일 수도 있어. 대학을 가고 싶어도 못 가는 아이들도 많은데, 1년 동안 노력해서 성적을 올리면 대학에 갈 기회를 받는 것이니 얼마나 감사한 일이냐. 한 번 흘러간 시간은 다시 오지 않아. 그런 귀중한 시간을 회의하는 데에만 허비할 수는 없단다. 회의가 생기면 빨리 문제 해결을 하고 다시 앞으로 나아가야 하는 거야. 재수 생활을 하면서 너는 많은 것을 깨닫고 느껴서 더욱 성장하면 되는 거야. 너는 충분히 그렇게 할 수 있다고 생각한다. 이제 몇 달 남지 않았어."

눈물이 코로 흐르는지 지열이는 훌쩍거렸다. 나는 가슴이 저리도록 아팠다. 이제까지 아무런 어려움도 없이 순탄하게 자라왔기 때문에 재수라는 생활에 적지 않은 갈등을 느끼는 모양이었다.

"나는 한 달 후에 돌아온다. 그 때까지 성적을 너의 참 실력으로 환원시켜 놓기로 약속하자."

남편은 손을 내밀었다. 지열이는 자신이 없는지 소극적으로 손을 내밀었다.

이런 법석을 치루고 남편이 출장을 간 후 나는 며칠간 잠을 이루지 못했다. 지열이가 느끼는 괴로움은 고3 때의 것과는 다른 것이기에 엄마의 초조와 안타까움도 더한 것이다.

마침 J학원에 나의 대학 동창이 국어선생으로 있다는 소식을 듣고 나는 어느 날 큰 맘 먹고 찾아갔다. 혹시나 아이가 보면 어떡하나 하는 우려가 있기는 했지만 수업이 진행되는 시간에 친구를 만났다. 선생님들의 교무실도 아이들의 교실과 별반 다를 것이 없었다. 선생님들은 계속 들락거렸고 개인용 책상이 있는지 없는지 좁은 공간이 오고 가기도 불편할 정도였다. 나의 친구 P는 놀라는 얼굴로 나를 맞았다.

"아들이 여기에 다니고 있다고? 몇 반인데? 우리 반은 아닌 것 같은데…. 16반이라면 R선생반이야. 지금 수업이 없는지 마침 자리에 있네."

친구는 R선생을 손짓으로 불렀다. 재수생학원에는 담임선생을 찾아오는 학부모가 거의 없는지 R선생은 어리둥절한 얼굴로 나를 쳐다보았다. 나는 그동안 있었던 일을 말했다.

"홍역을 치루시는군요. 워낙 수가 많아서 아이들을 하나하나 기억을 못 합니다. 성적이 아주 좋은 아이나 말썽꾸러기만 기억하지요. 제가 한 번 불러다 말해 보지요. 솔직히 말해서 학원에선 사제지간이라는 의미도 없습니다만…… 그러나 이야기를 들어 보니 큰 걱정하실 것은 없는 것 같습니다. 그 정도 가지고는."

나는 R선생님에게 잘 부탁드린다고 인사를 하고 나왔다. 여기저기 몰려서서 담배를 피우거나 이야기를 하고 있는 재수생들을 보면서 이 고비를 잘만 넘긴다면 재수는 전화위복이 되는 체험의 기회가 될 수 있다는 위안을 해보았다.

졸음이 오는 것을 억지로 참고 지열이의 귀가를 기다리고 있는데 차임벨이 울렸다. 시계를 보니 11시였다. 뛰어나가서 대문을 열었는데 지열이의 모습이 안 보였다. 이상하게 생각되어 대문 밖으로 한 발자국 나가 보니 지열이가 밤하늘을 올려다보고 있었다.

"왜 하늘을?"

"별을 보고 있었어요."

우리의 머리 위에는 별들이 무수히 반짝거리고 있었다.

"엄마도 별 좀 보자꾸나."

나도 지열이 옆에서 별을 보았다. 여름밤의 별들은 유난히 초롱초롱 빛났다.

별을 볼 줄 아는 지열이는 결코 중도에 포기하지 않을 것이라고 나는 말없이 아들의 얼굴을 쳐다보았다. 마치 내 앞에 있는 또 하나의 별을 쳐다보듯이.

1983. 8

아들과 떠난 여행旅行

아들아이의 대입 학력고사가 끝나자 그 동안의 노고와 심리적 갈등과 상처를 달래주기 위하여 나는 그 애와 같이 여행을 했으면 하는 생각이 있었다. 마침 그런 기회가 온 것이다. 고高3 때도 시험 공부 하는 것이 보기에 안쓰러웠는데 뜻하지 않게 재수라는 고3보다도 몇 배 고통스러운 것을 경험해야 했던 것이다. 한참 새로운 것에만 발돋음 하고 싶은 나이에 그 지긋지긋한 고3학습을 한해 다시 되풀이 한다는 것은 본인에 있어선 지옥과 같은 나날이었을 것이다.

재학시절에는 같은 또래와 아무런 뒤짐도 없이 또 집에선 부모로부터, 학교에선 선생님으로부터 격려와 힐책을 받아가며 공부를 했건만. 일단 고등학교를 졸업하고 재수생이라는 함은 그야말로 이 사회에 그 어디에도 속하지 못한 무소속이고 또 오로지 본인의 자유의지로만 버틸 수밖에 없기 때문에 그의 모든 것이 옆에서 보는 사람으로선 위태롭기 그지 없었다.

아침 일찍 간밤의 수면부족으로 퉁명스럽게 무거운 책가방을 들고 학원에 가는 아들아이의 얼굴에 미소라는 것은 찾아볼 수도 없었다. 밤늦게 돌아오는 아이의 입에서 알코올내음이 풍겨올 때면 나는 혹 자식 하나 빗나가는 것 아닌가 하며 불안해지기도 했다. 그뿐 아니었다. 학원으로 간 그 애의 방에서 학과 공부대신 세계문학 책들이 간밤에 본대로 펼쳐져 있을 때도 더러 있었다. 저놈이 아직도 정신을 못 차리고 있구나, 초조해지기도 했다. 독서를 좋아하고 음악을 즐기는 것은 무엇보다도 좋은 것이건만 대입이 끝날 때까지는 유보해 주었으면 하는 속물스러운 나의 마음을 그는 조금도 참작해 주지 않았던 한 해였다.

학력고사를 어떻게 치루었는지 전혀 말이 없던 것은 못 봤다는 것보다 일단은 길고 어두운 터널을 벗어난 허탈감에서였으리라. 그러한 아이는 날마다 방에서 기타만 치고 있었다. 그래 여행을 하자고 했더니 순간 기쁨을 감추지 못 하고 응했다.

아빠는 즉시 부산행 새마을 열차표를 끊어다 주었고, 누나들은 "지열이는 좋겠다."며 선망의 눈치를 주었다.

아들과 엄마는 이렇게 하여 둘만의 여행을 떠났다. 가족 전부의 여행은 많았으나 아들과 단둘이 떠나는 것은 처음이었다.

기차가 서울 근교를 벗어나자 지열이는 『동양고사東洋古事』를 꺼내어 읽기 시작했다. 나도 습관처럼 들고 온 책을 꺼내 들었으나 얼마 안 가서 내 시선은 차창 밖으로 옮겨졌다. 추수를 마친 뒤 휴식을 취하는 스산한 경지와 회색하늘 아래 앙상하게 줄지어 서있는 퇴색한 다갈색의 잡목들……. 그리고 수년간 새마을 취락운동으로 초가집대신 서구식으로 지어진 알록달록한 지붕의 농가를 뒤로 뒤로 보내며 겨울 정경에 심취했다.

"겨울여행은 을씨년스럽기도 하지만, 겨울에만 맛볼 수 있는 것이 있단다."

내 말에 지열이는 책에서 차창으로 시선을 돌렸다.

"늘 느끼는 것이지만 겨울풍경은 뭔가 가려진 것이 하나도 없는 원형을 드려다 보는 것 같은 느낌을 주거든."

"사람마다 느낌이 다르겠죠. 어느 때나 여행은 다 좋은 것 아니겠어요."

지열이는 아주 어른스럽게 말을 했다.

"너도 대학 가면 기회가 있을 때 마다 여행하려무나."

"물론이죠. 전 많이 할꺼예요. 제가 지질학이나 고생물을 하고 싶은 것도 여행을 많이 하고 싶기 때문이거든요."
하며 빙긋 웃었다.

"여행은 꼭 지질학 연구 아니더라도 얼마든지 기회가 많을 꺼다. 그런데 지질이야기가 나왔으니 말이지만 우리나라 땅은 노화老化된 땅이라면서?"

"그런 편이죠. 우리나라 반도는 신생대부터 만들어진 것이라고 하니까 많이 노화되었다고 봐야죠."

"그럼 아주 늙어버리면 못 쓰는 땅이 되어버리는 것은 아니니?"

나는 지난 가을 중동의 사막을 보고 온 것이 생각났다. 우리나라 땅도 더욱 노화가 되어 사막과 같이 불모지가 되어버리면 어쩌나 하는 생각이 들었다.

"사막의 경우는 일교日較 차이로 해서 생긴 것이죠. 낮에는 뜨겁고 밤에는 온도가 급강하하는데 그러다 보면 바위들이 물리적 풍화작용을 받아 잘게 부스러져서 모래가 되요. 우리나라 노화현상하고는 다르죠."

"예전에 배운 것은 같은데 다 잊어버렸구나."

"관심이 없으면 그렇죠."

"그런데 설악산하고 남쪽으로 내려오며 보는 산 모양이 전혀 다른 것은 뭐지?"

"저 산들을 보세요. 산들이 모두 둥글둥글 하죠? 모두 풍화작용으로 점차 둥글둥글 깎여 내려가서 산의 굴곡이 완만해 진 것이거든요."

"그럼 계속해서 산이 깎이면 나중에 어떻게 되니?"

"침강하는 거죠."

"침강이라니? 물속으로 가라앉는다는 말이냐?"

"그렇죠. 그러나 이 반도가 몽땅 가라앉는 것은 아니죠. 우리나라 땅도 동쪽과 서쪽이 달라요. 서쪽이 현재 침강상태라면 동쪽은 융기상태이거든요."

"융기라면 높이 솟는 융기隆起라는 뜻이니? 그런데 같은 조그만 반도 땅 내에서도 그렇게 동서가 달라?"

"반도는 한 번에 생겨난 것이 아니라 조금씩 조금씩 융기해서 지금과 같은 반도형태의 지형이 생겨난 것이거든요. 그러니까 한 땅 안에서도 부분적으로 나이 차이가 있지요."

지열이가 지질학에 관심이 있다는 것을 알고는 있었지만 이렇게 자상히 알고 있을 줄은 몰랐고 놀라웠다. 나는 점점 더 흥미를 가지기 시작했다.

"그렇다면 앞으로 우리나라 지형이 어떻게 바뀔지는 모르겠구나."

"그렇죠. 현재도 조금씩 조금씩 변화하고 있거든요. 우리 눈엔 보이지 않지만 지형의 변화는 앞으로 수 십 만년 후라야 알 수가 있을 꺼예요."

"수 십 만년이나……. 안심이다……."

"엄마, 지질학에서 쓰는 시간단위에서 만년 정도는 큰 문제가 아니예요."

하며 지열은 웃었다. 나는 실로 오랜만에 아들의 미소를 보았다.

나는 아들의 지식을 더 듣고 싶기도 했고, 그에게도 지식을 남에게 전달하는 즐거움도 갖게 해 주고 싶었다.

"그런데 왜 우리나라엔 지하자원이 없지?"

"쉽게 말하자면, 지하자원이 많이 생기려면 지각변동을 많이 받아야 되거든요. 우리가 쓰고 있는 석탄 같은 지하자원은 거의 고생대에 있었던 지각변동에서 생긴 것을 쓰고 있는 거예요. 그런데 그 후 우리나라는 거의 지각변동이 없었다고 보아야죠."

"그럼 그것도 노화현상 때문이냐?"

"그런 점도 있지요. 그러나 우리나라가 살기 좋은 땅이라는 것은 그 지각변동이 없기 때문이에요. 지각변동이 많은 땅은 젊기는 해도, 맨날 지진과 화산폭발이 많아서 사람이 살기가 힘들죠."

"지각변동이란 어떤 것을 말하는 것이니?"

나는 아들한테서 지질학 강의를 듣고 있었다.

"여러 가지가 있어요. 지진도 있고 화산폭발도 있고 침강이나 융기도 지각변동에 속하지요. 그래서 지구는 늘 움직이고 살아나는 거예요."

지구가 늘 움직이고 살아있다는 말에 나는 순간 지구체를 인간과 비교했다. 인간에게도 융기가 있고 우울한 침강이 있고 갈등으로 자기분열을 일으키고 감정이 쌓였다가 화산처럼 폭발하기도 한다.

"그러고 보니 지구체나 사람이나 같은 것 같구나."

"글쎄요."

지열이는 엄마의 엉뚱한 비약을 미소로써 응답했다.

12시가 되었고 나는 지열이에게 식당으로 가자했다. 열차여행의 또 다른 즐거움은 열차식당이다. 어느 나라나 열차식당의 음식은 맛이 없다. 그러나 음식 맛보다도 밖의 어디선가 많이 본 듯한 명화名畵를 바라보면서 쏟아질 듯 흔들리는 커피 잔을 드는 맛은 일상에서는 맛볼 수 없는 보헤미안의 즐거움이기도 하다.

우리는 맛없는 카레라이스와 커피를 들며 나의 지난 1981년 가을여행에 대해 이야기했다. 홀로 파리에서 마드리드로 가는 기차를 탔었는데 뜻밖에도 그 기차가 바로 유럽에 새로 등장한 최 호화 기차인 '탈고'였었다는 이야기, 또 마드리드에서 바르셀로나로 가는 기차에선 일등표를 사가지고도 실수로 배낭여행을 하는 학생들이 타는 3등 칸에서 고생을 한 이야기……. 그리고 고생이 됐지만 여행 중인 브라질 학생, 칠레 학생, 아르헨티나 신부들에게 한국 소개를 하며 갔다는 이야기도 빼놓지 않았다. 지열이는 엄마가 당황해 하던 모습을 상상해 가며 빙긋 웃기만 했다.

"그 밖에도 다른 여러 나라에서 온 학생들을 만났는데, 그야말로 집채만한 짐들을 지고 다니면서 찻간에 자리가 없으면 기차복도에서, 호텔에 들어갈 돈이 없으면 역전에서 슬리핑백을 펴고 자면서 여행을 하더라. 그렇게 할 수 있는 것이 학생들만의 특권이 아니겠니. 너도 대학 가면 허락이 되는 한 여행을 많이 하는 것이 좋겠다. 여행은 고생을 많이 할수록 얻는 것이 많은 것 같아."

어느 나라 교훈인지 잊었지만 인생에 있어 가장 큰 즐거움 중에는 책을 많이 읽는 것과 많은 사람을 만나는 것과 여행을 많이 다니는 것이라고 했다.

"학생시절의 여행은 정말 긴한 것 같아요. 졸업하고 사회에 나가면 마음대로 못 하잖아요."

나는 지열이의 어른스러운 말에 새삼 놀랐다. 늘 어린애 같이 생각되었지만 나이 스물의 사나이는 벌써 사회라는 것을 생각하고 있었던 것이다.

지열이가 고등학교 2학년 여름방학에 혼자서 여행을 떠날 계획을 세워 굳이 가겠다고 하는 것을 담임선생님과 함께 위험성과 여러 가지 이유를 들며 제지시키느라 진땀을 뺀 적이 있다. 지금 생각해 보면 그 애가 하고 싶었던 것은 소년기에서 청년으로 성장을 하면서 새로운 것을 시도해보려던 터였을 텐데. 새로운 것에 대한 동경은 그 누구나 생각하고 원하는 가장 정상적인 행동이었건만 현실은 마음 놓고 허락하지 않는다.

식당에서 돌아온 우리는 지질에 대한 이야기를 이어갔다.

지진이 생기는 데에 두 가지 이유가 있다는 것에 대해 얘기 했다. 그 하나는 화산의 터짐이고 다른 하나는 판이 갈라지면서 축척되어 생기는 에너지에 의한 진동으로 꼽을 수 있다는 것. 또 화산은 지각 속에 있는 암적(마그마)에 수증기와 가스가 체여 있다가 온도가 높아지면서 지각의 틈사이나 엷은 부분을 뚫고 밖으로 쏟아져 나오는 현상이라는 것과 지구 위에서 화산활동이 일어나고 있는 곳은 하나의 화산대를 이루고 있다는 얘기를 했다.

일본에서 지진이 자주 일어나는 것은 땅이 젊어서가 아니라 판이 충돌하는 지점에 위치하고 있기 때문이라는 것이다. 그리고 폼페이를 매몰시킨 비수비오스 화산은 화산대가 지나가는 곳에 위치하였다.

"지질학자들은 지각변동이 있다는 것은 알았지만 지각변동이 왜 일어나는지는 얼마 전까지 몰랐대요."

지구의 내부는 꼭 삶은 달걀 같은데 지각은 달걀껍질에 속하고 흰자는 맨틀이라는 고체이며, 노른자위에 해당하는 것은 외핵이라는 액체, 그리고 그 속에는 고체인 내핵이 있다 했다.

처음에는 지각변동의 원인을 몰라 태양의 인력으로 움직이는 것, 아니면 달의 힘으로 인가 보다고 했고, 이 거대한 지구의 내부의 변동을 어떤 절대적인 힘이 일으키는지 몰랐다는 것이다.

그러나 한 학자가 지각변동의 원인이 다름 아닌 맨틀 고체의 대류라는 것을 생각해 냈다고 했다. 뿐만 아니라 이 맨틀대류는 지구의 땅에서 일어나는 융기와 침강을 번갈아 일어나게 한다고 까지 했다. 그러나 이 맨틀대류를 생각해 낸 사람의 학설은 그 사람이 죽은 이후에나 인정이 되었다고 했다.

"그런데 왜 지질연구는 잘 알려져 있지 않지?"

"그것은요, 지질연구는 지구내부를 조사하고 관찰하기가 힘이 든 것도 있지만 인류가 아직도 영토싸움에 중점을 두고 있기 때문이에요. 예를 들면 우주개발에 관한 연구는 일종의 영토 싸움이거든요. 또 우주개발은 전략적인 것이기 때문에 우주개발이 확장되면 될수록 전쟁에 유리하게 되거든요. 그러니까 자연 영토와 전쟁과 거리가 먼 지질연구는 지지부진하기 쉽죠."

지질학자도 아니면서 지질에 관심만 가지고도 내게 그 정도의 설명을 할 수 있는 아들이 대견스럽게 느껴졌다.

지구의 비밀이라고 할까, 자연의 신비를 들으며 4시간 40분이라는 시간은 지루함 없이 빨리 갔다.

부산도착 10분을 남겨두고 화장실에 가서 손도 씻고 머리와 얼굴도 만진 뒤 자리에 돌아오는 나를 보고 지열이는

"엄마, 루즈색이 좀 진한 것 같은데요."

했다.

"어머 그러니?"

나는 당황하며 자리에 앉기도 전에 다시 화장실로 가서 루즈를 반쯤 지우고 자리로 돌아왔다.

"괜찮니?"

하고 멋쩍게 웃었다. 아들은 말없이 끄덕였다.

서울로 돌아올 때도 우리는 밤기차 식당에서 맥주를 한잔씩 하며 이야기를 나누었다.

여행에서 돌아온 한 달 후, 금년 초에 지열이는 연세대학 생물학과에 합격했다. 참으로 주변의 모든 분들께 감사하지 않을 수 없다.

지루하고 고통스럽고 갈등이 많았던 재수생활을 돌이켜 보면 본인도

주위사람들도 호된 홍역을 치른 것이나 다를 바 없었다. 재수생하고 인생을 논하지 말고 삼수생하고 철학을 논하지 말라는 저희들끼리의 말이 있다고 한다. 이 말만 들어도 재수한다는 것이 저들에게 얼마나 고통스러운 것이었나를 짐작하고도 남게 한다. 그러나 위태롭던 홍역은 그에게 남다른 성숙함을 주었고 또 훈장이 되었다는 것을 믿어마지 않는다. 그리고 늘 변함없이 엄마의 루즈 색을 고쳐주는 다정한 아들이 되어줄 것도.

1984. 2

Chapter 4

지금도 그리운 분들

이원수李元壽 선생님이 가시던 날

향파向破 선생님,

안녕하세요.

오래 소식 드리지 못해 죄송합니다.

선생님께서도 별 말씀 없이 제게 연하장만 보내주신 심중을 이제야 이해할 것 같습니다. 아마도 더 이상 기적이 일어날 것 같지 않은 이원수 선생님의 병상病狀때문이었을 것입니다. 저 역시 그런 이유로 선생님께 자주 소식 전하기가 거북했었지요.

금년 따라 유난히 매서운 날씨에 눈마저 그리도 많이 내렸는지요. 그런 날 이원수 선생님은 끝내 가시고 마셨습니다.

1월 24일 밤 11시

그날따라 피곤하여 일찍이 잠자리에 들었는데 전화 벨 소리가 요란했습니다. 전화를 받으러 가면서 어쩐지 그 소리가 이선생님의 비보를 알릴 것만 같더군요.

"정옥이예요. 아버지 저녁 8시 20분에 가셨어요."

둘째 따님의 목소리였습니다. 예견한 일이긴 했습니다만 막상 가셨다니 전신이 탈진해 오는 기분이었습니다. 남편도 우울한 목소리로

"그래도 오래 견디셨어. 3일 날 가뵈올 땐 며칠 안 남으신 것 같았는데."

하는 것이었습니다.

"우리가 이 선생님을 알게 된 지 얼마나 되었지?"

"꼭 25년이에요."

"그렇지. 큰놈 낳고 두 달 만에 답십리로 이사 가서 부터 옆집에서 살았으니까. 그런데 저 놈이 벌써 25살이 되었으니……."

"이선생님은 책이 나올 때마다 주셔서, 애들이 모두 그걸 읽고 자랐지요."

"물론 이웃에서 15~6년 산 것도 있지만 또 당신이 글을 쓰니까. 이렇게 25년간을 한결같이 가깝게 지낸다는 것이 그리 쉬운 일은 아닌데 말이야."

"그때 사모님이나 영옥이, 정옥이(두 따님)들이 집에 들를 때마다 저 놈들을 업어주기도 하고, 또 여러 가지 살림살이도 많이 도와주셨어요. 어디 그뿐인가. 살림에서 헤어나지 못하는 나를 이선생님께선 잡지사·출판사 등에 소개시켜주시고 번역일도 찾아다 주셔서 어려울 때 얼마나 큰 도움이 되었는지……"

"당신이 참 복이 많아. 윗사람에게 사랑받는다는 게 그리 쉬운 일이 아니야. 그런 분이니까 나도 당신 따라 병원으로 또 댁으로 이선생님을 뵈러 갔지."

그날 우리 식구는 밤늦도록 이런 저런 이야기로 이원수 선생님을 추모했고, 저는 새벽까지 잠을 설치고 말았습니다.

이튿날 빈소를 찾으니, 간밤에 소식 듣고 달려오신 많은 아동작가 분들이 밤샘을 해가며 수고를 하고 계셨습니다. 부산 향파向破 선생님

께서는 어떻게 알려 드렸느냐고 물으니, 통화가 되었다는 얘기였습니다. 그 순간 제 눈앞에는 향파向破선생님의 얼굴이 떠오르겠지요. 이원수 선생님께서 누워계실 때부터 한번쯤 얼마나 오고 싶으셨을까 생각하니, 저로서는 도저히 잴 길이 없는, 지금쯤 혼자서 견디시기 어려운 심정으로 그 상심을 술로 다스리고 계시지나 않을까 염려되었습니다.

25일, 그날은 마침 일요일이라서 너무나 시간적 여유가 없었지만, 발인날까지 많은 문우, 선배님, 후배님들이 문상하셨습니다. 그런데 아무리 뵈어도 수염을 기르시기에는 아직 이르신 것 같은 구상具常 선생님께서 저를 보시고,

"교주(갈숲 동인 대표 향파 선생님을 구선생님께선 이렇게 부름)의 얼굴이 안 보이는 것을 보니, 아마 교주께선 못 오신 모양이야."

하시지 않겠어요.

"네. 참 오시고 싶으실 텐데 어지간하시니 못 오시겠지요."

"그럴 거야. 못 오시는 그 교주님 마음이야 여북하시겠어. 하하."

우울한 분위기에도 구선생님께서는 억지 유머를 만들어 잠시나마 분위기를 바꾸셨습니다.

발인 시간은 미국에서 서둘러 달려온 장남 경화씨를 기다리느라 좀 늦은 오후 1시였고, 의식은 기독교식으로 거행되었습니다.

운구가 집을 나와 장지로 향할 때, 이제 이원수 선생님께서 그리도 밤낮으로 오고 가시던 사당동 예술인의 마을을 영원히 하직하신다고 생각하니 눈시울이 뜨거워져 왔습니다.

저도 장지까지 이선생님을 모시고 가려고 버스를 탔는데, 어쩐지 주위엔 유가족이외의 문인이 한 분도 눈에 뜨이지 않겠지요. 알고 보니 문인들이 탄 차는 골목 어귀에 있다는 것이었습니다. 그래서 다시 서둘러 내리려고 했더니,

"송선생님이 어찌 남입니까. 우리 가족이나 다름없어요. 어서 그냥

계셔요."

뒤에서 유족들이 만류했습니다.

"왜 전에 송선생님댁 닭하고 우리집 닭하고 사돈 맺지 않았어요. 어떻든 저의 누님이지?"

둘째 아드님 창화씨의 얘기에 저도 그만 주저앉았습니다.

발인식에 참석한 문우들의 전송을 받으며 서울을 떠난 차는 눈에 덮여 하얀 벌판을 향해 달려갔습니다. 다시 마음이 울적해왔습니다. 창밖으로 시선을 보내며 아득히 눈외에는 아무 것도 보이지 않는 길은 마치 설선雪線을 따라 끝없이 계속될 것만 같았습니다.

얼마쯤 지나서 저의 옆자리에서 낯선 여인이 말을 건네 왔습니다.

"저 문인이시라는 것 같은데, 성함이……."

조심스러운 물음이었습니다. 할 수 없이 이름을 대자, 여인은 처음 듣는 듯 고개를 갸웃 했습니다.

"인기 작가도 아니고 유명 작가도 아니어서 잘 모르실거에요."

"아니에요. 제가 늘 글 쓰시는 분을 좋아하고 있고 또 쓰고 싶기는 하지만 아직은…… 그저 이원수 선생님만 알고 있지요."

"그럼 아동문학을 지망하시나보지요?"

"그런 것도…… 아니기도 하고… 단지 이원수 선생님을 무척 존경하고 사모하고 있을 뿐이에요. 그런데 이선생님과 가족처럼 지내셨다니 무척 부러워요."

"한 25년 되지요. 15년 정도를 이웃해서 살았고요. 그 후 사당동으로 이사하시면서 부터는 어쩌다 문인들 모임이나 다방으로 찾아서 뵙곤 했지요."

"전 편찮으시다는 얘기를 듣고도 혹시 폐가 될까보아 주저하기만 했는데, 그처럼 가까이 지내실 수 있었으니 얼마나 행복하세요."

말하는 여인의 얼굴은 홍조까지 띠었습니다.

"워낙이 오랫동안 가까이 살다 보니 서로가 지나치게 알고 지내게 되었어요. 미운 정 고운 정이 다들고 멀리서 바라만 보는 이선생님이 아닌, 정말 인간적인 교류였던 것 같아요. 가족들과도요."

"네…… 근데 아까 얘기하시던 닭 얘기는"

"아, 닭 얘기. 그때 우리가 살던 답십리는 신개척지나 다름이 없었지요. 마침 우리 집도 닭을 기르고 이선생님 댁에서도 닭을 길렀는데, 저희 집엔 잘 생긴 수탉이 한 마리 있었어요. 그런데 이 선생님댁 암탉이 닭장을 뚫고 담을 넘어 우리 수탉에게로 날아오는 거예요. 그러면 "닭 넘어 왔어요." 하고 소리치며 아이들이 암탉을 잡아가곤 했지요. 근데 그것도 하루 이틀이 아니고 성가시더군요. 그래서 어느 날 이선생님은 그 수탉을 빌려 가셨어요. 옆집으로 원정을 다녀온 우리 수탉은 이제 반대로 그쪽에 많은 것을 알고 왔기에, 이번에는 자신이 부리로 닭장 문을 뜯어내고 옆집으로 날아가는 것이 아니겠어요. 그러는 동안 이선생님 댁에서도 수탉 한 마리를 사셨어요. 이 사실을 모르고 또 담을 넘어 간 우리 집 수탉은 새로 온 수탉과 일대 격투가 벌어졌지요. 치열한 싸움으로 두 수탉의 면상과 찬란하던 벼슬은 보기에도 끔찍할 정도로 피투성이가 되어버렸습니다. 그야말로 혈투를 벌린 것이지요. 그 이야기를 이선생께서 수필로 쓰셨는데 라디오 방송으로 방송되어 그것이 한때 주위에서 화제가 되기도 했어요."

"네…… 참 부럽습니다. 그런 추억까지 가지고 계시군요."

여인은 진심으로 부럽다는 말을 되풀이 하는 것이었습니다. 저는 그때서야 여인의 모습을 살폈습니다. 여인이 입은 코트의 소매와 아랫부분으로 하얀 옷자락이 보였습니다. 서른 대여섯 가량의 이선생님을 존경하던 여인은 소복을 하고 온 것입니다.

"해를 그리려다

해바라기를 그렸지
해바라기를 그리려다
순이얼굴을 그렸지……
……

하는 동요를 즐겨 지으시던 이원수 선생님. 너무도 순수하셨기에 천진하셨고, 그 마음 또한 여성적인 면에 가깝도록 곱디고우셔서 당신을 따르면 그가 누구든 간에 그와 함께 꽃대궐을 만들고, 그 속에서 소꿉장난을 하고 싶어 하시던 이원수 선생님이셨지요."

여인도 이선생님에 대한 어떤 추억이라도 더듬는 듯 고개를 돌려 한참동안 시선을 창밖으로 보내고 있었습니다. 새 발자국 하나 없는 눈벌판 위로 지난 날 여러 가지 이선생님과의 친교가 길게 짧게, 또 어떤 것은 짙게 엷게 나타났다 사라지곤 했습니다.

김이석 선생님이 돌아가신 후, 박순녀씨와 이선생님과 저는 한주에 한번은 꼭 화신 뒷골목 일품一品요리 만두집에 들려 돼지고기와 만두 한 접시, 소주 한 병을 놓고 이런 이야기 저런 이야기로 시간 가는 줄 모르던 일, 때로는 전화를 걸어 원고지를 나누어 쓰기도 하였고, 시내를 같이 나갈 때도 있었으며, 시내에서 선생님을 만나 함께 귀가하던 일도 세일 수 없이 많았지요.

언젠가 최미나씨가 디즈니다방에 들렀었다가 이원수 선생님을 뵙고 제 얘기를 했더니.

"원희하고 저만큼 친하십니까?"

하시더라며, 그렇게 이름을 부르실 정도로 가까우시니 부럽다고 한 적이 있습니다. 그리고 보니 그와 비슷한 일이 또 있었군요. 선생님 댁이 멀리 사당동으로 이사하신 후부터는 방향이 정반대라 이전처럼 자주 뵙기가 어려웠습니다. 어쩌다 일부러 디즈니다방에로 들리기도 하곤 했지만, 조금은 소원해졌지요.

제가 첫 출판 기념회를 가졌을 때, 그때 선생님께선 좌골신경통으로 오래 고생하셔서 겨우 회복 직전이셨는데, 지팡이를 짚으시고 나오신 것을 보고,

"선생님 왜 오셨어요. 힘드신데 그냥 두시지요."

했더니,

"내가 안 오면 어떻게 해."

하시는 것이었습니다.

이원수 선생님 회갑 때였지요. 저와 사진을 찍자시더니,

"사진은 이렇게 찍는거야."

하시며 한 팔로 제 어깨를 안으시는 거였습니다. 그것을 보고 황순원 선생님께서

"이선생님과 송여사 사이 참 부럽습니다."

하신 일도 있었습니다.

그리고 지금 또 이름 모를 여인으로부터 그러한 소리를 들으니, 제가 그만큼 여러 불들의 선망의 대상이 될 만한가 돌이켜 보았습니다.

지난 해, 서울대 병원에서 수술을 받으셨다고 하여 찾아가 뵈었더니, 놀랍게도, 선생님 얼굴은 수술로 만신창이였습니다.

"선생님 –."

"괜찮아…."

하시며 웃지 않으시겠어요.

"아버지 암이신 것 다 알고 계세요."

옆에 간호 중인 큰 따님 영옥씨가 큰소리로 말하는 것이었습니다.

그 후 성공적으로 수술이 이루어지고 거의 완쾌되셨을 때 댁으로 찾아가 뵈었습니다. 수술로 만신창이 되셨던 얼굴도 다 아물었습니다.

"선생님 어떠세요."

"처음엔 내가 죽는다 하니 조금 억울한 생각이 들더군. 그러나 다시

곰곰이 생각 하니까 지금 가도 그리 아까운 나이도 아니고 또 나도 70 평생 그런대로 하고 싶은 일도 해왔다고 생각하니 그렇게 억울할 것도 없겠구나 하는 생각도 들어. 그런데 의외로 수술이 잘 됐으니 이제부터라도 소홀했던 가족들에게 좀 잘 해야겠다는 생각이야."

이선생님은 그때 이렇게 진지하게 말씀하셨습니다.

그런 몇 달 후 재발 가능성이 있어 방사선치료를 받으신다고 하시더군요. 염려는 되면서도 조금은 현대 의학에 기대를 걸었습니다. 그런데 가을에 뵈었더니 신색이 말씀이 아니었습니다. 워낙에 여위신 분이라 설마 했었는데 겨울 들어 희망이 없다는 소식이었습니다.

이제는 나날이 절망이란 소식에 제가 달려갔을 때 이미 식음을 전폐하고 자리에 누워 계셨습니다. 그러나 제 목소리를 들으시곤 앙상한 손을 내밀어 꼭 잡으시는 것이었습니다. 그 손은 따뜻하고 의외로 힘이 있으셨습니다. 저의 손을 꼭 잡고 놓지 않으시는 이선생님을 바라보며 이렇게 가시는 것일까, 기적은 없는 것일까 하고 안타까웠습니다.

사람의 70 평생은 짧은 것일까 긴 것일까. 이 땅의 험난한 역사와 더불어 살아오신 이선생님은 이 땅의 민족역사가 그렇듯이 당신도 그 상황 속에서 아픈 형극의 길을 걸어오신 분이기도 합니다. 이런 저의 생각을 아시기나 하듯이 가끔 무슨 말씀이 하고 싶으신지 손가락을 움직여 응답해주셨습니다. 일어 설 수가 없어 시간 가는 줄도 잊고 앉아 있다가 부득이 돌아오고 말았습니다.

지성스럽게 매주 이원수 선생님을 찾아가 뵙는 박경종朴京鍾선생님이 20일 저에게 전화를 주셨습니다.

"이선생님 이젠 안 되시겠어. 눈을 못 뜨시더군."

그리고 22일 밤 이선생님이 저의 꿈에 보이시더니 24일 드디어 소식을 받았습니다.

이런 생각에 잠겨 있는데 차는 어느덧 용인공원묘지에 도착했습니다. 멀리 가까이 보이는 스산한 겨울 산이 을씨년스럽기만 했습니다. 나란히 있는 묘지 위에 눈이 하야니 덮여 있었습니다. 그 자리가 장차는 우리 모두의 무덤이라는 실감이 가슴깊이 오는 것도 같고 안 오는 것도 같았습니다.

사모님의 깊은 신앙으로 기독교 예식으로 영결식이 끝나고 그곳을 떠나는 저희들의 마음은 허전함과 허무감이었습니다. 그러면서도 저는 이런 안타까운 마음이 들었습니다.

이선생님이 조금만 술을 덜 드셨더라도… 담배를 끊으셨더라면… 하는 아쉬움이었습니다.

웃어른을 잃는다는 것은 솔직히 말해서 저희들이 사랑 받는데를 잃은 것이지요. 그리고 저희들의 위치가 이제 사랑받기보다는 사랑을 주어야 할 자리로 올라가는 것이 아닌지요. 사람이란 사랑을 주기보다 받기가 역시 행복한 욕심인 것 같습니다.

이선생님의 빈소에서 많은 아동문학가들이 애를 쓰는 것을 보니 이선생님이 후배들에게 얼마나 많이 사랑을 주셨는가를 짐작할 수 있었습니다. 언제나 좋은 후배가 나오면 열심히 길러 주시고 한국아동문학에 평론이 없는 것을 늘 개탄하셨지요.

향파向破선생님의 사랑을 계속 받아야 할 사람들은 아직도 많습니다.

돌아가는 길에는 석양이 붉게 우리를 향해 비추고 있었습니다. 그것을 보자 아주 오래 전의 하나의 추억이 떠올랐습니다.

언젠가 문인협회文人協會 야유회에서 돌아오는 길에 마침 지금 보는 것과 같은 붉은 태양이 서쪽에서 기울어 가고 있었습니다. 그 일몰이 어찌나 장엄했는지 저의 옆에 앉아 계시던 이원수 선생님께 "보세요, 얼마나 찬란한 일몰입니까."했더니 이선생님께서 "옳지 이번에 쓰는 동화의 제목은 '가슴에 태양을 안고'다"하시며 한 손으로는 태양을 또 한 손은 가슴에 얹으셨습니다.

고속도로로 들어서자 그렇게 붉던 태양이 서산으로 넘어 가 버리고, 버스는 어둠 속으로 질주해갔습니다. 차 안에도 어스름 어둠이 싸이면서 우리들의 기분은 한층 울적해 졌습니다. 그러나 앞에서 소주병과 안주를 들고 이원수 선생님의 마지막 술작이라고 하면서 술을 팔기 시작했습니다. 그러자 어디선가 노래를 부르기 시작했습니다.

"나의 살던 고향은 꽃피는 산골……"

돌아오는 버스 속에는 모두 이원수 선생님이 아껴 주시던 문우文友뿐이어서, 우리는 이선생님의 모습을 되새기면서, 고향의 봄을 불렀습니다. 이원수 선생님은 가셨지만 그 분이 우리에게 남기신 것들은 오래 남을 것입니다. 라디오에서 또 TV에서 <고향의 봄>이 흘러나올 때마다 우리는 그 분을 생각할 것입니다.

저희 집 응접실에는 생전에 이원수 선생님이 써 주신 <고향의 봄>과 그 안에 향파선생님이 그려주신 그림이 액자에 들어 걸려 있습니다. 이원수 선생님과 향파 선생님 두 분의 각별한 우정을 생각할 때 그 우정을 그 누구도 따를 수 없음을 저희가 익히 알고 있습니다.

이런 모든 것을 되돌아 볼 때, 이원수 선생님을 잃으신 향파 선생님의 상심을 무슨 말씀으로 위로해드려야 할지 몰라 이렇게 글월로 대신합니다.

아직도 추운 겨울입니다. 그러나 봄도 머지않았습니다. 선생님 몸조심 하시옵고, 내내 건강과 건필을 기원하겠습니다.

송원희 올림

1981. 1

생각나는 알래스카의 사람들

올겨울에는 이곳에 유난히 눈이 많이 왔다. 한국뿐 아니라 지난여름 다녀 온 알래스카에도 벌써 9월부터 눈이 많이 내렸다는 소식이 徐선벽여사의 편지에 묻어 왔다. 또 린치박사(Dr Linch)는 영하 40℃의 알래스카의 깊은 겨울을 읊은 멋진 시를 지어 크리스마스카드에 붙여 보내왔다.

알래스카하면 그저 사철 추운 곳으로만 생각되지만, 그래도 내가 있을 때는 여러 가지 꽃도 피고 잔디도 파랗게 자라 가장 날씨가 좋고 기온도 온화한 때였었다.

항구 도시 앵카라지에서 내륙지방인 페어뱅크스로 가서 거기서 다시 알래스카의 끝, 미국의 최북단 세계의 정상인 포인트・바로에 간 것은 7월 3일 이었다. 앵카라지에서 여기 까지는 비행기로 3시간이 걸리지만, 페어뱅크스에서는 1시간 15분가량 걸렸다.

아침 일찍 떠날 채비를 하는데 서여사가 내게 두터운 코트와 장갑, 그리고 방한화를 빌려 주었다.

"여름이지만 북극해이니만치 바람이 불고 춥거든요. 그리고 바로 그곳에서 며칠 전에 에스키모 추장이 작고했다는 신문기사를 보았어요."

그 얘기에 나는 언뜻 무슨 색다른 구경거리처럼 에스키모의 장례식 광경을 상상했다. 그러나 서여사의 말에 의하면, 이제는 모두들 희랍정교를 믿고 있으며, 고유의 전통은 관광객을 위한 쇼 뿐이라고 한다.

북극행 비행기가 이륙하였다. 내려다보니 북으로 올라갈수록 도저히 사람이 발붙일 수 없을 정도로 산 넘어 산, 빙산과 빙하, 그리고 셀 수 없는 호수로 된 툰드라 지방이었다. 이 알래스카는 그 면적이 미국 본토의 5분의 1에 해당하는 94만 4천 104평방킬로미터 한국의 무려 13배라고 한다.

알래스카의 90퍼센트가 툰드라이지만 그 땅의 10퍼센트에서 풍요한 농산물이 재배되고 있다.

북극마을 포인트·바로에 도착. 첫발부터, 억센 바람이 휘몰아 쳤다.

6명의 관광객 일행은 곧 마중 나온 버스를 타고 창고 비슷한 건물로 안내되었는데, 그곳에서 에스키모들이 입는 것 같은 털 파카를 빌려주었다. 관광객들은 모두 그것을 입고 다시 버스를 탔다.

여기서는 운전기사가 가이드를 겸해 운전을 해가며 안내 설명을 해주는데, 놀랍게도 아무리 다녀도 볼 것이라고는 하나도 없었다. 사방을 둘러보아도 푸른 풀 한포기 눈에 뜨이지 않고, 바닷가에는 맹숭한 메마른 잡초 줄기 몇 가닥이 있을 뿐이었다. 땅은 건조하여 황폐 그 자체였고…….

이곳 바로Barrow는 에스키모 부락으로는 가장 크고, 에스키모 인구도 제일 많은 2,500명이라고 한다. 그러나 여기서도 우리가 옛날에 들은 얼음집 '이글' 은 전혀 볼 수 없고, 뜸뜸이 현대식의 허술한 목조 바라크 몇 채만 서 있었다. 이곳은 지금 미군기지로 되어있으며 에스키모들도 거기서 일을 하고 있다고 한다.

버스는 마냥 해변가 주위만 돌다가, 군데군데 관광객을 내려놓고 했지만, 보이는 것은 어딜 가나 똑같은 바다에 떠있는 얼음덩이와 황폐한 해변에 나뒹구는 고래의 잔해殘骸뿐이었다. 가이드의 설명에 의하면 겨울이 되면 이 북극 바다가 온통 얼어붙어서 썰매를 타고 그린랜드까지 갈 수 있으며, 그쪽의 에스키모도 왕래가 있다고 한다. 그러나 아무리 생각해도 이것은 실망스러운 관광이었다. 나는 억지로라도 감개를 가지려고 지도를 펴보았다. 그리고 내가 이 순간 바로 지구의 최북단이며 세계의 정상에 서 있다는 나 개인의 역사적 사실을 상기했다.

볼 것도 본 것도 정말 아무 것도 없었다. 식당도 관광객을 위한 조그마한 것 하나 뿐이었다. 점심을 먹고 오후에는 다시 파카를 빌려 준 곳으로 가서 에스키모의 민속을 보여 주는 쇼를 관람했다. 밖으로 나오니 늦은 오후였는데도 해는 중천에 있었다.

"에스키모 추장의 장례식이 어디서 있을까?"

나는 그것이 몹시도 궁금했다.

마침내 버스가 추장의 시신이 안치되어 있다는 희랍정교회와 메인 슈퍼마켓이 있는 건물 앞에 멈추었다. 하루의 일정이 피곤해서일까, 아무도 교회에 들어가지 않았다. 별 수 없이 나는 혼자서 성당 안으로 들어갔다. 추장은 제단 아래에 모셔져 있었다. 관은 열려져 있었고 온통 꽃으로 장식된 추장의 데드마스크가 보였다. 육중하고 텅 빈 실내에서 한 에스키모 여인이 파이프 오르간을 켜고 있었다. 조금 있으니 내 옆으로 젊은 에스키모 여인이 들어오더니 경건하게 관 앞으로 다가간다. 나도 용기를 내어 그 뒤를 따라 갔다. 시신 앞에서 여인은 가슴에 성호를 긋고 추장의 얼굴에 가벼운 키스를 하고 물러났다. 추장의 얼굴은 코가 얕고 얼굴이 넓적한 전형적인 에스키모 상이라기보다는 피부가 희고 코가 우뚝한 백인의 인상을 풍겨 주었다. 그리고 보니 아까 민속 쇼를 보는 중에도 백인과 흡사한 인상인 에스키모들이 섞여 있었던 것을 볼 수 있었다.

포인트·바로에서 다시 페어뱅크스로 돌아와서 그곳 관광을 했다. 알래스카 주립대학의 언어학 주임교수인 내 동창 구장희 박사와 그의 부인 서선벽 여사가 훌륭한 안내자였다. 그분들은 나를 위해 여러 날을 소비해 주었다.

페어뱅크스는 지금은 알래스카에서도 아주 조용한 시골 도시이지만 1890년대의 옛날엔 금을 찾는 사람들이 러시를 이룬 금광촌으로, 영화에서 보던 모습들이 많이 남아 있는 곳이었다. 그리고 지금의 알래스카 주립대학의 전신은 그 당시 농광전문학교였다고 한다. 또 새벽부터 구 박사의 안내로 우리 한국의 알피니스트 고상돈 씨가 조난을 당한 맥킨리 산에도 올랐었다. 태고의 자연을 느끼게 하는 산에는 곰과 사슴과 무스가 놀고 있었다.

지하 3미터만 파고 들어가도 영구빙토라는 알래스카에 온천이 있다는 사실은 또 얼마나 신비한가. 알래스카는 그야말로 혼탁한 세상에 물들지 않고 문명에 더럽히지 않은 야성의 미를 지닌 유일한 땅이었다.

구장희 박사가 소개해준 같은 대학의 세계적 권위자 지학박사 도날드·린치Donald Lynch는 직접 여기저기를 안내하면서 알래스카와 이곳 페어뱅크스의 역사를 설명해 주었다.

1867년 러시아령領이었던 알래스카가 미국의 50번째 주로 편입되면서 각처에서 모험과 탐험을 즐겨하는 사람들이 알래스카로 몰려들었다. 특히 무진장한 매장량의 금광이 발견되면서부터는 이른바 골드·러쉬가 성행했다. 금에 혈안이 된 금광인金狂人들은 험난한 알래스카의 산을 넘고 유곤강의 지류를 거슬러 올라와 페어뱅크스에 이르렀다. 그 당시 모여든 사람들은 비단 이들 뿐이 아니었다. 천주교도 개신교도 동반되었고, 소설가도 시인도 신개척지를 찾았다고 한다. 린치박사는 나를 그 당시의 모습 그대로 남아있는 한 술집으로 안내하였다.

이미 시간은 자정인데도 페어뱅크스 하늘에는 해가 서산에서 한가히 머물고 있었다. 살롱 Malemute는 백 년 전 신개척지를 찾아 모여든 사람들이 기거하기도 하고 휴식도 취하며 일대 낭만도 벌어졌을 그대로의 모습을 지니고 있었다. 카운터에서는 맥주를 팔고, 자그마한 무대에서는 옛 의상을 입은 여인이 피아노를 치고 있었다. 의자 탁자도 통나무였고 구석엔 당시의 술통이 놓여져 있었으며, 벽 마다 썰매, 눈신발 등 탐광에서 사용했던 기구들이 전시되어 있었다.

닥터 린치가 나를 주인인 로버트・세루스Robert Seruce씨에게 소개해 주었다. 그는 현역 시인이며 샌프란시스코에 거주하면서 여름마다 알래스카에 와서 이 살롱을 경영한다고 한다. 머리가 희끗희끗하고 콧수염 또한 희끗한 멋쟁이였다. 닥터 린치가 큰 소리로 한국의 여류작가가 왔으니 이 살롱의 모든 것을 보여주라고 했다.

조금 있으니 불이 꺼지고 작은 무대에 조명을 받으며 앞치마를 벗어버리고 미스터 세루스가 섰다. 그리고 젊은 웨이터와 함께 벤조를 치면서 노래를 부르고, 인디언의 희극을 보여주었다. 뿐만 아니라 계속 원맨쇼를 하고, 무대 앞에 걸터앉아 나직하게 시를 읊기도 했다. 이런 호화무대(?)는 늘 있는 것이 아니고, 살롱에 손님이 만원일 때나 특별한 일이 있을 때만 열린다고 한다. 서여사는

"송여사님 정말 복도 많으세요. 우리가 이곳에서 11년을 살아도 보기 어려운 것이지요."

했다. 그러나 이 복된 순간이 어찌 내 덕이랴. 구박사와 서여사, 그리고 사람 좋은 린치박사의 페어뱅크스에서의 덕망에 의한 대우가 아니겠는가.

린치박사의 안내는 여기서 끝나지 않았다. 다음 코스는 알래스카 대학생들이 경영하는 인디언 스타일 주점이었다. 그때는 벌써 새벽두시가 넘어 있었다. 실내에는 노소를 알 수 없을 정도로 머리와 수염이 덥

수룩한 몇 명이 팝송을 들으며 오순도순 이야기에 열중하고 있다. 그 분위기 또한 젊은이다운 멋이 있었다.

"미세스 송, 궁금한 것 있으면 물어 보세요."

그 친절에 나는 며칠 전 포인트·바로에 갔던 이야기를 하며, 에스키모 추장의 데드 마스크를 보았다고 하였다. 그런데 그 얼굴이 에스키모라기보다는 백인 쪽에 가까운 듯 했다고 하자 그는 나를 조용히 응시하더니,

"지금 나는 술을 마셔서 그분의 얘기를 하다가 혹시 실례되는 얘기를 할까봐 두렵습니다. 술을 마시고 얘기하기엔 그분은 너무나 훌륭한 분이었으니까요."

질문을 한 나의 얼굴이 뜨거웠다. 그러나 린치 박사의 그 태도와 그 말은 마치 맥주가 전신으로 퍼져 들어가듯 내 몸 구석구석까지 스며들었다. 그것은 매우 인상적이었다. 돌아오는 길에 서여서는 내게 예전에는 많은 백인 탐험가들이 에스키모 부락에서 그 여인과 가정을 꾸미고 생을 마친 경우가 많았다는 얘기로 내 궁금증에 암시를 주었다.

린치 박사는 내가 페어뱅크스를 떠날 때도 공항까지 친히 전송 나와 주었다.

나는 나홀로 내 모습을 볼 수 없다. 그러나 다른 사람과 만남에 의하여 나를 바라 볼 수 있다. 그리고 그들과 대화함으로서 그들과 나와의 차이점을 발견하기도 하고 그로 말미암아 내 삶이 변화를 가져오기도 한다.

구박사는 또 한 사람 알래스카 특히 페어뱅크스에서 꼭 만나야할 사람이 있다면서 에스키모 여인을 내게 소개해주었다.

그는 다름 아닌 에스키모의 서정시인 린다 배튼Linda Badten여사였다. 나는 마침 떠나기 전날이어서 늦은 밤임에도 불구하고 구박사 댁으로 초청하여 인터뷰와 비슷한 만남을 가질 수 있었다. 린다 여사는 아주

소녀 같은 50대의 시인이었다. 구박사의 사전事前설명에 의하면 그녀는 에스키모인으로는 아주 보기 드문 훌륭한 시인이며, 켄사스 대학大學을 나왔으며 그녀의 시는 주로 북극의 자연과 에스키모인들을 노래한 서정시라고 한다.

"내 고향은 알래스카와 러시아 사이의 베링해협에 위치하고 있는 세인트 로렌스 섬이지요. 어린시절, 그 섬에는 배가 1년에 한 번 밖에 들어오질 않았어요."

그곳에서 그녀는 미국에서 세운 국민학교를 다녔다고 한다. 소련과 아주 가깝고, 또 옛날러시아령領이었던 만큼 그 영향이 많았단다. 그래서 현재 베링해협에 위치한 소련령領에 거주하는 에스키모들은 대부분 친척들이 많다고 한다. 그 옛날 에스키모들은 국경선 없이 자유자재로 얼음 위를 달렸던 것이다.

"지금은 가볼 수도 없는 소련땅이지만 그곳에서 우리 에스키모 혈족이나 친척들이 고생하는 얘기를 들으면 가슴이 아프지요."

그 말에 나는 에스키모의 종족이라고 할까 부족에 대한 의식 같은 것은 어떠냐고 당돌한 질문을 하였다.

"예전에는 솔직히 말해서 잘 의식하지 못했으나. 나이를 먹으면서 점차 내 부족에 대한 관심이 커 갑니다. 그래서 요즈음에 와서는 우리 에스키모에 대한 역사를 쓰고 있지요. 어릴 때 할머니, 어머니에게서 들은 것이 모두 우리 부족의 이야기요 역사니까요."

내가 포인트·바로의 에스키모 부락을 방문했더니, 이제는 그들의 전통 문화는 거의 찾아볼 수 없더라고 말하자 그녀는 고개를 끄덕이며,

"얼마 전까지만 해도 에스키모 문화라고하면 원시 문화인줄로 인식되어 무시되었지만, 요즘에 와서는 연방 정부에서도 원주민들의 숨은 문화 찾기에 노력하고 있지요."

거의 20년도 더 전이긴 하지만 어느 영화에서 얼음집 "이글루"에서

살며 생활하는 에스키모의 모습이 잠깐 소개된 것을 보았는데, 린다 여사도 어린 시절을 그렇게 지냈느냐고 물어보았다. 그녀는 빙그레 웃으며,

“제3자가 전혀 이질적인 문화를 전할 때는 오류도 많고, 또 그로 인해 잘못 인식되기 쉽지요. 예전에 나는 일본 사람들은 옷이 없다는 얘기를 들었답니다. 마찬가지로 그런 원시 생활기는 어디에나 있었겠지요. 마찬가지 얘기겠는데, 제가 태어나기도 전, 우리 섬에 어느 날 고래와 해표 등을 잡는 포경선이 들어왔답니다. 그들은 술을 가지고 왔는데, 에스키모들에게는 술이 없거든요. 그래서 술에 대한 저항력이 없는 에스키모들은 한번 술을 마셨다 하면 곤드레가 되어버리지요(그래서 지금도 에스키모들에겟는 술을 안 판다. 바로에는 맥주도 없다). 1860년 당시 문란하게 날치던 포경선으로 인해 많은 에스키모들이 알코올 중독과 성병과 결핵으로 죽어 갔습니다. 그때까지 죽음은 모두 자연사인줄만 알았던 에스키모들은 이러한 죽음도 알게 되고, 자신들의 무지와 그로 인한 고통도 알게 되었지요. 그 까닭으로 백인들이 주는 빵은 잡귀가 먹는 것이라고 하여 안 먹고, 밀가루를 갖다 주면 밀가루는 버리고 그 자루로 옷을 해 입기도 했답니다. 어느 면에서 에스키모의 고유문화를 파괴시킨 것은 다름 아닌 기독교 선교사들이지요. 미 연방 정부가 들어서면서부터는 우리 마을에도 학교가 세워지고 백인 교사가 공부를 가르쳤습니다. 이들은 우리에게 신교육을 시킨다고 하면서 지구의 인력과 천체에 관한 이야기를 해주었습니다. 그러나 지구와 우주가 어떻게 다른지 이해하기가 힘들었지요. 그런데 한편으로는 교회를 가면 선교사들이 말세가 온다고 합니다. 우스운 이야기입니다만 어느 날 내 사촌이 지구봉을 한참 보다가, 이제야 말세가 올 이유를 알겠다고 외치더군요. 얘기인즉, 지구봉의 받침대 쇠가 이렇게 낡았으니 지구가 떨어져 나가 말세가 오겠구나 하고 고개를 끄덕이는 거예요.”

우리는 모두 웃고 말았다.

"그렇다면 앞으로 쓰시겠다는 에스키모 민족에 대한 것은 어떻게 쓰실 계획인지요?"

"내가 어린 시절부터의 에스키모 생활을 부끄럽지 않게 쓸 생각입니다. 지금 반쯤 쓰고 있어요."

그녀는 준비해 온 노트의 초교를 보여 주었다. 빽빽한 영문이 대학 노트에 가득 쓰여 있었다. 에스키모인들에게는 언어는 있지만 문자가 없다. 린다 여사는 에스키모 문화를 얘기했지만 이들에게 결정적으로 쇠퇴가 온 것은 기독교가 아니라 문자가 없다는 것이 아닐까 나는 새롭게 문자를 가진 나라에 태어났다는 긍지와 감사를 느꼈다. 그리고 그 민족은 어떠한 환란 속에서도 멸망치 않으리라.

나는 또 한 가지 질문을 했다.

"해안가에 주로 사는 에스키모들은 북쪽, 남쪽, 서쪽이 종족이 다른가요? 그들 사이의 교류는 어떻습니까?"

나는 그들 사이가 그리 화목하지 않다고 들었다. 특히 내륙에 사는 인디언들과는 서로 반목한다는 것이다.

"그것은 아마 서로 간에 교류가 없는 데에서 비롯된 것 일겁니다. 우리는 인디언을 만날 때 서로가 같은 인종임을 느끼거든요. 그런데도 서로 미워하는 것은, 그 사이에 사랑의 교류가 없었기 때문이 아닐까요. 그런 것을 보아도 사람들 사이에는 잦은 교류가 있어야 합니다.

결혼 문제만 해도 그래요. 내가 백인과 결혼을 한다니까 양가에서 모두 반대를 했습니다. 그러나 우리들은 서로 너무나 공통점이 많았거든요. 편견은 외부로부터 주어지는 경우가 많지요. 그러니까 그 문제는 인종이나 민족 간의 싸움이라고 할까요."

너무나 옳은 말이었다. 무지에서 오는 마음의 벽이 편견과 미움을 만들고, 그 미움은 싸움을 몰고 오게 된다.

"그래서 우리는 오해와 편견을 없애기 위해 개인적으로나 세계적으로나 계속적인 교류를 위해 노력해야지요."

"옳은 말씀입니다. 그것이 기독교의 이웃사랑일겁니다. 그런 의미에서 배튼여사도 우리 한국에 와서 많은 한국 시인들과도 만남을 갖는다면 한결 친숙해 지겠지요."

나의 말에 그녀는 소녀처럼 좋아했다. 이야기는 끝이 없었다. 벌써 새벽 3시. 통역을 맡아준 서여사의 눈에도 피곤이 고여 있었다. 서여사와 나는 다시 그녀를 집까지 바래다주었다. 헤어질 때 린다는 내게 선물을 주고 싶다면서 자신이 애용하던 고래뼈와 상아로 만든 팔찌를 주었다.

내 생애에 잊지 못할 사람들이 또 한 사람 기억 속에 낙인됐다.

린치 박사, 린다 배튼 여사, 그리고 정성껏 도와 준 서선벽 여사. 지금 나는 이 글을 쓰면서 그들의 모습을 떠올린다. 알래스카의 깊은 겨울, 통나무를 때면서 난로 앞에서 글을 쓰고 독서를 할 그들을…….

1981. 2

한 사람

나는 여기 소설 아닌 실존하는 한 사람의 이야기를 쓰고 싶은 충동을 느껴 펜을 들었다.

이은자씨… 언젠가 나는『갈숲』9타朶에「이원수 선생님 가시던 날」이란 글을 썼던 일이 있다. 그 때 그 글에 고故 이원수 선생님의 장지로 가는 버스 속에서 내 옆에 앉았던 소복을 한 미지의 여인 이야기를 썼었다. 그때 그녀는 내 이름을 묻고 나 또한 그녀의 이름을 물었지만, 기억력이 흐릿한 나는 얼마 안가서 그녀의 이름을 잊고 말았다. 그러나 그녀와 나눈 말, 고 이원수 선생님의 장지에서 모두 하산할 때 끝까지 남아서 슬픈 얼굴을 하고 있던 그 표정이 아직까지 인상적으로 남아있었다.

그런 후 꼭 1년 만에 졸지에 객지에서 돌아가신 조연현 선생님의 장례식 때였다. 속초에서 올라오신 윤홍열 선생님이 내게 소개해주신 여인이 바로 앞서 말한 여인이었다. 나는 그 여인을 보자 눈을 크게 떴고, 그 여인은 나를 보고,

"선생님을 장례식에서만 뵙는군요."했다.

윤선생님은 바쁘시다면서 이은자씨와 인사만 시켜주시고 떠나셨다. 그래서 나는 구면인 그 여인과 같이 다방으로 갔다. 그런데 장례식에서 오랜만에 만나는 친구들도 있어서 이은자씨와는 그저 간단히 차만 마시고 헤어져야 했다. 그녀는 한번 찾아뵈어도 괜찮느냐고 하며 작별을 했다.

그 후 한 달쯤 되어 이은자씨는 내 집을 찾아왔다. 전날 눈이 와서 좀 추운 날이었다. 이야기는 자연 인사를 시켜주신 속초의 윤선생님에 대한 것부터 시작되었다. 윤선생님은 그녀의 은사이시며 서울에 오시면 그녀의 집에 머무신다고 하였다. 나는 정말 갸륵한 여자 제자도 있구나 하고 생각했고, 이것저것 같이 이야기했다.

"글이 쓰고 싶었어요, 무척이나. 그러나 제 주변이 제게 그런 여유를 주지 않았어요. 겨우 저의 남동생이 글을 쓰게 됐지만…."

이은자씨는 일찍 아버지를 여의고 학교를 나오자 홀로 고생하시는 어머니를 도와 어린 동생들을 키웠다. 그러면서 장차 문학의 꿈을 키워나갔다. 그리고 어느 남자와 결혼을 했다. 결혼하고 얼마가 지났는데 남편은 자신에게 남매가 있음을 고백했다. 3류 소설에나 있는 이야기 같은 말이 처음에는 도무지 믿어지지 않았다.

"군에 있을 때, 만난 여자였나 봐요. 두 아이를 낳았건만 여러 가지 사정으로 생활은 파경에 이르렀고 아이들은 몇 해째 고아원에 있었더군요."

부부가 이혼을 한다 해도 흔히 아이들은 엄마가 데리고 있는 것이 상례인데 고아원에 넣었다는 말에 나도 내심 놀랐다.

"아이들 엄마와는 헤어진 지 한 8년 된다고 했지만 전 용서할 수 없었지요."

"그렇겠지요."

“그래서 저는 못살겠다고 이혼을 결심하고 집을 나갔지요. 마침 잘 됐다. 이제부터 글을 써야겠다고 단단히 마음을 먹었지요. 그런데 시집 친척들이 찾아와 패배한 남자를 다시 살리고 버려진 두 아이들을 사람으로 키워달라고 간절히 애원하는 거예요. 저는 할 수 없이 아이들의 엄마를 찾아갔지요. 되도록이면 그들이 재결합하기를 원했지요. 그러나 그것은 제 꿈에 지나지 않았어요. 다음엔 고아원으로 아이들을 찾아가 보았지요. 그때까지만 해도 남편과 다시 살 생각은 추호도 없었어요. 그런데…….”

“그런데?”

“내 눈으로 두 남매를 보고나니, 그 아이들을 고아원에 둔 채 돌아설 수가 없었어요.”

이은자씨는 두 남매를 고아원에서 데려왔다. 학교를 보내고 키우는 동안 자신도 남매를 낳았다.

“아이들은 잘 되었나요?”

“큰 아들아이는 그런대로 잘 자라 주었는데…… 딸아이가…….”

여자가 남의 자식 키우는 것이 제일 어려운 일이라고들 한다.

“그러니 글을 쓰려고 해도 못 썼겠군요.”

“그것이 글 못 쓴 핑계가 될지 모르지만 어쨌든 그렇게 됐지요. 글은 역시 마음의 여유가 있어야 되나 봐요. 친정엔 아직 어린 동생들도 있고 해서 그 아이들도 돌보랴…… 그 힘을 이겨내는데는 신앙만이…….”

이 작은 여인이 진 짐이 이토록 무거운 것인가, 친정 동생들에다 전실 자식에다 또 자기 자식까지……. 말만 들어도 힘겨운 인생인 것 같았다. 큰 아들은 지난 해 일류대학에 입학 했다고 한다.

“장하군요.”

“큰 아들은 워낙 아이가 착하지요.”

"이은자씨의 애정을 잘 받아들였나보죠."

"그 아인 늘 말끝마다 빨리 어머니를 편히 해드려야겠다고 하지요."

"고생한 보람이 있군요. 이제부터라도 쓰고 싶었던 글을 써보시지요."

나는 진심으로 권했다. 그러나 그녀는 쓸쓸히 미소만 지었다.

"이렇게 늦었는데요."

늦기는 뭐가 늦었단 말인가, 글을 쓰는데 늦고 이른 게 뭐 있겠는가, 또 글이란 많이 쓰는 것만이 수가 아니다. 일생에 단 한 편의 작품으로 유명해진 여류작가도 있지 않은가. 그 작가는 바로 『바람과 같이 사라지다』를 쓴 마가렛 미첼이다.

"저는 지금 글 대신 다른 것을 하고 있어요."

"뭐에요?"

"생명의 전화 상담을 하지요."

생명의 전화에 대해선 나도 조금 알고 있었다. 극한 상황에서 고뇌하는 사람들에 상담을 해주는 것이다. 전화로 고민을 털어 놓으면 상담에 응해주고 고민을 덜어주는 것이다. 상담원은 무보수로 자원봉사를 한다. 낮에는 4시간 동안 전화를 받고 밤에는 10시간을 계속 한다는 것이다.

"어떤 사람들이 주로 전화를 합니까?"

"주로 위급한 전화지요, 자살하고 싶은 사람, 이혼하고 싶은 사람, 모두 상처받고 번민에 싸여있는 사람들이죠."

"그것도 쉬운 일이 아닐텐데요."

"글을 못 쓰는 대신 이렇게라도 남을 도와주고 나면, 무엇인가 후련해요. 그래도 문학을 완전히 체념할 수는 없는 것 같아요, 늘 제가 좋아하는 작가를 먼발치로 나마 뵈옵는 것만으로도 어떤 땐 흐뭇하기도 하지요. 강원도에서 문학세미나나 문학 강연을 하게 되면 제가 서울서

주선을 하는 일도 합니다. 그렇게라도 하고 나면 뭔가 조금은 후련한 것 같아요. 그것도 하나의 봉사니까요."

"신앙이 대단하시군요."

이은자씨의 모든 것은, 전실 자식을 키운 것, 생명의 전화 봉사는 신앙 없이는 어려운 것이다.

"글쎄요, 그것이 제 신앙이 깊어서인지 어떤 것인지 모르지만, 지방에서 서울에 계신 문인들을 모셔서 강연하는 것도 쉬운 일이 아니거든요. 그것을 도와드리는 것도 하나의 기쁨이죠."

하며 그녀는 웃었다.

뭐가 이 여인을 이렇게 고행으로 끌고 가는 것일까, 선천적으로 타고난 선행인가…… 아니면 하고 싶은 문학을 못한 한恨이 남을 위한 봉사로 변한 것일까.

문학에 대한 정의도 가지가지지만 그중에 한恨을 푸는 것이 문학이란 한의 문학도 없지 않아 있다. 그렇다고 문학이 자신의 한 풀이로서 끝나면 자전적 이야기나 구구한 자기노출을 일삼게 되고, 하지만 문학을 올바르게 하게 되면 그 한恨을 극복케 하고 동시에 독자의 한恨도 풀어 주어야한다. 그래서 좋은 작품 좋은 작가가 추앙되는 것이다. 문학이란 순수한 정열의 발로이며 더 나아가 스스로 십자가를 지는 것이다. 십자가란 내 희생이며 남의 짐까지 지어주는 고행인 것이다. 그저 남을 구해주는 것이 어찌 문학뿐이겠는가. 타인의 어려움을 덜어주고 내 몸을 깎아 희생하는 무상無償의 봉사도 순수한 예술적 경지이며 행위인 것이다. 인간人間의 삶이란 어떻게 이름을 떨치고 무엇을 해놓았느냐 보다 그 자신이 어떻게 열심히 살았느냐가 중요한 것이다.

오래 전에 읽었던 장자莊子의 한 구절이 떠올랐다.

齊나라의 桓公이 어느 날 정자에 앉아서 책을 읽고 있었다. 마침 옆에서 일을 하던 목수가 무슨 책이냐고 물었다. 桓公은 좀 주제넘은 목수의 물음이라 생각하며 "네가 알길 없는 옛 현인의 말씀을 읽고 있다."고 하였다. 그러자 목수는 "세상을 버린 인간이 남긴 찌꺼기군"했다. 桓公은 몹시 분개했다. "그게 무슨 망발이야!" 목수는 다시 말하길 "수레바퀴를 만드는데 내 아들에게도 전승할 수 없는 기술이 있습니다. 그것은 말로도 글로도 표현할 수 없지요. 그러므로 나는 내 아들에게 일을 물리지 않고 70이 넘어도 손수 바퀴를 만드는 겁니다. 현인의 경우도 같은 경우가 되겠지요. 물려줄 가치가 있는 것은 현인의 죽음과 함께 죽어 버리는거니까요. 그러니 현인이 남긴 책에는 그가 살고 간 찌꺼기가 있을 뿐이지요."

장자莊子의 이 말을 이해하는데 나 또한 오랜 시간이 걸렸다.

기온이 마냥 내려가는 깊은 겨울날 한 조그만 여인의 알뜰한 이야기에 한순간 그녀가 거인처럼 보였다.

"어머나 시간이 이렇게 되었네요. 제가 무례하게 선생님의 시간을 너무 많이 빼앗은 것 같아요."

석양이 창으로 비쳐들어 이은자씨의 얼굴을 붉게 물들였다. 아니 그것은 석양 탓이 아니라 그녀가 열심히 살아가고 있는 열기인지 모른다.

그녀가 돌아간 뒤 우리집 저녁 식탁대화는 이은자씨의 이야기로 가득 찼다. 소위 유명한 사람들이 인류를 구하는 것만이 아니고 보다 더 인류를 지속시켜주는 것은 이렇듯 훈훈한 인정들이 소리 없이 사랑을 하는 이름 없는 사람들에 의한 것이라고.

얼마 전 나는 이은자씨가 '생명의 전화' 창립 6주년 기념식에서 최장시간 1000시간 상담표창을 받은 것을 신문에서 보았다.

1982.11

마지막 날의 안수길安壽吉 선생님

한 인물이 다른 사람의 마음에 깊이 새겨진다는 것은 그가 이룬 업적도 업적이려니와 그의 인간적 인상에서 오는 경우가 많다.

대선배이신 안安선생님은 작품에서도 대단한 분이셨지만 그 인간됨됨은 세월이 갈수록 내게 거인처럼 압도해올 때가 있다.

안선생님은 지난 1977년 4월, 봄은 봄이로되 쌀쌀한 바람이 옷깃 사이로 파고들어 몸을 움츠리게 하는 어느 날 돌아가셨다.

얼마 전 나는 무슨 책을 뒤지다가 우연히 안선생님의 작품과 사진을 보았다. 베레모와 안경을 쓰신 갸름한 얼굴에 미소를 짓고 계신 사진은 생존시 그리도 약체이신 선생님을 상상할 수 없을 만큼 단단하고 힘차 보였다. 그렇다고 그 사진이 안수길 선생님의 생존시 이미지와 다르다는 것은 아니다. 안선생님은 그 사진에서 풍기는 바로 그런 분이셨다. 몸은 단소하셨지만 정신은 대단히 강건한 분이셨다.

내가 안선생님을 처음 만나 뵈온 것은 문단에 데뷔하고 몇 해 후였다. 내가 인사를 드리자, 그 분은

"알고 있어요. 기대하고 있구요."
하셨다. 처음 만나 뵙는 어른인데도 신인에 대한 깍듯한 예를 이렇게 보여주신 분이셨다. 그 후에도 가끔 만나 뵈면 으레 글 많이 쓰라는 격려의 말씀을 해주셨다.

안선생님이 내게 격려의 말씀을 해주신 것엔 이유가 있는 것 같다. 『문학예술文學藝術』지에 나의 작품이 추천되었을 때 안 선생님은 제자인 김모金某여사를 추천하셨다. 그런데 이 여류작가는 초기에 작품 몇 편을 발표했으나 그 후 가정살림으로 통 글을 못 쓴다는 것이다. 선생님은 나를 보시면 김 여사가 안타까워지셔서 그녀에 대한 격려가 내게로 전환된 것 같은 느낌마저 들었다. 그래서인가 선생님의 문학관은 "문학엔 쉬는 시간이 없으며, 또 은퇴도 없다."는 것이었다.

여하튼 나에 대한 선생님의 격려는 결코 겉치레 인사가 아닌 것만은 사실이었다. 어느 해인가 나의 졸작 「유다의 얼굴」을 읽으시고 안 선생님께선

"좋아요. 잘 썼어요. 단편으로 그만하면 훌륭해요. 관찰력도 그만하면 날카롭고요. 그런데 말이에요, 그렇게 시류에 지나치게 예민하면 언젠가는 막히게 돼요. 송원희씨는 그 점을 잘 생각해 봐요."
하고 충고의 말씀을 해주셨다. 이 말씀이 얼마나 내게 큰 약이 되었는지 모른다. 그 후 부터 나는 작품에 관한 구상을 할 때면 안 선생님의 이 말씀을 상기하곤 했다.

한 몇 년 동안 나는 아마 서너 번쯤 선생님과 작품심사를 한 일이 있었다. 그 어느 해는 D대학의 백일장 심사를 끝마치고 돌아오는 길에 우연히 우리집까지 동행하시게 되었다.

그 날 우리집에서 안 선생님과 그 밖의 두서너 선생과 함께 간단한 소연이 벌어져 늦게까지 즐거운 시간을 가진 일이 있었다. 얼마 후 나는 그 날 밤의 즐거웠던 기억을 「학의 연륜」이란 단편으로 썼다. 그런

데 안선생님으로부터 전화가 왔는데,

"송원희씨, 내 모델 값 내놓으시오."

하고 첫 말을 꺼내셨다. 나는 무슨 말씀인가 하고 어리둥절했다.

"아니, 어느 사이 소설 쓰는 솜씨가 늘었어? 이번 달 『월간문학』을 읽었어요. 「학의 연륜」말이오."

나는 그제사 얼굴이 화끈 달아올랐다.

"오늘 아침 평론가 신동한申東漢씨로부터 전화가 와 빨리 월간문학을 보라기에 집사람을 시켜 사와 막 읽고 난 뒤요. 송원희씨 됐어요. 이젠 어떤 소설도 쓸 수 있어요. 기대하겠어요. 그리고 모델료는 거액의 수표라야 되겠어요. 허헛."

별것도 아닌 글 또 당신의 이야기를 소재로 삼은 것을 개의치 않으시고 마치 젊은 청년처럼 신나 하셨다. 그렇다고 선생님은 기분에 따라 좌우되는 분은 결코 아니었다. 선생님만큼 내향적이고 섬세한 마음씨, 겸허한 자연애, 깊고 넓은 사상思想이나 양심良心에 대한 진실성, 그리고 작품에 대한 열정을 가지고 있는 분은 드물다. 선생님과 대화를 나누어 보면 이 모든 것이 선생님 특유의 기품과 어우러져 나타난다. 선생님의 또 다른 성품인 결백성은 더러운 것을 못 보시는 것이다. 선생님은 운동경기를 무척이나 좋아하셔서 이런 말씀을 하신 적이 있다.

"스포츠 정신은 우선 깨끗한 경기에 있다고 보고 싶다. 선수들이 스포츠 정신을 잊고 추한 경기를 하는 모습을 보게 되면 공연히 화가 나고 입맛이 쓰다. 문학 정신도 마찬가지이다."

이 말씀은 바로 안선생님의 문학신조이기도 하다.

어느 해 정월에 몇 친구들과 함께 안선생님댁에 세배를 갔을 때였다. 여러 가지 문단이야기가 오가다가 바로 며칠 전 신문지상에 실렸던 모 평론가의 글이 화제에 올랐다. 그는 어느 독립운동가가 청년 때 소설 한편을 쓴 것이 발견되었다면서 한국문학사를 다시 써야 한다고

주장하였다. 거기에 대해 안선생님은,

"말 같지도 않는 소리에요. 누군 젊은 시절에 소설 한 편 안 써본 사람 있나요. 독립운동가의 소설이 발견되었다고 해서 어떻게 이 땅의 문학사가 바뀌져야 한다는 거예요. 말도 안 되는 소리지요. 한두 편의 글을 썼다고 해서 그것이 한국문학사에 끼워질 수 있는 것은 아닙니다. 문학은 길고 긴 것이에요. 문학에 뜻을 두었다면 생명이 다 할 때까지 문학을 하는 거예요. 그래야 뭔가 이루어지는 거지요… 무슨 개소리, 문학사를 다시 써야한다니, 우리나라 작가는 좀 더 천대를 받아봐야 해요. 너 나 할 것 없이 글 한편 썼다고 해서 이유 없이 지나친 대우를 받고 있어요. 개돼지취급을 받고 진흙구덩이에서 짓밟혀야 정신을 좀 차릴 거에요."

하고 분개하셨다. 어디서 나온 힘인지 믿어지지 않을 만큼 강렬한 흥분으로 열기마저 띄워 얼굴이 불그레해지셨다. 우리 중 누구도 선생님의 분개에 거역한 사람이 없었다. 그것은 너무도 지당한 말씀이었기 때문이다. 70이 넘도록 문학에 대한 열정을 갖고 계신 선생님이심을 모두 다 알고 있기 때문이기도 했다.

그 날이 언제였던가 선생님한테서 전화가 있었다.

"지금 뭐 하고 계시오. 나 내일 원고를 끝내고 한숨 쉬고 있는데 장호章湖씨랑 송원희씨 생각이 나서 전화를 한 것이오."

정말 반갑고 고마운 일이었다. 대선배님께서 이렇게 보잘 것 없는 나에게 전화를 주신다는 것은 그만큼 관심이 있음을 보여주시는 것이라 생각되지 않을 수 없었다. 안선생님께서는 말씀을 하시면서 자주 기침을 하셨다.

"감기 드셨나봐요."

"아니 뭐… 요즘 바람이 좀 심해서 말이야…."

나는 선생님 방의 공기가 떠올랐다. 4월이지만 그 해 꽃샘바람이 유난히 심했다. 겨울바람보다 더 매서웠다. 책으로 가득 차있는 선생님의 방 안에는 석유스토브 매연이 차 있었었다.

"요즘 글 많이 쓰시오, 바쁘지 않을 때 한 번 찾아오지. 내가 밖에 자주 나갈 수 없으니까."

"네, 선생님. 일간 찾아가 뵙겠어요. 내일은 제주도에 갈 일이 있거든요."

"제주도…."

"구혜영씨랑 박순녀씨랑 가는데 하루쯤 있다가 올 거예요. 돌아오면 말씀도 드릴 겸 방문할께요."

"정말 고마워요. 그럼 잘 다녀오시오. 그리고 장호章湖씨와 함께 꼭 들르시오."

이 전화가 선생님과 마지막이 될 줄은 꿈에도 몰랐다.

1박 2일 제주도에 다녀오니 책상 위에 남정현씨로부터 전화가 여러 번 왔다는 메모가 있었다. 한 번도 아니고 여러 번이라는 소리에 옷도 채 갈아입기 전에 전화를 걸었다.

"안수길 선생님께서 돌아가시게 됐어요. 빨리 순천향병원으로 가 봐요."

이틀 전에 건강한 음성을 들었는데 이게 무슨 소린가 싶어서 도무지 믿어지지가 않았다. 그래서 남정현씨와 함께 순천향병원으로 달려갔다. 그 날 아침 비가 억수같이 쏟아졌고 날씨는 음산하여 차 안에서 내다보이는 거리는 을씨년스럽기가 이를 데 없었다.

병원에 도착하니 복도에는 평소 안선생님을 따르던 몇몇 낯익은 문우들이 있었고 2층 위급환자실인 선생님 병실에는 <면회사절>이란 팻말이 있었다. 도대체 어떻게 된 일인지 알 수가 없었다. 모두들 묵묵히 임종을 기다리는 듯한 숨 막히는 시간이었다. 시간은 자꾸 초조히 흘러가는데 병실에선 아무도 나오지 않았다.

나는 그 날 저녁 남편과 약속이 있었던 터라 그에게 전화를 걸어 안선생님의 위급을 알리고 병원에 와주길 부탁했다. 남편이 도착한 후에야 의사가 병실에서 나오고 선생님의 제자분이 내게 안으로 들어오라고 손짓했다. 나와 남편이 병실에 들어갔을 때 나는 너무나 놀랐다. 믿어지지가 않는 선생님의 모습이었다. 방금 큰 수술을 마친 듯 목에 꽂힌 호스를 통해 호흡을 하시고 링겔을 꽂고 계신 모습을 보니 위독함을 몸으로 느낄 수밖에 없었다. 눈을 감고 고통스런 호흡을 하고 계신 안선생님을 사모님이 살며시 흔드시며

"여보, 여보, 수유리의 송여사님이 오셨어요. 눈 좀 떠 보세요."

하시자 안선생님은 눈을 뜨셨다.

"선생님, 저에요."

선생님께서는 잘 안 보이시는지 두리번거리시며 손을 움직이셨다. 내가 얼른 손을 잡아 드리자 호흡 곤란으로 괴로우신 듯 다시 눈을 감으셨다.

그 날 돌아오는 길에 남편은 희망이 없는 것을 느꼈는지,

"워낙 체구가 적은 분이셨지만 침대에 누워 계신 모습을 보니, 그동안 무슨 힘으로 글을 쓰셨는지 믿기지 않구먼."

했다.

그리고 이틀 후 안선생님께서 영면하셨다. 장례식 날 아침 일찍 종암동 댁에 들르니 선생님이 평소 애제자로 삼으셨던 박용숙, 남정현, 최인훈 씨 등이 영전에 분향을 드리고 있었다. 옆에서 사모님께서

"당신이 그토록 아끼고 사랑하시던 삼총사이지요. 말씀마다 우리 문단의 삼총사라고 자랑하시곤 하셨어요."

하고 나직이 말씀하셨다.

"송여사예요. 가까이 수유리에 살며 자주 왔었지요. 당신께선 늘 좋은 작가, 좋은 여자라고 말씀하셨지요."

마치 선생님이 옆에 계신 것 같이 분향 올리는 사람들을 일일이 소개하시는 사모님의 나직한 목소리는 사람들을 더욱 애통하게 했다. 생존시 선생님께 얼마나 내조가 컸던가는 짐작이 가고도 남음이 있었다.

선생님이 세상을 하직하신지 두 달이 지난 후 나는 작가 이광복씨와 함께 선생님이 안 계신 선생님 댁을 방문했다. 늦은 저녁시간이었다. 사모님은 우리를 반가이 맞아주셨고 우리는 마루 끝에 앉았다. 안선생님이 계시던 방은 그대로였는데 나오셔서 맞아주실 분은 안 계셨다.

"…그 양반은 돈하고는 인연이 먼 분이었어…… 금년 들어 신문사 연재 원고료도 오른다고 했고 예술원 회원에게 지급되는 돈도 오른다고 했으니 그것 가지고 노모와 우리 두 늙은이는 편히 살 수 있지 않겠느냐고 좋아했는데… 처음부터 어떤 재물을 기대해본 적은 없지 성진에서 내게 구혼을 했을 때 우리 아버지께서 하신 말씀이 있어. 돈을 많이 벌어다 줄 사람은 아니지만 생긴 모습이 준수하여 정신으로 살 사람이니 믿고 살아도 되겠다고 하셨지."

"……"

"그날 아침 날씨가 화창해서 난 하수도를 고치느라고 마당에 있었는데 별안간 그 양반이 나오시더니 병원엘 가자는 거야. 늘 천식 때문에 고생은 하셨지만 그것 때문에 병원을 찾은 일은 없었는데…… 그래서 '병원은 왜요?'하니까 '나 원고 몇 회분 다 써놓았으니 병원에 가서 진찰이나 해볼까 하고…… 영, 가래가 가라앉질 않아.' 당신이 무슨 생각이 있어 솔선하시는데 다음날로 미룰 수도 없고 해서 간 것이 그만…… 그렇게 됐지요."

나는 돌아오면서 사모님의 말씀을 생각했다. ……당신이 무슨 생각이 있어서 병원에 가자고 하시는데…… 안선생님은 무슨 생각을 하셨을까, 혹시 그 전전날 내게 전화를 하셔서 봄이 되면 장호씨와 몇몇 문우들과 한께 산에 가자고 하신 약속을 이행하시기 위해 당신의 건강을 진단하시러 병원에 가시려고 했던 것은 아니었는지. 그 전에도 안선생님이 장호씨만 보시면 언젠가 좋은 날을 택해 산에 좀 가고 여러 번 말씀 하셨는데 한 번도 가신 적은 없는 것으로 알고 있다. 마음엔 늘 여행이나 산행을 하고 싶으셨을 텐데 몸이 말을 안 들었기 때문이었을 것이다. 역시 안선생님은 사모님의 부친께서 예견하신대로 정신력으로 산 준수한 인물로 사신 분이다. 내 남편이 돌아오면서 그러신 몸으로 어떻게 글을 쓰셨을까 믿기지 않는다고 한 말도 과히 틀린 말은 아니었다. 그에 대한 대답은 단 한 가지 정신력이었다.

상가喪家에 그렇게 많은 문인들이 문상 온 것은 그리 흔한 일은 아니었다. 그날 오상순씨가 술이 이마 끝까지 취해서 초면인 나에게 한 말을 지금도 기억하고 있다.

"안수길 선생님은 누구보다도 50대까지 그러셨을 겁니다. 혼자이셨지요. 그러나 안선생님은 끝내 그것을 이겨내셨지요. 말하자면 50대를 넘어서야 빛을 보신 것이지요. 그래서 내가 이 자리에 온 겁니다. 그렇지 않다면 안 왔을 겁니다. 나는 아무 곳에나 문상 가는 사람이 아닙니다."

그의 말에는 안선생님을 대단히 존경하는 뜻이 담겨있었다.

평론가 김병걸씨가 한국문학사전을 편찬할 때 많은 작자들을 찾아갔었는데, 창작가의 참 모습인 작가는 세 분이었는데 그 중의 한 분이 안수길 선생님이었다고 술회한 적이 있다.

1983. 4

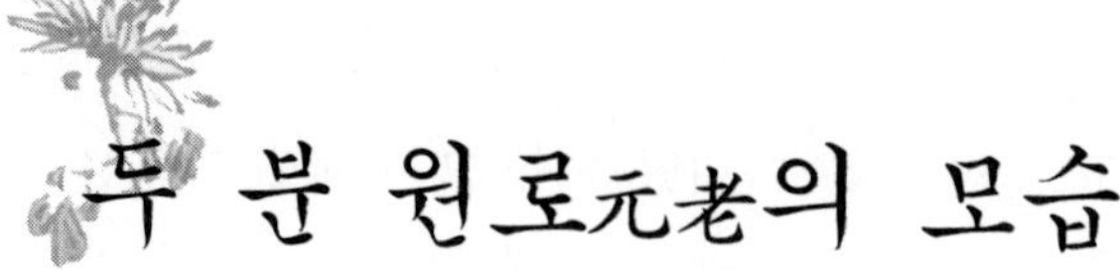

두 분 원로元老의 모습

지난 6월 30일 일요일이었다고 기억된다. 평소 일요일 아침이면 TV를 볼 여유가 없는데, 그날은 어쩐 일인지 무심코 TV를 켰다. 스크린이 밝아지면서 낯익은 얼굴이 보여서 놀라움과 반가움에 잠시 모든 일을 중단하고 앉아서 시청했다.

반가운 분이란 바로 향파向破 이주홍李周洪선생님 이셨는데, 어느 분과 대담을 하고 계셨다. 그분은 한번도 직접 뵌 일은 없으나 너무나 잘 알려진 장기여張起呂박사님 이셨다. 그분은 막사이사이 상賞을 받으신 적이 있고 지금은 청십자 병원의 원장이시다.

두 분의 대담은 중반에 접어든 후여서 이야기의 흐름을 금방 파악할 수는 없었지만, 지금 내 기억에 남아있는 것은 인간人間의 존엄성, 생명의 존엄성에 대해 이야기를 나누신 것이다. 내 기억 속의 향파 선생님은 지난 해 큰 수술을 받으실 때 우연히 병원에서 시멘트벽의 틈 사이에 비집고 뿌리를 내린 한 포기의 잡초를 보고 생명의 의지와 신비에 놀랐다는 말씀을 하셨다.

장박사님은 6·25 직후 병원을 찾는 사람들 중에 가난한 사람들이 많은 것을 보고 복지원을 만들어 우리나라에선 최초로 의료보험을 만드셨다. 그리고 최초로 간암수술을 하셨다는 것과 6·25때 북에서 어린 아들 하나와 단둘이 내려와 부산에 정착해 아직껏 홀로 사시면서 오로지 천직인 의사로 일관해 오신 것이다. 흥미로운 것은 춘원의 소설 「사랑」의 주인공이 장박사님이라는데 사실이냐는 향파 선생님의 물음에 장박사님은, '그런 말은 여러 번 들었는데 그 소설 속엔 남녀 사랑 이야기가 너무 많아 나로서는 불만이 많다'고 하신 것 이었다.

또한 장박사님은 향파 선생님께 '올해 여든이시고 지난해에 큰 수술을 받으셨는데도 여전히 건재하신 것과 젊은 날 못지않은 집필을 하시며 학교에도 나가시는 초인적 능력에 경의를 표한다' 하셨다. 또 향파 선생님은 '나는 종교 없이 살았지만 장박사님은 어떻게 종교를 믿고 살아오셨냐'는 물음에 '그저 눈에 보이게 이루어지던 않던 간에 그저 기도로 일관해 왔다'고 답하셨다.

서로의 업적과 겸허한 삶의 자세에 대한 감탄과 찬사가 TV를 시청하는 우리에게도 적지 않은 감동을 일으켰다. 언젠가 어느 신문지상에서 우리나라 최초의 의사와 기자가 인터뷰를 하며 첫머리에 정신과 몸이 다같이 건강한 노옹을 마주하게 되면 마치 신선神仙을 대하는 것 같다고 쓴 구절이 떠오른다. 신선이라고 불려진 분은 올해 90세로 개화기 때 양의가 들어올 적의 이야기를 책으로 써서 출판하신 분이다. 그 분은 의사는 돈을 알면 안 된다고 하셨다. 요즘 의사들에게는 신화처럼 들리는 말일 것이다.

마찬가지로 80평생을 돈과 거리가 먼 작가와 76세의 장박사님 역시 정신과 몸 다 같이 건강하신 신선임에 어긋남이 없을 것이다. 어느 시대에나 돈 없이 살 수는 없다. 그럼에도 불구하고 돈은 인간이 살아가는데 필요한 한 가지 수단에 지나지 않는다고 뒤로 미루는 신념으로 살아가기란 쉬운 일이 아니다.

6·25 직후 피난민들 속에 히포크라테스의 선서를 그대로 실행하신 분이 계셨다는 것은 어둠 속의 빛이 아닐 수 없다. 성경말씀 그대로-태초에 하느님이 천지를 창조하시니라. 땅이 혼돈하고 공허하며 흑암이 깊은 위에 있고 하느님의 신神은 수면에 운행하시니라. 하느님이 가라사대 빛이 있으라 하시니 빛이 있었고 그 빛이 하느님 보시기에 좋았더라-이다.

향파 선생님 본인은 종교 없이 사셨다고 하였으나 그분의 내면세계에는 분명한 믿음이 있으신 분이시다. 일찍이 어린 나이부터 동리신문을 손수 만들어서 동리의 소식을 전해 주고, 연극단을 만들어서 시골사람들에게 즐거움도 선사해주고, 일제시대에 항일하신 선생님은 늘 불의를 미워하고, 간사한 사람들을 멀리하며 정의심 일변도이신 것이 신념에 찬 그분의 종교가 아니고 무엇이겠는가. 뿐만 아니라 병상에서 시멘트 벽 사이에 솟아오른 잡초를 통해 생명의 신비에 감동하신 선생님은 어떤 생의 의욕과 힘과 용기를 배우고, 생의 겸허함을 새롭게 인식하여 생의 기쁨을 맛보셨을 것이다.

한 포기의 식물에도 생명의 의지가 있는데 하물며 인간의 정신적 생명력을 더하면 더했지 이보다는 덜 했지 않을 것이다. 생이란 자라고 변화하며 꽃 피우고 열매 맺는, 또 다시 그 열매에서 씨를 뿌리는 것이다.

종교란 무엇인가. 특히 기독교의 신神은 우선 존재하는 계시의 하느님, 그리고 창조하는 하느님이다. 생명 그 자체로 앞으로 전진하는 것이다. 기독교에서는 사람을 어둡고 어리석게 하는 우상(황금, 정치적 권력, 그 밖의 온갖 주의 등)을 멀리해야 한다고 하였다. 무릇 우상은 시간의 흐름에 따라 썩어가고 소멸되는 것이기 때문에 일시적인 것이다. 기독교는 생명의 신비를 으뜸으로 여긴다. 하나의 밀알이 떨어져 죽지 않으면 많은 열매를 맺지 못하는 자연의 질서에 숨겨져 있는 신비에 눈을 뜬 것이다. 자연의 신비에 대해 겸허하게 고개를 숙일 때 용솟음치는 생명의 약동, 행복함과 누군가를 사랑하는 욕구와 창조를 함으로 비롯된 희열, 그리고 선善과 진실을 존중하는 마음을 기독교의 신인 하느님은 자신의 형상으로 빚은 인간에게 불어 넣어 주었음을 새삼 느낀다. 인간人間은 탈선을 하면서도 '언젠가는 꼭 돌아가서 올바른 길로 가야 하는데' 하며 홀로 고민하고 괴로워한다. '나도 언젠가 좋은 작품을 써야지.' '나도 언젠가는 남을 위해 일하는 사람이 되어야지.'

향파 선생님의 남다른 초인적인 노력 의욕 역시 그 본질이 신의 모습으로 창조되었기 때문이다.

아무도 신을 본적이 없다. 예수의 제자들은 예수에게 물었다.

"하느님이 어디 계십니까?"

예수님은

"너희들은 나를 그렇게 따라다니면서 아직도 하느님이 어디 계시냐고 묻느냐."

고 말씀하셨다. 얼마나 답답하셨으면 그 온유한 분이 그렇게 말씀하셨을까.

"하느님은 여기 있다 저기 있다 말하지 말라. 하느님께서는 너희들 가운데에 계시다."

기독교의 신은 살아있는, 움직이는 신이다. 그리고 만남의 신이다. 예수는 실제로 인간과 인간이 만나 서로를 배우는 것을 원하셨다. 인격과 인격의 만남이 주는 느낌을 느끼고 그에 응답하는 것이 하느님이 살아계심을 보여주는 것이다.

"너희는 내 말을 듣고 내 행동을 보고 나가 그렇게 하여라." 예수의 명이다.

어느 날 우연히 TV화면에 나타나신 두 비범인非凡人의 모습을 보고 그분들의 말씀을 들으며 느끼고 생각한 것은 두서없이 적어 보았다.

1985. 9

독야청청獨也靑靑 향파向破 선생님

1987년 해가 저물어 간다.

올해 있었던 일들을 다 헤이기 바쁜 다사다난 했던 해였다. 나는 그 많은 사건 가운데 한 분의 모습을 떠올려본다. 향파 이주홍 선생님, 그분의 음성까지도 아직 내 귓전에 생생히 되살아온다.

"송 선생입니까."

멀리 부산이라는 곳에서 전선을 타고 가까이 들려오는 향파 선생님의 음성. 지금 부산행 새마을 열차를 잡아타고 4시간 남짓 달려가면 칠우와 은아의 손을 잡고 역에 마중 나와 주실 것 같은 선생님!

지난 해였다.

그러니까 1986년 8월 선생님의 지병이 많이 악화되셨다는 소식을 듣고 부산으로 달려갔다. 지난 7~8년간을 『갈숲』 동인 모임이 있을 때마다 한해 한 두 번은 마치 친정 나들이처럼 달려갔던 부산이었다. 그러나 『갈숲』 동인 모임 하루만을 지내고 그 다음 날은 급히 상경했던 여유 없는 만남들이었다. 지난해 8월만은 아무 모임 같은 것이 아니었고 그저 선생님께 문병 간다는 순수한 모임이었다. 그 때만큼은 되도록 많은 시간을 선생님 곁에 있어야겠다고 마음먹었었다. 그러면서도 가는 길에는 또 한편 혹시 너무 늦어서 말씀도 못하실 만큼 위독하시면 어쩌나 하는 걱정도 있었다.

다행히도 선생님은 많이 야위시기는 했지만 수시로 일어나 계셨고, 아래 위층으로 오르내리기도 하셨다. 식사도 여느 때와 같이 하셨는데 입맛이 없으신지 많이 드시지는 못하셨다. 꼿꼿이 앉으신 자세나 말씀하시는 것은 평시와 다름 없으셨다.

나는 안도하며 걱정했던 것보다 괜찮으신 것 같다는 말씀을 드리자, 부인은 '글쎄, 그랬으면 좋으련만……' 하며 쓸쓸한 미소를 지었다. 선생님은 워낙 깔끔한 분이시고 여든 연세답지 않게 노인 티가 나지 않는 분이었다. 유머감각이 뛰어나고 몸가짐이 전혀 흐트러지지 않는 분. 불로초를 드신 것 같이 의욕과 정열이 건재하고 있었다. 큰 수술을 세 번이나 하셨음에도 불구하고 『갈숲』에 열정을 쏟으시는 것과 계속 글을 쓰시는 것을 보면 범인들은 따를 수 없는 타고나신 기골이셨다. 그러니 병환 중에도 자리에 별로 눕지 않으시며 평상시와 다름없으신 것처럼 보였다.

나는 2박 3일간을 선생님 댁에 있었다. 선생님과 식사도 같이하고 여유 있는 대화도 나눌 수 있었다. 『갈숲』 모임 때도 그런 여유 있는 대화를 한 번도 해보지 못 했다. 여러 가지 이야기를 하다가 우연히 해방 전의 문단이 화제에 올랐다. 향파 선생님은 1925년부터 55년 이상 문단에서 활약하셨기 때문에 그 당시 문인이나 문단 이야기를 많이 알고 계셨다.

"이육사李陸史 그 사람은 참으로 점잖은 사람이었어. 과묵하고 늘 웃음 띤 낯이었지. 항일운동으로 여러 번 옥고를 치렀는데도 거기에 대해서 이런저런 말이 없었던 사람이었지. 시도 참 많이 썼고 유고도 많이 남겼지. 내가 풍림風林이라는 순수시학지에 있었을 때 그의 시를 많이 실어 주었지.”

선생님은 남의 이야기를 하실 때 결점이 있는 사람에 대해서는 ‘그저 그렇고’ 하고 슬쩍 넘어가시곤 했다.

“정모라는 평론가가 있었는데 이 사람은 애초에 카프문학을 좇아다녔지. 그러자 일인들의 탄압이 심해지고 또 강제로 전향시켜서 모두 대화숙大和熟이라는 곳에 입회시켰지.”

“그게 뭔데요?”

“말하자면 문인보국회文人報國會라고 해서 지도층의 지성인 문인들을 그 속에 묶어놓고 날마다 황국신민화 시켰지. 그 때 회장이 박朴모 라는 평론가였는데 이 사람도 카프 문학을 하던 사람이었는데 전향했지. 그 중에는 진짜로 황국신민이 되려는 사람도 있었지만 대부분은 마지못해 들락거렸지. 그런데 그 정모라는 사람이 먹고 살기 위해 일본전쟁의 전투 비행기 성금을 모으는 곳에 취직해 있었지. 해방이 되어 다시 카프가 되살자 정모씨도 카프에 들어가려고 했는데 입회를 거절당했지. 그때 이 사람이 한 말이 걸작이야. ‘그럼 네 놈들은 일제 36년간 무엇하고 살았느냐, 입이 있으면 말해봐!’ 하고 소리를 지르고 야단이 났었지. 그때 그 말이 참으로 인상적이었어.”

나는 선생님의 말씀을 들으며 새삼 느꼈다. 시대는 다르나 인간집단의 어려운 상황은 어느 시대나 같았다.

“그래서 정모라는 사람은 그 후 어떻게 됐나요?”

“월북했지.”

“역시 좌익이었군요.”

“꼭 그런 것은 아니지. 사조라는 것이 일종의 유행 같은 것이고 그 사람은 아마 고향이 그 쪽이었을 것 같아.”

“소설가 이태준씨도 경향작가였나요?”

"그 사람은 어디로 보나 좌익이 될 수 있는 사람은 아니었어. 성격도 선비적이었고. 그 쪽에 가기는 갔으나 아마 그쪽에서도 살기는 매우 어려웠을 거야. 그 사람뿐 아니라 내가 보기엔 특별한 사람 몇몇 빼고는 대부분의 문인들은 그저 민족주의니 뭐니 하다가 휩쓸려간 것이지."

"그럼 그 당시에 경향문학이니 순수문학이니 민족문학이니 하며 서로 원수같이 지냈나요?"

"그런데 그게 지금과 달랐지. 그 시대는 서로 논쟁이니 토론이니 하기는 했어도 어떤 잡지든지 구별 없이 원고만 가지고 가면 다 실어주고 또 같이 어울려서 술도 마시고 했으니까. 친일파만 빼놓고는 일제 탄압 아래서 같이 신음하는 민족독립이 목적이었으니까. 해방이 되고 나서 성급하게 반공이니 뭐니 따지지 않았더라면 그렇게 많은 문인들이 월북을 안 했을지도 몰라. 카프와 민족주의 문학은 달랐으니까."

"그 시대는 식민지시대의 고난이 있었지만 퍽 인간적이었나 봐요."

나는 전 시대의 선배 문인들의 시대적 애환을 상상해 보았다.

"그렇지. 사조에 따라 서로 의견이 틀리고 그래서 좌충우돌하였지만 그래도 서로 만나면 가슴을 열고 술을 마시곤 했지. 워낙 문인들의 주머니가 텅텅 비었고 어디에 원고를 갖다 주어도 고료는 쥐꼬리만큼 주거나 아예 없는 경우가 많았으니까. 우리나라에 첫 출판사 사장이 있었어."

"누군데요?"

"그 당시에는 한 건물 안에 몇 개의 방이 있어서 잡지사, 출판사들이 서로 붙어 있었는데 내가 편집을 보고 있는 '신세기新世紀'사의 바로 옆방엔 '학예사學藝社'라는 출판사 사장이 최옥희崔玉姬라는 처녀 사장이 었어. 전라도의 이주 부호 집 따님인데 격식도 높고 술도 잘 먹었지. 조선문고를 애초로 내놓은 것이 바로 그 여자였지. 큰일도 많이 했고 문인들과 어울려 먹고 마시면 술값을 내기도 했고."

"그 후 어떻게 되었어요?"

"글쎄, 그 여자도 월북을 했는지, 소식을 몰라. 참 아까운 친구들을 많이 잃었지."

자의든 타의든 예기치 않은 국토분단의 비극으로 영원히 이별한 친구들을 생각하시며 그리움을 느끼시는 것 같았다.

"지금쯤이면 그들도 대부분 타계했겠지."

선생님은 혼자 말처럼 하시며 천장을 쳐다보셨다.

"지금도 말조심을 해야 하지만, 그 시대에 이런 일화가 있었어. 아마 1941년쯤인데 일본이 무모하게 진주만을 공격했을 때 우리나라에서는 황국신민화 운동이 급격해지고 창씨개명이나 조선어 말살이 한창이었어. 잡지마다 일어를 몇 장씩 넣으라고 검열을 하거나 폐간을 당하거나 할 때였지. 모두들 할 수 밖에 없었는데 『삼천리三千里』 잡지를 하던 파인 김동환巴人 金東煥 시인은 그럼에도 불구하고 꼭 우리나라 민속에 관한 것을 싣곤 했었지. 그게 보통 어려운 일이 아니야."

"그렇겠죠. 말들은 하기 쉬워도 실행은 항상 어려운 법이죠."

"한번은 김동인金東仁이 지나가다가 『삼천리』 잡지사에 들렀어. 이 양반이 문을 열고 들어서면서 전에 없이 아주 큰 소리로 '일본이 전쟁에서 쫄딱 망해가는 모양이야' 했어. 김동인은 자리에 앉지도 못 하고 마침 잠복해 있던 형사에게 끌려가 징역살이를 했구먼."

"어느 시대나 어렵군요. 문인들은…."

나도 씁쓸히 웃었다.

"요즘은 살기가 좀 나아졌지만 그 당시엔 배부른 문인들은 그저 이름난 특별한 사람들 뿐 이고 대부분의 문인들은 뱃속에서 쪼르륵 소리가 났지. 나도 무척 고생을 많이 했어. 잡지사에 취직이 됐다 싶으면 얼마 안 가서 폐간하고, 굶기를 밥 먹듯 했으니까. 글을 쓰고 잡지에 삽화도 그리고 책 장정도 하면서 겨우 살았어. 내가 장정을 해준 책을 증정 받으면 곧 바로 고서점에 가서 팔아 쌀을 산적도 있지."

나는 선생님의 서가를 둘러보았다. 지금은 삼면이 다 책으로 가득했다.

"아마 그 때가 내가 제일 고생이 심할 때였던 것 같아. 한번은 자살을 하려고 한강에 나갔었어. 난간에 서서 물을 내려다보고 있으려니 마침 배를 타고 물놀이를 하는 젊은 남녀가 여럿 있더군. 저들 속에 내가 몸을 던지면 저들에게 모두 피해를 주게 되겠구나 하는 생각에 차마 그럴 수 없더군. 그래서 그때 쓰고 있던 죄 없는 밀짚모자만 집어 던지고 그것이 두둥실 떠내려가는 것을 보고 돌아서 왔어."

"그 당시엔 친일하는 사람을 빼고는 어려웠던 것이 당연하지 않겠어요. 이광수 같은 분을 빼놓고는……"

"부끄러운 일이지만 나는 당시에 매일신문에서 희곡을 모집한다기에 「동학당」을 다른 이름으로 썼고 또 조선영화 회사에서 시나리오를 응모하기에 「장미의 풍속」으로 이름을 바꿔 써서 당선이 되기도 했어. 상금은 푸짐하게 받았지만 기분은 좋지 않았지. 기성문인이 이름을 바꿔서 신인인척 했으니까……."

어쨌든 선생님은 다재다능하신 분이셨다. 시, 소설, 동화뿐 아니라 희곡, 시나리오, 게다가 붓글씨에 그림까지 하시던 분이셨다. 그림만의 길을 걸으셨어도 훌륭한 화가가 되셨을 터인데…. 벽을 보니 새로운 그림이 걸려 있었다. 나무와 나무 사이에 새끼줄을 치고 종이를 매달은 모습을 그린 것이었다.

"최근에 그리신 것인가 봐요."

"내 병을 빨리 완쾌시켜 달라고 그려본 것이야. 어린 시절에 누군가가 병이 나면 마을의 느티나무나 성황당에 새끼줄을 매고 빌고 했었지."

선생님의 말씀에 나는 가슴이 찡했다. 완쾌하시고 좀더 오래 사셨으면 좋겠다고 속으로 빌었다.

"이것도 최근에 그린 것인데, 구강(鳩岡. 선생님이 지어주신 나의 아호)은 내 그림이 있나?"

"한 장 있어요."

"그럼 이걸 가져가요."

멀리 물 위에 배를 타고 낚시를 하는 그림에 한 시도 적혀있는 깔끔한 문인화였다.

"고맙습니다."

나는 진심으로 선생님께 감사 드렸다. 이 그림이 선생님께서 나에게 주시는 마지막 그림일 것 같다는 생각이 들었다.

"곧 『갈숲』 24집을 내고 싶으니 원고를 빨리 보내 주시오."

선생님은 병환 중에도 『갈숲』을 마음에 두고 계셨다.

"참, 그리고 내년에는 말이야, 우리 모두들 자기 서재에 대한 글을 써 특집으로 내고 싶은데 어떨까."

작가에게 있어 자신의 서재만큼 큰 이야기 거리가 있을까. 선생님의 서재는 아주 멋지다. 소악루笑岳樓에는 예전에 증정 받은 책을 고서점에 팔아버리신 시대와는 달리 많은 책이 꽉 차있고 선생님을 찾는 손님들은 으레 소악루笑岳樓 서재에서 맞으신다. 많은 그림과 숱한 일화도 적지 않으실 것이다.

선생님은 이토록 의욕적이시고, 문학으로부터 즐거움을 느끼시는 분이셨다.

"그 생각 어때?"

"좋은데요. 재미있는 글이 많이 나올 것 같아요."

선생님은 당신의 착상에 대단히 만족하시는 것 같았다.

"이번에 올라가면 빨리 원고를 보내시오. 구강鳩岡의 글은 우리 『갈숲』에서 제일 빛나는 거라. 그러니 빨리 원고를 보내줘."

은근히 꾸지람을 주셨다.

그렇게 의욕적인 선생님께서 몇 달 후 타계하실 줄을 몰랐다.

나는 그 2박3일 동안 선생님이 준비 해 놓으신 선생님 장래의 묘지까지 갔다 왔다. 백운공원白雲公園은 글자 그대로 아담하고 작은 공원이었다.

"그래 어떻든가?"

자신의 묘지에 대해서 물으셨다.

"좋던데요. 양지바르고, 넓고…."

"내 생각에는 조금 더 넓혀서 내 묘지 옆에 조그마한 원두막 같은 것을 지었으면 하는데. 그래야 내 친구들이 찾아오면 나도 무덤에서 나와 거기서 같이 술도 마시고 놀면 좋겠는데……."

선생님은 진실로 그런 것을 원하고 계셨다. 사람의 죽음처럼 슬픈 것이 또 있으랴. 그럼에도 불구하고 선생님은 그 죽음까지도 한 편의 아름다운 동화로 승화하고자 하셨다. 그 점이 바로 선생님만의 인간미이며 그 것으로 인해 그토록 많은 지인과 많은 제자, 이웃 등으로부터 사랑을 받으셨다.

내가 여름에 만나 뵙고 올라온 후 선생님은 나날이 쇠약해져 가시는 몸으로도 정신은 기진 할 줄 모르시고 몇 번의 원고 독촉을 하셨고 TV 화면에 나타나기도 하셨다. 『갈숲』 24집도 12월 15일에 나오는 모습을 보시고 87년 1월 3일에 타계하셨다.

비보를 받고 급히 부산으로 갔다. 대선배이신 향파 선생님의 교우와 또 후배들과 그분의 많은 정을 회상하며 몇 번이고 눈시울이 뜨거워졌다. 선생님이 만년에 그 정열을 다 쏟으셨던 『갈숲』 동인지, 9년간 24집까지 손수 하시고 가신 것이다. 『갈숲』은 선생님의 대 작품이다.

내가 선생님의 80평생 일대기를 다 알고 있는 것은 아니지만 대충 글에서 읽었고 들은 토막지식으로 보아 선생님의 인생은 한편의 극적인 드라마였다. 그래서 고통도 고난도 많으셨겠지만 그토록 끝까지 지조 있게 일하시며 사신 것은 후학들에게도 생을 즐겁게 재미있게 그리고 충분하게 만끽하신 것 같은 느낌을 준다. 그 분의 생이야말로 한낱 낭비가 없었던 생이셨다. 선생님은 언제나 푸른 독야청청 이셨다.

1987.12

인정人情스럽고 자상하신 우인雨人 선생先生님

내가 우인雨人 선생님을 안 것은 우리 아버님을 통해서였다. 동아 일보의 일장기 말소사건(일제시대 손기정씨의 올림픽 금메달 획득 당시)으로 중국으로 피신해 가셨을 때 나의 아버님과 친분관계가 시작되셨다 한다. 그 후 내가 문단에 데뷔하면서 비로소 가까이 뵐 수가 있었다. 어느 모임에서든지 인사를 드리면

"아버님은 안녕하십니까, 요즘도 근력 좋으신지?"

하며 우리 아버님의 안부부터 물으시곤 하셨다. 그런 까닭으로 자연 나는 우인雨人 선생님을 문학의 대선배로서 보다는 어려운 어르신네로 대하였다.

그러던 중 우인雨人 선생님을 가까이서 모실 수 있는 기회가 왔다. 1979년 2월, 인도의 뉴델리에서 개최하는 아시아 · 아프리카 작가 워크숍에 우인雨人 선생님과 함께 참석하게 되었던 것이다. 우인雨人 선생님을 단장으로 모신 우리 일행은 화백으로는 장윤우 화백, 동아 대학의 최해춘 교수, 건국 대학의 강인숙 교수, 수필가인 이경희 선생과 내 자

신이었다.

그것이 첫 해외여행이었던 나는 아무것도 모르고 들떠있었고, 무조건 단장이신 우인雨人 선생님만 졸졸 따라다녔다.

서울에서 뉴델리로 가는 직행 비행기편이 없어서 우리 일행은 홍콩에서 일박하고 비행기를 갈아타야 했다. 홍콩에 도착하자 중국통신인 우인雨人 선생님은

"점심 먹는 데는 이 집이 제일 좋고, 저녁에는 저 집이 좋지."

하며 우리를 안내 하셨고,

"홍콩 관광들 해보셨오?"

하시며 여기저기 안내를 해주셨고, 심지어

"홍콩에서는 이것을 사면 좋지."

하며 쇼핑안내까지 해주셨다. 그때 우인雨人 선생님의 자상하심을 처음 대하는 우리들은 선생님께 홀딱 반해버렸다. 처음 외국여행을 하는 나에게 특별히 신경을 써주신 것은 말할 것도 없다.

인도에 도착해서도 마찬가지였다. 인도는 모두 초행이라 어리둥절해 있었지만 선생님께선 여유 있게 모든 일을 처리하셨고 회의에도 임하셨다.

도착한 다음 날, 소식을 들은 한국 대사관에서 우리가 투숙하고 있던 인도 문화센터로 차를 보내 우인雨人 선생님을 모시러 왔다. 그러나 선생님은 일행이 있다시며 모두 같이 가자고 하셨다. 우리는 같이 가는 것이 그 쪽에 실례가 될 것 같아 사양했는데, 선생님께선

"여행 중엔 행동을 같이 해야 해요. 개인 행동은 되도록이면 피해야지요."

하시며 우리가 같이 가도록 하셨다.

우인雨人 선생님은 또 얼마나 부지런 하신지, 우리가 아침에 기상을 하고 식당으로 내려 갈 때면 그분께선 항상 제일 먼저 내려와 신문을

보고 계셨다.

"일찍 일어나셨습니까?"

하면,

"나 새벽에 일어나 벌써 이 주변 한 바퀴 산책하고 여러분을 기다리는 중이지요."

하시는 것이었다.

정말이지 우인雨人 선생님은 오랜 옥고 때문에 백발이 되신 것만 빼놓으면, 혈색 좋은 젊은 청년 같으셨고, 우리 일행 중 그 누구보다도 건강하신 것 같았다. 하루는 저녁 늦게 선생님 방에 술과 안주를 많이 준비해 놓으시고 우리를 부르셨다. 그날 밤, 우리는 새벽까지 술과 노래와 춤을 즐겼다. 그러나 예외 없이 다음 날도 선생님께선 제일 먼저 기상하셨고, 홍안에는 조금도 피곤하신 기색을 찾을 수 없었다.

인도에서 일주일간의 워크숍이 끝나고 나서 우리 일행은 네팔로 향했다. 네팔의 수도인 카트만두에서는 한국 대사관의 초대로 오래 못 먹었던 김치도 먹고 또 필요한 모든 것들을 호텔로 조달 할 수 있었다. 모두가 우인雨人 선생님 덕분이었다.

카트만두에서 며칠 관광을 한 뒤, 취재차 나만 남고 다른 분들은 동남아로 떠나셨다. 그 때에도 선생님께선 같이 왔다가 나만 남겨두고 가는 것이 걱정스러우셨는지 몇 번이고

"송원희씨 조심해요. 나 걱정시키지 말고."

하셨다. 나는 그곳에 며칠 더 머물며 카트만두에서 수고하는 한국인 취업자의 모습을 취재하고 다시 인도로 돌아갔다. 인도에선 한 달간 연로의 남부지방을 돌아보고 귀국하셨는데, 내가 귀국하는 그 날까지 선생님께선 염려의 전화를 주셨다고 한다.

모두들 무사히 귀국한 후 사진 관계로 우리 일행이 다시 만났을 때, 선생님은 나를 보시자마자,

"야! 브라보!"
하시며 두 팔을 크게 벌려 나를 안아 주셨다.
"혼자 떨어뜨리고 오면서 어찌나 걱정이 되던지."
하시는 선생님에게서 따뜻함을 느낄 수 있었다.

멀리서 뵙기만 할 때는 어딘지 탈관하신 듯한 모습이 차가워 보이기도 해서 가까이 모시기가 어렵기만 했었는데, 인도여행을 같이 하면서 의외로 자상하시고 훈기 많으신 분이라는 것을 알게 된 것이다.

그 후부터는 어느 모임에서건 뵙게 되면 손을 내밀어 악수를 청하시고 온화한 미소로 반겨주셨다.

부산의 향파 이주홍 선생님이 주최가 되신 동인지 『갈숲』을 할 때, 마침 우인雨人 선생님이 문예 진흥원 원장으로 취임하셨다. 선생님께선 『갈숲』을 보시더니

"이거 돈이 꽤나 들 텐데 자금 조달을 어떻게 하지… 향파 선생님과 서예가 오제봉 선생님께서 애를 많이 쓰시는 구만. 내가 좀 도와주고 싶은데."
하시더니 동인지 지원금을 매년 받을 수 있도록 해주셨다. 우리 『갈숲』 동인들에게는 여간 고마운 일이 아닐 수 없다.

후에 우인雨人 선생님도 우리 『갈숲』의 동인이 되셨는데, 진흥원 원장의 임기도 끝나고 KBS 이사장으로 부임하신 후였던 것으로 기억한다. 그 동기는 확실치 않으나, 언젠가 향파 선생님으로부터

"우인雨人 송지영 선생님과 견상見賞 선생님을 『갈숲』 동인으로 모시는데 이의가 있나."
는 말씀을 들은 적이 있었고, 물론 어느 누구도 이의가 있을 수가 없었다. 오히려 『갈숲』의 활동이 더 활발해지고 장래가 보장되리라는 희망이 더해졌다. 확실히 그 예감은 적중하여, 『갈숲』 동인이 되신 선생님은 음으로 양으로 『갈숲』을 열심히 도와주셨다. 원고는 물론 선생님의

주머니 돈까지 회사해 주시고, 한 해에 두 번씩 회동하는 부산에서의 모임에도 꼬박꼬박 참석하셨다.

향파 선생님과 우인 선생님, 또 구상 선생님 세분이 한 자리에 계시면 어찌나 재미있고 즐거운지, 날이 새는 줄도 모르고 옛날 이야기에서부터 그칠 줄 모르는 화제의 연속이었다. 향파 선생님과 우인 선생님의 연령 차이는 꼭 10년 이었는데, 두 분이 말씀하시고 노시는 것을 보노라면, 진정한 동인이며 연세를 초월한 홍안의 두 소년이 있는 듯한 착각마저 들게 하곤 했다.

또 두 분은 문필 이외에도 재준才俊이 넘치는 분들이라, 어떤 술 좌석에서도 술이 이마에 까지 오르시면 붓과 먹을 가져오라 하시고는 글을 써주시곤 하셨다.

향파 선생님께서 세상을 하직 하셨을 때 우인 선생님께선 향파 선생님의 그 찬란한 재준을 극구 칭송하시며 그 재주 어디 두고 여든 이라는 아직 그 재주를 다 쓰기에 이른 나이에 가셨느냐고 애도하셨었다. 그런데 우인 선생님은 향파 선생님에 비하신 다면 아직 청년 같은 칠십여 세에 너무 일찍 우리 곁을 떠나신 것 같다. 그야말로 그 많은 재준을 어디 남겨두시고…….

17세라는 어린 나이에 한시漢詩가 동아 일보에 당선되었을 때, 신문사에선 모두들 노숙한 어른으로 알았다가, 17세 소년이 그 주인공인 것을 알고 나선 모두가 놀랐다는 일화가 있다고 한다.

또 정치적 사건으로는 영어의 몸이 되어 사형 선고까지 받았는데, 안색 하나 변하지 않고 태연자약 하셨다는 일화도 있다. 언젠가 술좌석에서 나는 외람되게 그 때의 소감을 여쭈어 본 일이 있다.

그 때 말씀이,

"솔직히 말해서 사형선고라고 했지만 믿어지지가 않더구먼. 그리고 죽인다면 죽을 수 밖에 더 있나 하는 생각도 들었고……."

이었다.

이 밖에도 우인 선생님의 일화는 많을 것이나, 내가 아는 정도는 이 것뿐인데, 또 한가지 생각나는 것이 있다.

우인 선생님과 모윤숙 선생님은 '여보, 당신' 하는 사이만큼 친숙하신 것을 엿본 일이 있다. 그리고 언젠가 우인 선생님이 공개석상에서 고백 아닌 고백을 하셨는데,

"내가 처음 서울에 올라와 동아 일보 사에 왔을 때, 한쪽 구석에 기가 막힌 미인이 앉아 있었지. 어찌나 황홀하게 바라보았는지 한동안 일을 못할 정도였지. 옆 사람에게 저분이 누구냐고 물었더니 시인 모윤숙 선생이라고 하더군, 그 때 난 정말 모 선생을 연모했었지." 하시니

"아이구 여보, 그럼 진작에 그 때 고백하지 않구."
하시며 두 분이 깔깔 파안대소 하시는 것을 본 적이 있다.

이젠 그러한 선생님들의 탈관한 인생관도, 동료들 간의 아름답고 따뜻한 우정도 볼 수가 없다. 요즘 세상에도 그 분들과 같은 인간미 넘치는 분들을 만날 수 있을까……. 아마 어딘가에 있을 것이다. 우리 앞에 그렇듯 훌륭한 선배님들이 계셨고, 또 그분들이 남겨 놓으신 일화가 남아있는 이상, 그러한 아름다운 인생은 또 누군가에 의해 계승될 수 있으리라. 우인雨人 선생님, 편안 하십시오. 우린 선생님이 남기고 가신 고귀한 뜻을 두고두고 기릴 것 입니다.

1989.11

신선神仙 청남菁南 선생을 그리며

청남 오제봉 선생님이 타계하셨다는 소식을 들은 순간 솔직히 말해 나는 망연했다. 믿고 싶지 않았다. 청남 선생님은 언제나 그 자리에 계셔야만 했다. 향파 선생님이 돌아가셨을 때도 똑같은 심정이었다. 두 분은 언제까지나 거기 부산에 계셔야만 하는 분들이었다. 그 분들이 계셔야만 가족은 물론, 후배들을 위해 좋고, 또한 이기적이긴 하지만 두 분이 계셔야 우리는 사랑을 받을 수 있기 때문이기도 했다. 그런데 돌아가시다니 슬픔과 동시에 좀 화도 났다. 선생님은 건강을 돌보시며 좀 더 오래 사셔야만 했었는데 하는 아쉬움이었다. 언제나 온화하신 미소의 청남 선생님의 신선 같으신 용모가 떠올랐다. 아니, 신선 같으신 것이 아니라, 신선이셨다. 우람한 풍채에 빛나는 백발, 늘 미소를 지으셔서 두 눈이 유난히 작아 보이시던 청남 선생님, 말씀 또한 언제나 부드러우시고 웃음 또한 호탕하셨던 선생님. 술을 드시면 그 박식하게 알고 계신 중국 고사古事를 들려 주셨고 또 우리에게 그리도 많은 필적을 남겨주신 선생님. 나는 이런 선생님의 단면을 떠올리면서 우리 『갈숲』 초창기를 펼쳐 보았다. 내가 청남 선생님을 처음 뵈었던 때가 언제였던가.

무엇이나 만들기 좋아하셨던 향파 선생님이 동인지 『갈숲』을 창간하신 것이 1978년 12월. 동인은 모두 9명이었다. 향파 선생님께서 뜻이 맞는 사람들을 직접 고르신 것이다. 부산과 서울, 마산과 포항…… 동인들의 현주소는 모두 달랐다. 창간호가 나온 보름 후, 그러니까 79년 1월 13일, 처음으로 『갈숲』 동인들의 상면이 경주 불국사에서 이루어졌고 전원이 참석했다. 그 때 나는 처음으로 청남 선생님을 뵈었다. 정월 13일이면 아무리 남쪽인 경주라 해도 영하 10도를 오르내리는 추운 날이었다. 한 가지 추워서 좋았던 것은 관광객이 없었다는 것이다. 신라장 호텔 투숙객은 우리뿐이었다. 그래서인지 방마다 난방이 되어있지 않았다. 어찌나 추운지 손을 비비며 오버와 코트를 입고 맥주와 저녁식사를 했다. 잠자리도 어지간히 추워 오돌오돌 떨었던 것이 지금도 생생하다. 그러나 지난 일이란 어떤 고생을 했건 즐겁게 떠올려지는 추억거리다.

그때 처음 뵌 청남 선생님의 회득한 반백이 목까지 내려와 한마디로 깊은 산속에서 막 하산하신 도사의 인상을 느끼게 했다. 또 한편으로는 연방 미소 짓고 계신 모습은 아주 인자하신 할아버지를 연상케 하기도 했다.

다음날 아침 신라장은 여전히 추웠고, 아침 식사도 간밤처럼 코트를 걸치고 먹었다. 아침 식사가 끝나자 상을 물리고는 청남 선생님은 가방에서 지필연묵紙筆硯墨과 화선지를 꺼내시더니 방바닥에 펴셨다. 나는 청남 선생님이 서예가書藝家시기에 이곳까지 오셔서 집필을 하시나 했더니 알고 보니 우리 『갈숲』 동인들의 첫모임을 기념하기 위해 축문을 써 주시려 하신 것이다.

내가 청남 선생님 명필을 대하기는 그 때가 처음이었고 더욱이 내 이름을 박아 선사 받은 것도 생전 처음이었다.

"아호雅號가 있나?"

"그런 것 없어요. 제가 어떻게 감히 아호 같은 것을."

"어허 대방가大方家가 아직 아호가 없다니."

"이번에 하나 짓지."

향파 선생님께서 말씀하셨다. 그러자 청남 선생님이 눈을 지그시 감으셨다. 그러다가 다시 눈을 뜨셔 나를 잠깐 보시다가 다시 눈을 감으셨다. 그리고 눈을 감으신 채

"좋아하는 새가 있나?"

하고 물으셨다. 돌연 물어보신 것이라 얼른 생각이 떠오르지 않았다.

"송선생은 요즘 집에서 비둘기를 기르고 거기에 대해 글도 쓰고 있으니 구鳩자를 넣어서 하지. 아호에 비둘기 구鳩자가 들어가는 것이 존기라."

"좋지…… 구거鳩居?"

"구거는 안 된다. 비둘기는 혼자 집을 짓지 못한다. 그래서 여자가 시집가는 것을 '구거'라고 하지."

"아 맞다. 구강鳩岡은 어떤가?"

"거 좋구만."

향파 선생님께서 동의 하셨다.

청남 선생님은 계속 눈을 감으신 채 손가락으로 수를 세셨다.

"구강鳩岡 좋다. 천인에게 덕을 베풀고 천리 넘어 명성을 떨친다."

"제게 너무 과한데요."

어쩐지 내겐 너무 벅찬 아호여서 순간 얼굴까지 붉어졌다.

"맞다, 송선생한테 꼭 맞는다."

향파 선생님의 말씀이었다. 이렇게 해 나는 두 분의 합작으로 나의 어마어마한 아호를 선사 받았다. 나는 너무 황송해서 두 분께 큰 절을

올렸었다.

그 때의 장면을 회상하며 당시의 사진을 찾아 사진첩을 펼쳐보니 놀랍게도 그 시절에는 모두가 젊었었다. 박순녀씨나 나는 소녀 같고, 청남, 향파, 노석, 선생님들은 늠름한 장년이시고 조순 선생님은 청년이셨다.

올해로써 『갈숲』 창간 12주년이 되었다. 그 사이에 동인에게 많은 변화가 있었다. 12년 전만 해도 젊었던 박순녀씨와 나는 그 사이에 할머니가 되었고 향파 선생님, 우인 선생님, 그리고 이번에는 청남 선생님께서 돌아가신 것이다. 새삼 흐르는 세월의 무상이 느껴진다. 그러나 우리 그룹에 새 동인들도 많이 들어왔다.

향파 선생님 생존 시에 우리 동인들은 꼭 한 해에 한두 번은 모임을 가졌었다. 그런 때는 아무리 바빠도 부산으로, 대구로, 울산으로, 대전으로, 달려가야 했다. 동인들이 저마다 거주하는 곳이 다르기 때문에 되도록 중간지점에서 만나자는 것이 향파 선생님의 배려였던 것이다. 어쩌다 대전에서 우리 『갈숲』 동인들을 초대해 주셔서 그 곳에 가서 만나기도 했다.

모임을 가질 때마다 그리도 바쁘신 청남 선생님께서는 꼭 참석하셨고 다음날 아침이면 준비해 오신 지필연묵을 꺼내시고 그 날을 기념하는 글을 써 주셨다. 선생님 옆에서 조심스럽게 묵을 갈고 사진을 찍고 하는 담당은 언제나 제일 연소한 임신행 선생이었다.

『갈숲』이 현재까지 출간되고 놀랍게 32타까지 나온 것은 다 이런 동인들의 우애와 성의와 『갈숲』에 대한 깊은 애정이 있었기 때문이다.

『갈숲』의 동인들은 저마다 다른 소리의 악기를 연주하는 것과 같다. 시, 소설, 동화, 그리고 회상록, 여행기, 그림과 서예. 그 중에서 아마 제일 화려했던 것이 청남 선생님의 명필이 아니었던가 싶다. 게다가 선생님께서는 옛 풍류의 한시漢詩와 고사古事 이야기로 날로 잊혀져 가는 멋과 여유와 풍류를 일깨워 주셨다. 그뿐 아니라 청담 선생님의 이야기들은 또 얼마나 구수했는지, 그 풍성한 옛날이야기들로 동인들을 참으로 즐겁게 해주셨다.

청소년 시절, 사찰에 출가出家하시어 학승으로 계실 때(1920~30년 대) 당시의 문인들과 또 우국지사들과 교류하시면서 있었던 많은 에피소드들은 얼마나 우리들에게 흥미를 주었는지 모른다.

지금 생각하면 선생님 생존 시 자주 만나 뵈면서 선생님으로부터 더 많은 것을 흡수하지 못한 것이 후회스럽기만 하다.

나는 『갈숲』이 새로 나와 보내지면 제일 먼저 내 글이 잘 나왔나 보고 다음에 의례히 청남 선생님의 한시 해설을 읽었다. 그것은 내 자신이 한시에 대해서 너무나 무지했기 때문이었다. 지난 호의 22타에서도 선생님은 여류신인 삼의당三宜堂 김씨金氏 추야秋夜의 한시와 그 해설을 해 주셨는데 이것이 선생님의 마지막 작품인 명필과 한시 해설이 되고 말았다. 이제 우리는 더 이상 청남 선생님의 서예도 한시도 해학적 고사 이야기도 들을 수 없게 되었다. 생각할수록 애달프고 서글프지 않을 수 없다.

『갈숲』 동인들의 모임뿐 아니고 언제인가 우리 가족이 여름 피서로 부산에 간 일이 있었다. 그때 향파 선생님의 가족과 함께 동대신동 청남 선생님 댁을 방문했었다. 반갑게 맞이해주셨던 선생님의 모습이 지금도 생생하다. 선생님은 기분이 좋으셨던지

"오늘 기분이 좋은데 모처럼 범패梵貝(석가의 공덕을 위한 찬미가) 한 곡 불러볼까. 사찰에 있었을 때 불러보고 안 불렀는데 너무 오랜만이라 불러질지 모르겠지만."

하시며 부르셨다.

눈을 지그시 감으시고 몸을 약간 좌우로 흔드시며 부르시는 범패. 나로서는 불교에 범패라는 노래가 있었다는 것도 처음이요, 또 그 것

을 들어보는 것도 처음이었다. 나직한 가락에 그 음률의 가락이 매우 부드러웠다는 것이 인상 깊었다. 더욱이 대단한 연세에도 불구하고 음률의 가락이 고르신 것으로 보아 젊은 시절에 사찰에서 도맡아 부르신 것은 아닌지 궁금하다. 10살 때 사찰에 출가하시어 온 갖 고생을 다 하시면서 배우신 서도書道도 훗날 선생님을 한국 서예단書藝壇에 거봉巨峰의 한 분이 되실 분이시라고 생각한다.

『갈숲』 제2타에 개제한 선생님의 글 「한국의 명필들에 선생님은 "서書는 예藝요, 예는 도道이다. 새롭게 보는 글씨 속에서 태산泰山 준령峻嶺이 솟구치고 천길 낭떠러지를 내리닫는 힘이 넘쳐 있어야 한다. 그런가 하면 이런 용솟음과 힘의 조화를 이루는 유연柔軟함이 곁들여야 한다.… 그래서 옛 선인들에는 평생을 바친 서성書聖이라고 일컬어지는 이가 적지 않다." 같이 청남 선생님이야말로 명필가요 서성이시지 않을까.

나는 행복하게도 청남 선생님의 서예 작품을 많이 선물 받은 사람 중 한 사람이다. 동인들 모임 때마다 기념으로 받은 글 이외에도 선생님께 나의 졸작을 보내드릴 때 마다 꼭 글 한 줄을 써 보내 주셨고 열 짝짜리 병풍도 선사 받은 것이다. 그리고 유일하게 선생님께서 볼펜으로 쓰신 짤막한 편지도 가지고 있다. 지금 생각하니 모두 귀한 선물이요, 나의 가보家寶에도 해당될 것이다. 이제 더 이상 청남 선생님의 그 명필을 대할 수 없게 되었다.

인생의 여러 가지 행복 중에서 적지 않은 무게가 나가는 행복. 그것은 좋은 어르신을 만나 그 분으로부터 좋은 영향을 받는 것이라는 한 영국 금언이 있다. 그 금언이 과히 틀리지 않는다면 나는 참으로 행복을 많이 차지한 사람이다.

향파 선생님께서 타계하신 후 『갈숲』 동인들은 모두 너무 바빠 모임을 가지지를 못 했었다. 그저 계속 나오는 『갈숲』에 게재되는 동인들의 작품을 보고 모두 건재한 것을 확인할 수 있었던 것이다. 그런데 청남 선생님의 비보는 뜻밖이었고 놀라지 않을 수 없었다. 아마도 붓을 드신 채 홀연히 가신 것이라 짐작된다. 향파 선생님도 거의 그러한 최후를 맞으셨다. 몸 져 누우신 지 한 달 가량? 그때까진 움직이실 수 있으실 때까지 글도 쓰시고 외출도 하시고 『갈숲』 원고 재촉을 하시며 23타를 거의 만들어 놓으시고 타계하신 것이다. 두 분 다 참으로 인생의 가장 행복하다는 노종명老終命을 마치신 분이라고 할 수 있다. 앞으로 우리 『갈숲』 동인들은 모두 두 분과 같은 길을 따르려 노력할 것이다.

청남 선생님의 영전에 명복을 빕니다. 또한 오랫동안 우리 동인들에게 베풀어 주셨던 은혜와 우애와 그 많은 고사의 금언들은 청남 선생님과의 추억과 함께 오래 우리 곁에 남을 것입니다. 선생님, 편히 쉬십시오.

1991. 1

풍류시인 구상 선생님

멋진 분이었다. 바람 같은 분이었다.

선생님은 늘 미소가 있고 온화하셨다. 선생님에게도 남모르는 상처와 아픔과 고통과 슬픔도 있으셨겠지만 밖으로 들어내시지 않은 분이었다. 바로 그 초탈하신 분위기가 많은 사람으로부터 흠모와 따름을 받으셨는지 모른다. 선생님을 자주 대하게된 시기는 1980년 대 중반쯤부터가 아니었던가 싶다.

부산에 계시는 이주홍李周烘선생님과 『갈숲』이라는 동인지를 하고 있었을 때였다. 『갈숲』 동인들은 도합 9명이고 서울에선 나와 박순녀 여사와 둘뿐이고 모두 영남 분들이었다. 동인들은 한 해에 한두 번 부산이나 대구 등지에서 회합도 하고 주연도 벌이고 했는데 부산에서의 주연 때는 구상 선생님도 가끔 자리를 같이 하셨다.

구상 선생님은 동인은 아니었지만 이주홍선생님과 친분이 두터워 부산에 오시면 으레 한자리에 모였다. 선생님은 이주홍선생님을 『갈숲』 교주라고 불렀고 동인들은 그 신도라고 놀려대셨다. 이주홍선생님은

"심술부리지 말고 그만 교주 밑으로 들어오지."
하고 맞장구를 치셨다. 그런 얼마 후 구상 선생님은 『갈숲』 동인이 되시어 『갈숲』에 시와 산문을 많이 게재하셨다.

구상 선생님이 동인으로 되시면서 『갈숲』 분위기도 조금 달라져갔다. 선생님은 워낙 인기 있으신 분이어서 선생님이 자리한 곳엔 특별히 초대하지 않아도 사람들이 모여들었다. 자연 『갈숲』 모임은 동인들의 모임만이 아닌 다른 분들도 자리를 같이 하기가 일쑤였다. 물론 불청객들은 구상 선생님 뿐 아니라 이주홍선생님과도 잘 아는 분들이다. 때로는 스님으로서는 추탈한 김중광스님도 자리를 같이 하기도 하고 시인, 서예가, 화가, 때로는 구상 선생님을 흠모하는 사업가들도 자리를 같이 하기도 했다.

자리는 넓혀지고 주연도 더욱 화려하고 희희낙락이 된다. 여자라야 박순녀여사와 나뿐이고 그 때만 해도 젊은 편이어서 말석에 있으면 선생님은

"여성들이 남성에서 멀리 떨어져 있으면 되나 이리 가까이들 와요."
하시며 자리를 만들어 주시기도 했다

구상선생님은 말씀과 분위기를 잘 만들어나가셔서 자연 선생님의 독무대가 되기도 했다. 주로 젊은 시절 그러니까 6·25 동란 때 생사를 경험한 분들이어서 이야기는 자연 공통의 추억담이 많다.

전쟁시의 이야기를 들으면 당시에는 긴박함 속에서 정신이 약동하는 생과 사, 엄숙함과 낭만이 뒤섞인 종횡무애가 허락 되었던 시대였던 것 같다.

심지어 선생님의 젊은 날 술이 곤두레가 되어 박노석朴奴石선생님 댁에서 자다가 요에 실례를 해서 형수님(노석선생님의 사모님)을 괴롭혔다는 말씀을 하실 때에는 사람 좋으신 노석 선생님은 싱긋이 웃으시기만 했다. 그런가하면 선생님을 잘 아는 청년이 일선에서 상의 군인이 되어

왔을 때 이 친구에게 조금이라도 위안과 행복감을 안겨다 주고 싶어 당신을 흠모하는 여성에게 부탁했다고 한다. 그 여성은 선생님이 그렇게 하시라면 그렇게 하겠다고 순순히 받아 주었을 때 선생님은 그 여성이 무척 고마웠다는 에피소드는 선생님의 폭과 깊이를 느끼게 했다. 또 공초선생님과의 일화도 많으셨다.

이주홍선생님이 작고하시자 동인지 『갈숲』도 막을 내렸다. 동인들도 만나지 못했다. 그러나 구상 선생님과는 가끔 가톨릭문우회에서 뵙게 되었다. 이 모임에선 선생님의 또 다른 면을 보게 되었지만 선생님의 근본 철학이랄까는 어긋나지 않았다.

구상 선생님이 즐겨 말씀하시는 미국의 한 시인이 있다. 이름은 잊었지만 그 시인은 일생을 아편 중독자로 생을 마쳤는데 그가 쓴 시에는 "너는 나를 끝까지 배반하고 숨어 다녀도 나는 너를 끝까지 따라가리라" 아마 이런 시였던 것 같다. 선생님은 이 시인과 시에 대해 인간과 하느님과의 그 피할 수 없는 숙명적인 관계를 말씀하신 것 같다. 그 때 나 또한 느낀바 커 그 시가 가끔 떠오를 만큼 내 뇌리에 음각되었다.

이주홍선생님이나 구상 선생님은 바람같이 사시다 바람같이 떠나버린 분들이다.

> 성령으로 난 사람은 바람과 같다.
> 바람은 그가 뜻하는 대로 불어 대며
> 또 소리를 창조한다.
> 그가 오고 가는 데에 메이지 않기 때문이다.
> 아무도 그가 어디서 와서 어디로 가는지는 모른다.
>
> 요한 3장 8절

2005. 5

Chapter 5

삶의 여운

「서恕」 철학哲學의 기쁨

어릴 때 부모님으로부터 제일 많이 듣고 자란 말이 있다면 "그렇게 하면 남이 욕한다." "남 앞에서 그러지 마라" "네가 그 사람이라고 생각해 보렴" "죄 중에 제일 큰 죄가 남을 괴롭히는 일이다." "남의 고마운 것을 잊는 건 사람이 아니다." 등등 주로 타인을 의식케 하는 충고였다. 아마 유교집안이 돼서 그런 것 같다.

이런 말을 듣고 자라서 그런지 어디서나 앞에 나서기보다 뒷전에 서게 되고 매사에 타인을 의식하며 행동하게 되니 자연 소심할 수밖에 없었다. 타인과의 교제에 있어서도 지나치게 경우가 밝아 전형적인 서울깍쟁이라는 소리까지 들을 때가 많다.

오랜 전에 공자孔子의 논어論語을 뒤지다가 '서恕'라는 글자가 다름 아닌 타인他人을 의식케 하는 것임을 알았다.

자공子貢이 공자孔子에게

"단 한마디로 일생一生을 지켜나갈 수 있는 것이 무엇입니까?" 하고 물었다.

공자孔子는

"그게 바로 '서恕'이다. 타인他人이 내게 그렇게 해 주지 말았으면 하는 것을 나도 타인에게 하지 않는 것이다"고 대답했다.

[子貢問曰 有一言而可以終身行之者乎 孔子 曰 其恕乎 己所 不欲 勿施於人]

대단한 합리적合理的인 사고思考라고 생각했다. 그러나 합리적合理的 사고思考는 상대 쪽의 경우가 어긋날 때 일방一方적으로만 행해 질 때 상호간의 합리合理란 이루어지지 않는다. 그래서 그런지 내가 한만큼 돌아오지 않아도 실망이 크며 때때로 화가 나기도 한다.

그러나 살다가 보니 세상이 그렇게 하나를 주면 하나가 돌아오는 경우도 별로 많지 않거니와 오히려 배신으로 돌아오는 경우가 일반사회이기도 하다. 우리 어머니는 그럴 때 '덕德'이란 말을 많이 쓰셨다.

"내가 덕德이 없어서 그렇다." 그것도 일리는 있었다. 그래서 나는 항상 아이들에게 이르기를 인사성의 습성을 강조하고 또 사람은 무의식 중 본의 아닌 실수도 많이 저지르게 되니 그것을 깨달을 때 사과할 줄 아는 버릇도 있어야 한다고 해서 "죄송합니다." "미안합니다."도 매우 자연스럽게 나오도록 일러왔다.

그런데 얼마 전 나는 우연히 논어論語를 다시 보게 되었는데 내가 알고 있는 '서恕'가 꼭 합리적合理的에게만 있는 것이 아니라는 것을 알게 되었다.

'서恕'는 타인에게 실례하는 행동을 하지 말라는데 그치는 것이 아니고 더 나아가 내 입장立場에 서는 것이 아니라. 타인他人의 입장에서 주는 것이었다.

공자孔子의 말에 의하면 인간人間은 평등하지만 때때로 우리 앞에 평등하지 않은 관계가 많이 있다는 것이다. 우선 있는 자와 없는 자, 노인과 어린이, 또 지체부자유한자들이 있는 것이나 이런 경우 어느 한쪽이 다른 한쪽을 돕지 않으면 평등한 인간人間관계가 이루어지지 않는다는 것이다.

어느 날 공자孔子가 맹인盲人친구와 같이 궁전에 초대 되었는데 오르는 계단 앞에 이르자 맹인盲人친구에게 "계단입니다." 자리에 이르렀을 때 "좌석입니다." "옆에 계신분이 누구누구이고 뒤쪽에 앉은 분이 바로 누구입니다."라고 일일이 말해 주더라는 것이다. 돌아와 공자孔子의 제자弟子인 자장子張이 "그렇게 하는 것이 앞 못 보는 사람을 위하는 것입니까?"하고 물었다. 공자孔子는 "그게 바로 '서恕'이다. 상대의 어려움을 돕는 것이다."

이것은 평소의 공자孔子의 행동이 '서恕'사상이었다는 표현表現이라고 말했다.

예수가 "이웃은 내 몸같이 사랑하라" 했을 때 제자들은 누가 우리들의 이웃이냐고 물은 것과 같은 것이다. 예수는 그때 착한 사마리아 사람의 비유를 들었다.

"길가에서 강도를 만난 사람이 쓰러져 있었는데 그 앞을 제사장(목사나 사제)도 그냥 지나가고 그 밖에도 많은 사람들이 피해갔다. 그 때 한 사마리아사람이 가까이 가서 그 쓰러진 사람을 보고 그의 상처가 깊은 것을 보고 그를 여관까지 데려다 여관주인에게 돈을 주고 내가 일을 보고 돌아 올 때까지 이를 도와 달라고 부탁을 하고 갔다. 그 강도를 만난 사람이 너희 이웃이니 너희들도 가서 그와 같이 하라."

이것은 어디까지나 내 중심적中心的행동이 아니고 도움이 필요한 사람이 중심中心이어야 한다는 것이다. 남이 싫어하는 행동에 그치는 것이 아니고 타인 중에서도 피해被害를 받고 있는 사람 쪽에 선 행동이다.

불교도 잘은 모르지만 똑같이 불교의 자비慈悲도 같은 뜻이라 생각된다. 원래 석가모니도 보살의 몸으로 자기구도의 길을 걷던 분이다. 곧 자기 구제救濟의 소승小乘이다.

석가모니는 29살에 출가하여 6년 동안을 극한에 이르는 고행苦行을 했으나 자신이 바라는 최고의 이상에는 도달 할 수 없는 것을 알았다. 자기육체를 괴롭히는 것으로서만이 구도의 길이 아니다, 오히려 육체의 힘을 선용함으로써 인간고人間苦의 해결을 가져 올수 있지 않겠느냐는데 생각이 이르렀다. 그는 곧 보리수나무 아래서 단좌禪座를 하고 49일日만에 깨달음을 얻었다. 그러나 그분은 자기 깨달음에서만 끝내지 않고 자신의 깨달음을 제자弟子들에게 설법했다. 그리고 누구나 까닭을 가진자 부처가 될 수 있다고 했으니 중생衆生을 위해 대자대비大慈大悲를 베풀라 일렀다. 자비의 베풂음은 곧 대승大乘이다. 그래서 초대 원시原始분교단은 소승小乘단이었다가 뒤이어 서기西紀 전후前後 소승小乘분교단은 대승大乘분교단으로 전환을 했는데 그 동기가 피박해자被迫害者들의 구제운동이었다고 한다.

예수가 십자가十字架에서의 죽음이 그 제자弟子는 물론 오늘날까지 그를 찾는 자들에게 거듭나게 해준 것처럼, 인간人間은 어디에 서서 일을 하느냐에 있는지가 문제될 것이다.

論語

子貢曰 君子之過也 如日月之食焉 過 人皆見之 更也 人皆仰之.

윗사람의 과실들은 日食이나 月食처럼 누구의 눈에도 분명히 잘 보인다. 그러나 過失이 改善되면 太陽을 보는 것처럼 부시게 우러러 본다.

여기에 개선改善의 거듭나는 행위가 있다.

그리고 보면 합리적合理的인 처세법에도 무엇인가 앙금이 남고 자기성찬만 에도 역시 앙금이 남는다. '서恕'의 철학哲學에는 용서할 '서恕' 동정할 '서恕' 헤아릴 '서恕' 어질 '서恕' 등등, 여러 가지 복합적인 뜻이 있었다.

문학文學 또한 '서恕'의 철학哲學으로 이루어질 때 진정 자기 이야기만이 아닌 참신한 휴머니티에 입각한 이웃을 내 몸과 같이 대승적大乘的 업이 있는 것이 아닌지 모르겠다.

적어도 나는 문학文學을 그렇게 하고 싶다.

1979. 9

무제無題

'73 불교잡지사의 여기자를 따라 방문한 사찰寺刹은 정릉에 있는 봉국사奉國寺였다. 정릉이라고 해서 평지에 있는 줄 알았더니 정릉 뒷산 비탈진 언덕 산길을 약간 숨 가쁘게 올라가는 벼랑에 자리 잡고 있었다.

한더위에 그곳으로 오르려니 이맛살이 절로 찌푸려졌다. 한여름에 이곳을 찾은 것은 피서를 하기 위한 것이 아니라 잡지사 측에서 "고승과의 인터뷰"를 청탁받았기 때문이다. 인터뷰란 내겐 그리 달가운 것은 아니었으나, 이 견딜 수 없는 열기에 노승으로부터 좋은 말씀이라도 들을 수 있다면, 그것으로 34~5도의 더위를 잠시나마 잊을 수 있지 않을까 하는 기대에서였다.

언제부터인가 나는 한 여름에 어려운 일을 해냄으로써 더위를 견디어내는 것이 매년 계속되어왔다. 의도적으로 그 시기를 택한 것은 아니나, 지나고 보면 대부분 가장 찌는 듯한 날씨였던 것 같다.

월하月下스님과의 인터뷰를 부탁받은 때도 한참 일에 쫓길 때였다. 더

군다나 오후 2시경은 머리위에서 태양이 한창 이글거리고 있을 때였다.

비탈진 언덕을 무거운 발걸음을 재촉하여 겨우 오르고 나니 약속한 월하月下스님은 부재중이셨다. 더위와 기다림은 나를 더없이 짜증나게 했다.

절이 산 위에 있고 나무들로 둘러싸여 있었으나 바람 한 점 없고 나뭇잎들도 열에 익은 듯 축축 늘어져 있었다. 내 앞에서 절에는 얼맞지도 않은 선풍기가 계속 후덥지근한 바람을 보내왔으나, 초조함으로 자꾸 들여다보게 되어서인지 더위는 조금도 가실 줄 몰랐다. 이런 내 심중을 들여다본 듯 젊은 학사스님이 내게 말을 걸어왔다.

그는 봉국사奉國寺에 대한 내력을 이야기했다. 이 절은 어느 절처럼 부처님을 모신 곳이 아니고, 약사여래상藥師如來像을 모시고 있었다. 잘은 모르지만 좀 특이하게 생각되었다. 태조太祖는 두 번째 부인 강姜씨가 오래 신병으로 앓자, 수도를 개경에서 한양으로 옮겼고 강姜씨를 위해 아마도 이 절에서 약사여래를 모신 것 같다고 그는 설명했다.

나는 인도여행을 다녀와서 불교서적을 조금 들여다본 적이 있는데, 그때 약사여래에 관한 글을 읽었었다. 그래서 그것이 같은 것인가 해서 학사스님에게 물었다. 그는 약사여래에 대해서 잘 모르고 있었다. 약사여래가 남성인지 여성인지도 모르는 것 같았다. 그래서 나는 책에서 읽은 약사여래의 내력을 이야기했다.

약시여래藥師如來는 약사의왕존藥師医王尊이라고도 불리워져 중생의 현세現世이익을 다스리는 부처님으로, 처음부터 약사불은 저돌적 성격의 부처이고 약사여래는 수드라(천민) 아버지와 바라문(귀족) 어머니의 몸에서 태어난 혼혈녀라고 말하자, 학사스님은 왠지 더 이상 들으려 하지 않고, 다른 이야기로 말머리를 돌려버렸다.

내가 불교에 대해서 아무것도 모르면서도 약사여래에 흥미가 있었던 것은 인도같이 엄격한 카스트제도 속에서 약사여래상은 천민과 귀족의 혼혈녀라는 발상이었다. 오랜 전통으로 아직도 계급제도가 엄격한 그 나라에서 이런 발상은 확실히 불교의 혁신적인 생각이었던 것 같다.

월하月下스님이 오신 것은 약속시간에서 두 시간 지난 후였다. 나는 한참 지루하던 터라 우선 용건부터 꺼냈다.

"요즘같이 물질만능의 배금사조에 있어서 불심佛心이라는 종교는 어떻게 중생을 인도하고 있습니까?"

스님은 한참 침묵하시더니 시선을 먼 곳으로 보내시며,

"그것은 요즘뿐이 아니지요. 부처님이 살아계신 때나 지금이나 마찬가지지요."

그리고 묵주를 한참 돌리시더니

"누구든지 마음속에는 저나 나나 같은 사람인데 제가 잘났으면 얼마나 잘났나 하는 생각이 있어, 내가 느낀 진리란 이런 것이라고 말해봤자 믿지 않습니다. 그래서 자연히 내 말이 아니라 부처님이 하신 말씀이 이러이러 하더라하면 모두들 솔깃하니까, 부처님 말씀만 되풀이해 전하지요."

스님의 뜻밖의 말씀에 나는 문득 학사스님의 내게 향한 야릇한 미소가 떠올랐다. 스님은 역시 당신의 말씀이 아닌 부처님의 말씀을 이것저것 1시간가량 하셨다.

나는 그 말씀에 취해 한동안 정말 더위도 잊고 열심히 녹음을 했다.

그런데 집에 돌아와 생각하니, 부처님의 많은 말씀보다-사람들은 누구나 남을 대할 때 저나 나나 같은 사람인데-하는 월하月下스님의 첫 말씀이 자꾸 떠올랐다. 한 여름에 내 마음 속에 커다란 얼음덩어리를 던져준 말씀이었다.

1980. 3

구피의 문학文學

며칠 전 나는 책을 찾다가 우연히 동화책 하나를 발견했다. 퍽 오래 전, 내 아이들에게 읽어주던 "웃지 않는 공주"였다. 이 책은 아이들을 위한 것이니만큼 그림이 많고, 이야기는 그리 많지 않은 흔히 있는 동화책이다. 바보가 우연히 웃지 않는 공주를 웃기는 코믹한 동화로서, 어린시절에 많이들 읽고 자랐을 것이다.

나는 세 아이들 손에 닳아 다 헐어진 이십 여 년 전의 동화책을 대하니 약간 감회가 일어, 일손을 멈추고 잠시 들춰 보았다. 그런데 다 읽고 나서 나는 그 속에서 새로운 것을 발견했다. "웃지 않는 공주"는 단순히 코믹한 동화가 아니라는 것이다.

그 이야기는 이렇게 시작한다.

어느 왕궁 근처에 바보라는 뜻의 "구피"라는 이름을 가진 바보 아들이 엄마와 둘이 살고 있었다. 엄마는 어느 날 구피에게,

"양식이 다 떨어졌으니 왕궁에라도 가서 일을 해주고 먹을 것을 받아 오렴"

하고 일렀다.

구피는 왕궁에 가서 닭장을 치워주고 보수로 계란을 한 아름 받았다. 그것을 조심스레 가슴에 안고 오던 중, 구피는 마침 창가에 무표정하게 앉아 있는 웃지 않는 공주를 쳐다보다가 그만 돌부리에 걸려 넘어지고 말았다. 그 바람에 가슴에 안았던 계란을 모두 떨어뜨리고 놓쳐 그만 빈손으로 돌아오고 말았다.

엄마는 구피에게,

“그럴 땐 네 모자를 벗어서 그 속에 계란을 넣고 와야지”

하고 일러 주었다.

다음날은 구피는 목장에 가서 소젖을 짜주고 우유를 한 통 받았다. 그 때 엄마 말씀이 생각나서 모자를 벗어 그 속에 우유를 쏟았다. 그러자 우유는 모두 새어버리고 말았다.

엄마는 다시 일렀다.

“그럴 때는 손에 우유통을 끈에 매어 들고 와야지”

그 다음날 구피는 돼지우리를 치워주고 돼지 새끼 한 마리를 받았다. 그리고는 어제 엄마가 일러준 말이 생각나서 조심스레 돼지를 끈에 묶었다. 그리고 손에 들고 오는데, 돼지가 버둥거리는 바람에 놓쳐버렸다. 돼지 새끼는 쏜살같이 어디론가 도망치고 말았다.

엄마는 또 일렀다.

“그럴 땐 목에다 끈을 매어 끌고 오면 될 것을……”

다음날 구피는 왕궁의 주방에서 일을 해주고 받은 생선을 머리에 끈을 매어 끌고 오다가 동네 고양이에게 다 뜯어 먹히고 가시만 남게 되었다.

그 날 밤 엄마는 구피에게,

“이 어리석은 것아, 그럴 땐 어깨에 메고 오는 거란다”

하고 일렀다.

다음날도 구피는 왕궁에 가서 이번에는 외양간 청소를 해주었다. 외양간 지기는 구피가 열심히 일을 잘했다고 소 한 마리를 주었다.

구피는 이 소를 어떻게 가지고 갈 것인가를 연구했다. 그러자, 어제의 엄마 말씀이 생각나서 자기 모자를 벗어 소에게 씌우고, 웃옷도 벗어 소의 등에 걸쳐주고는 있는 힘을 다하여 그 소를 어깨에 메었다. 너무 힘이 들어 구피는 넘어질 듯 비틀거리며 걸었다. 마침 창가에 앉아 있던 웃지 않는 공주가 이 기가 막힌 광경을 보자 드디어 웃고 말았다. 그 웃는 소리가 어찌나 컸던지 궁궐 안에 다 들렸다. 임금님은 뛰어나와 누가 공주를 웃게 했는지를 알아보았다. 그리고 그가 구피라는 것을 알자, 임금님은 구피를 사위로 삼았다.

지금 다시 읽으니 중요한 것은, 그처럼 어리석은 구피가 어떻게 행복을 찾을 수 있었는가 인 것 같다. 나는 새 발견을 딸들에게 말했다.

"엄마 말씀을 듣고 보니, 그것이 그렇게 의미 있는 동화인지 몰랐어요. 그러기에 동화면서도 불멸의 고전인가 봐요."

큰 딸이 말했다.

"명작이란 읽는 사람에 따라 그 느낌이 다 다른 것 아니에요. 작가가 어떤 동기에서 썼는지는 몰라도, 읽는 사람에 따라 졸작도 되고, 또 이렇게 의미 있는 명작도 되구요."

"내가 너희들에게 이 얘기를 읽어줄 때만 해도 그런 명작이라는 의미보다는 그냥 구피처럼 바보는 되지 말라고 했을 거야."

"엄마, 구피가 되셔요. 철저히. 그러면 언젠가는 웃지 않는 공주를 웃기게 될지 알아요?"

작은 딸은 마치 엄마보다 몇 배의 어른처럼 내 머리카락을 만지며 말했다.

많은 작가가 앞 다투어 인기 소설을 써가며 현실에 타협해 가는 이 시대에 미련스럽게 언제까지나 외면당하는 글을 순수문학이라고 고집

하려는 나를 내 딸들은 이렇게 위로했다.

딸의 충고는 옳았다. 어리석은 주제에 어설프게 영리해지려는 내 어릿광대가 슬프게도 나로 하여금 글을 못 쓰게 하는 것이다. 글뿐 아니라 모두가 그런 것이 아닐까. 바보고 미련스러우면서도 열심히 산 덕분에 영 웃지 않는 공주가 되어버린 그 공주를 웃길 수 있었다면, 나 또한 우직스럽지만 나의 문학을 고집스레 밀고 나가면 언젠가는 그 문학이 빛날 날도 있지 않을까.

1981

갈숲 자찬自讚

『갈숲』 10타朶가 부산에서 우송되어 온 날, 나는 언제나처럼 봉투를 사오고, 몇몇 분에게 다시 우송하기에만 바빴던 것이다.

그런데 『갈숲』을 받을 때마다 빠짐없이 전화를 해오는 소설가 이규희李揆姬씨가 이번에도 전화를 주셨다.

"선생님, 벌써 10타朶가 되었군요."

"어느 사이 그렇게 되었네. 처음보다 나아진 것이 있는지 모르겠어."

"선생님. 까뮤가 이런 말을 한 것이 있어요. 무엇이나 오래 지속된다는 것은 좋은 일이라구요."

그러고 보니 『갈숲』 10타朶에 대해 새삼 감회가 일었다.

부산과 서울이라는 거리의 핑계로 늘 원고만 보내고, 단 한번도 『갈숲』이 단장해 나올 때까지 참여를 못했던 것이다.

이규희씨의 말을 듣고 나서 나는 『갈숲』을 제 1타朶에서부터 10타朶까지의 열권을 다시 들쳐 나란히 챙겨보았다. 첫 출발 날짜가 1978년

12월 20일로 되어 있었다. 정말 어느 사이 햇수로 4년이란 기간이 지났고, 그동안 10권의 작은 책자가 나온 것이다. 돌이켜 보건대 4년 전 처음 동인지를 만들자고 부산 이주홍李周洪 선생님으로부터 편지를 받았을 땐, 죄스러운 일이지만 이렇게까지 오래 지속되리라고는 생각지 못했었다. 그 이유는 우선 나 자신이 서울에 있는 몸이고, 또 누군가 뒤에 스폰서가 있는 것도 아니므로, 과연 그 수명이 얼마나 갈 수 있을까 하는 우려도 없지 않았던 것이다. 더욱이 (필지를 제외한)동인 여러분이 모두 원로급이어서 청탁 원고만 해도 바쁠 터인데, 1년에 한 편도 아니고 한 번에 서너 편씩이나 써야 하는 것을 몇 분이나 해낼까… 하는 나대로의 뭔가 불안한 생각이 없지 않았었다.

그런데 첫 집을 받고 보니 책이 표지부터 멋진데다가 어딘지 색다른 감각을 주며 품위마저 있어, 어떤 잡문이라도 능히 좋은 글로 만들어 버리는 마술이 있는 것 같았다. 그래서 처음 경솔했던 것을 뉘우치며 열심히 글을 써서 보냈다.

그런데 "동기가 좋으면 끝도 좋다"는 셰익스피어의 명언대로 동인지의 동기가 순수해서 그런지 돕는 분이 계속 나타나 주셨다.

어느 날 내가 진흥원에 갔다가 우연히 송지영宋志英 원장님을 만났더니, 먼저 『갈숲』에 대한 말씀을 하셨다.

"동인지가 아주 좋더군요. 그런데 비용도 많이 들 터인데, 어떻게 나오지요?"
하시는 것이 아닌가. 내가 대답도 하기 전에 어느 정도 눈치를 채시고,

"내용도 좋고, 향파向破 선생님의 글 등 우리 문단에 다 남을 만한 것들이니, 진흥원의 지원을 받도록 해보세요."
하신 것이다.

바라지도 않았던 것이라 뜻밖이었으므로 즉시 향파向破 선생님께 연락드렸다. 선생님도 대단히 감사해 하시며 동인지 지원금 수속을 하셨

고, 1년에 한번 1회분 지원금을 고맙게 받게 되었다.

그밖에도 고마운 분들이 물심양면으로 도와주셔서 4년 동안 그만한 결실을 맺은 것이다.

뭔가 미덥지 않은 것은 또 한 가지가 있었다. 요즘처럼 많은 책이 출판되고 읽을거리도 많은데, 또 동인지가 한두 권이 아닌데 읽어주나 하는 생각이었다. 그래서 나는 『갈숲』이 나올 때마다 겸손한 마음이 되어 마치 나 자신의 왜소한 심신을 선보이듯 조심스럽게, 또 부끄러운 마음으로 이분들만은 내 흉허물을 이해해주겠지 하며 몇몇 분들께만 보내 드렸다.

그런데 의외로 보내드린 분들은 그 바쁜 중에도 읽어주시며 관심도 가져 주셨다. 이것 또한 뜻밖의 일이며, 그렇게 감사할 수가 없었다. 글이란 누군가가 읽어준다고 믿기에 열심히 쓰게 되는 것인지도 모른다.

언젠가 김동리金東里 선생님을 뵈오니까.

"송원희씨도 동인이 되어있는 『갈숲』 그거 아주 재미있던데?"

하셨고, 이항녕李恒寧 선생님도 지난해인가 설악산에서 있은 세미나에서 뵈었더니 『갈숲』에 대한 말씀을 하시면서

"원로 문인들이 다른 데에 글쓰기도 바쁠 터 인데 동인지 같은 것을 하지?"

하시던 손호희孫素熙 선생님이 누구보다도 『갈숲』을 열심히 보시고, 언젠가는 다 읽기도 전에 누가 가져가 버렸다고 하시며 또 한권만 보내달라고 전화를 걸어 주셨다. 그러면서 "『갈숲』은 왠지 잘 읽혀져서 좋아!"하셨다.

최정희崔貞熙 선생님께서도 『갈숲』을 재미나게 읽으신다며 만날 때마다 『갈숲』에 대한 말씀을 하신다.

관심은 곧 애정이다. 이 원로 분들에게는 부산의 향파 선생님께서

직접 보내드린다.

내가 보내드리는 분들도 마찬가지로 『갈숲』에 대한 응담을 늘 보내준다.

전남 화순의 중·고등학교 교장 선생님이시며 시인이신 이정룡李政龍 선생님도 『갈숲』을 받으실 때마다 한번도 거르지 않고 편지를 보내 주시며, 『갈숲』이 오기를 기다린다며 그 때마다 코멘트를 해주신다. 이번에도 『갈숲』이 벌써 10타朶가 되었다며 두메산골까지 보내주어서 감사하다고 하시고, 축하를 겸하는 편리를 보내 주셨다.

안영安泳씨도 또 기일혜奇一惠씨도 이은집李殷執씨도 역시 작가답게 꼬박 편지에다 소감을 보내주고, 아동문학작가 이영호 선생도 동화에 대해 한 말씀 코멘트 전화로 해주셨다.

시인 이향아李鄕莪씨는

"아름다운 분들의 아름다운 모임의 귀한 글들."

이라고 까지 해주었다. 그것이 비록 인사일지라도 『갈숲』의 보람을 느낀다.

그러나 그런 찬사만이 전부는 아니다.

"우매한 사람들의 우매한 짓들"이란 말도 들었고,

"아니, 어엿한 대가들이 왜 그런 허튼 짓(낭비)을 하나?"

"그게 무슨 생산성 없는 짓이요!"

하는 말도 들었다.

그렇게 생각하는 분들도 있을 수 있다. 그러나 우리 『갈숲』 회원 중에는 아무도 자신이 대가라고 자처하는 사람이 없거니와, 그렇다고 발표 지면을 애써 만들어보려는 안간힘은 더욱 아니다. 오히려 청탁의 굴레에서 벗어나 글을 부담 없이 자유로이 쓰고 싶고, 그것을 한데 모아보는 기쁨뿐인 것이다.

거기엔 세속의 명예나 고료 같은 것은 염두에도 없거니와, 자랑거리를 삼고자 하는 것도 아니다. 요즘엔 너무나 상품적인, 그런 행위를 하는 글들이 많기 때문에 거기서 벗어난 글을 써보고 싶은 낭만적 반발인지도 모른다. 하지만 이런 글이라도 누군가가 기꺼이 읽어준다는 확신이 있기에 우리 동원은 열심히 저대로의 글을 쓰고 단장도 하는 것이 아닌가.

이것은 여담이지만 내가 매일 새벽마다 올라가는 우이동 산기슭에 널찍한 공터가 하나 있다. 이 공터는 겨울 내내 뭇사람들이 밟고 다녀 굳어 질대로 굳어진 땅이다. 그런데 추위가 지나갈 무렵 어느 날 한 노인 양반이 나와 그 굳은 땅을 갈기 시작했다. 땅이 어찌나 굳었는지 노인 양반은 쉬엄쉬엄 땅을 팠다.

"저 할아버지 저렇게 해서 얼마만큼 땅을 팔 수 있을까? 요즘은 농촌에서도 무엇이나 경운기로 드드륵 단번에 밀어버리는데 말야. 또 저 땅에다 뭐가 얼마만큼 나올까."

그러나 우리가 두어 시간 가량 산에 올라갔다가 내려와 보니 벌써 열 평가량의 땅이 갈아져 있었다. 다음날 아침 다시 그곳을 지나다보니 이번에는 새끼줄로 울타리를 쳐놓고 '도로道路로 통래通來하시오'라는 팻말이 세워져 있었다.

갈아놓은 땅은 매일 조금씩 더 넓혀져 갔다. 그리고 할아버지는 그 땅에 고랑을 지어 비료를 주고 계셨다.

"그게 무슨 비료지요?"

"뭐 이것저것이지요. 겨울 내내 버리는 것을 다 주워서 모은 거요."

그 다음날. 할아버지는 그 고랑에 씨를 뿌리셨다.

"그건 무슨 씨에요?"

"무수(무)요."

한여름에 시장에 나가면 값싼 것이 무 배추이다. 그런데 저렇게 힘들여 할 필요가 어디 있을까. 설사 수확이 되었다 해도 노동의 대가만큼이나 나올 것인가?

씨 뿌린지 며칠 후, 밭에는 파릇파릇 보일 듯 말 듯한 싹이 가지런히 돋아나기 시작했다.

"엄마, 벌써 싹이 났어요. 씨 뿌린지 며칠 되지도 않았는데…."

같이 산책을 하던 딸아이가 감탄을 했다. 그런데 그 다음날, 내 눈을 놀라게 하는 변화가 또 생겼다. 산 계곡에서부터 개천으로 흘러내리는 물을 밭고랑까지 끌어들여 고랑 사이사이마다 물이 흥건히 고여 흐르는 것이 아닌가. 마치 소꿉장난처럼 우리는 아침마다 매일 매일의 변화가 재미있었다.

그런 후 우리는 할아버지의 모습을 뵐 수 없었으나, 파릇한 잎들이 어느새 꽤 자라났다. 그 날마다 자라는 모습은 참으로 신기하고 자연의 신비로움을 확인하게 해주었다.

우리는 『갈숲』도 바로 그런 것이 아닌가. 조그맣고 선한 순수한 마음에서부터 싹트고 자라난 것.

나는 문득 성서 속 창세기의 한 구절이 떠올랐다.

–하느님이 그 지으신 모든 것을 보시니, 보시기에 심히 좋았더라(창세기 1장 31절).

기독교 성서에는 하느님의 창조 작업 하나 하나가 끝날 때마다 하느님이 자기 능력과 업적에 대해 기뻐하시고 만족해하신다고 적혀있다. 다시 바꿔 말하면, 창조는 하나의 예술인 것이다. 예술은 아름다움의 표현이다. 자신이 만든 창조적 작품에 만족하고 기뻐하는 것은 곧 하느님이 천지 만물을 창조하시고, 그것을 보시기에 좋았더라 하신 것과 무엇이 다른 것이랴. 비단 농사나 예술뿐이겠는가. 건전한 생산사업 같은 것 역시 하느님의 수고로움이 아닌가.

할아버지가 버려진 땅을 갈고 자신의 소중한 세계를 가꾸듯이, 우리도 날마다 혼탁한 현실에 굳어진 마음을 풀어 밭을 갈듯 『갈숲』을 엮어 아름다운 것을 만들어 보는 것이다.

－땅이 혼돈하고 공허하여 흑암이 깊음 위에 있고, 하느님의 신은 수면에 운행하시니라. 하느님이 말씀하시되, 빛이 있으라 하시매 빛이 있었고, 그 빛이 하느님이 보시기에 좋았더라(창세기 1장 2~4).－

농부가 갈기 전까지의 땅은 무의미하고 무질서와 혼돈 속에 있듯이, 하나의 예술작품의 완성도 마찬가지이다. 작가가 혼돈에서부터 창조해 내는 예술작품은 그 자체가 소우주이며, 그 속에 빛과 아름다움이 있어 하나의 세계를 형성하는 것이 아닌가. 『갈숲』의 만수무강을 다시 한 번 자축해본다.

1982. 5

1982년 가을

그리 넓지도 않은 우리 집 마당이지만 그런대로 가을이 풍성한 것 같다. 금년 들어서 배나무에는 배가 거의 주먹만한 크기로 주렁주렁 열렸고, 예년엔 그렇게 떨어지기만 했던 감나무에도 주홍빛 감이 한 30개가량 매달려서 그 자태가 표현할 길이 없이 아름답다. 감뿐 만아니라 감 나뭇잎이 단풍 들어 한잎 두잎 떨어지는 풍경이 그 예전에 릴케의 시집을 들고 감나무 밑에 서 있었던 시절이 생각나기도 했다.

"이제 그만 대추도 땄으면 좋겠다."

하신 노모의 말에 나는 바구니를 들고 마당으로 나갔다. 장대를 들고 몇 번 휘두르니 대추가 뚝뚝 소리를 내며 떨어졌다.

"어머니, 금년에도 두어 말은 딸 것 같지요."

대추를 줍는 어머니와 나의 손은 바빴다. 순식간에 바구니에 빨간 대추와 푸른 대추가 가득 찼다.

"금년에 배가 잘 된 것은 비둘기 때문이고, 감나무에는 봄에 거름을 좀 주었더니 이 정도로 열린 것 같구나. 추수란 역시 돌보는 만큼 거두는 것이라더니…."

그런데도 어쩐지 나는 열매를 그냥 얻은 것 같은 기분이 든다. 열매 이야기가 나오니 며칠 전에 어머니와 나눈 말이 생각나서 절로 미소가 지어졌다.

외출하기 위해 거울 앞에 앉으니 어머니가 어디 나가느냐고 물으셨다.

"남자 친구가 점심을 같이 하자고 해서요."

좀체 남자친구란 말을 입 밖에 내 놓는 일이 없었는데, 순간 왜 그런 낱말을 사용했는지 말해놓고 나도 모르게 어색했고 어머니에게도 쑥스러웠다. 나는 거울을 보면서,

"저보고 점심 같이 하자는 것도 얼마 안 남았어요."

하며 웃었다.

"아니다. 친구란 같이 늙어가는 것이니 상관없다."

"그럴까요?"

"암, 그리고 이제는 꽃으로 만나는 것이 아니라, 열매로 만나는 것 아니냐."

나는 어머니의 말씀에 놀라며 속물 같은 말을 한 내가 부끄러웠다. 이 분이 딸 아닌 며느리에게도 이런 말씀을 하실 수 있을까. 아니 그런 것 보다 당신 자신은 남편 이외의 남성하고 마주 서 본 일조차 없으셨을 텐데 그 이해심은 어디서 나온 것일까. 어쨌든 순간 '참 멋진 어머니로구나'하고 생각했다. 흔히 나이 들어가는 여자를 늙은 여자라고 하지 않고 열매로 표현한다는 것은 그리 쉬운 일은 아니다. 그것은 확실히 한 계단 높은 생각에서 나온 표현이다.

얼마 전에 어떤 모임에서 나이든 여자는 호박꽃이라는 등의 말이 오고간 적이 있었다. 그 때,

"그렇지 않지요. 열매가 있지 않습니까. 어느 의미로 보면 짧은 동

안의 꽃보다는 열매가 더욱 아름답지요. 장미의 열매를 보셨나요?" 하고 말해서 그 자리에 있던 여성들에게 인기를 얻은 멋쟁이 신사 K씨가 있다.

우리 어머니가 그 자리에 계셨던 것도 아니고, 문학을 하시는 분도 아닌데, 그런 말씀을 하신 것을 보니 70 노모이지만 멋이 있고 애교가 있는 분이라고 여겨졌다. 40~50의 중년 여성을 원숙한 단계나 열매의 미美로 세련되게 말하는 사람은 흔하지 않기 때문이다.

언젠가 소설 쓰는 N씨가 아주 심각한 표정을 지으며, 여자는 40대가 되면 거리에 나오지 말아 주었으면 좋겠다고 말하는 것을 들은 적이 있다. 그는 어떤 모임에서 선배인 C여사를 약 10년 만에 만났는데, 그 분이 그동안 너무 늙어 보여 놀랐다는 것이다. 그 분의 늙은 모습을 보니 순간 실망도 되고 자기 주머니에서 무엇인가를 도둑맞은 기분도 들더라는 것이다. 젊음을 도둑맞은 것 같아 실망했다는 말까지는 괜찮았는데, 40대 이상의 여성은 거리에 나오지 말았으면 하는 말은 농담치고는 좀 심한 말 같았다. 그렇게 말하는 그 자신도 40대가 훨씬 넘어 50을 바라보고 있고, 그 자신도 나이 보다 늙어서 얼굴에 주름살이 거미줄 져있고 흰 머리가 많이 보이는데… 자신이 늙는 것은 모르고, 여성이 나이 드는 것만을 말하는 남성들을 볼 때 자신에게 화풀이 하는 듯한 느낌이 든다.

N씨뿐 아니라 많은 N씨 같은 남성들이 얼마나 많은가. 특히 40~50대 남성일수록 늙은 여자란 말을 자주 들먹이는 것 같다. 심리학적으로 보면, 이런 남성들은 허약하고 얕은 감각에 만족하고 여성을 객관화시켜 보지 못한다는 데서 오는 것이다. 자신의 머리가 허옇게 되어가는 남성일수록

"여자나이 40~50이면 다 된 거야."

하는 말을 곧잘 쓴다. 이렇게 정신적으로 결핍된 남성은 성숙한 여

성을 감당하기 어려워하는 취약점이 있기 때문이라고 한다. 그럴듯한 말인 것 같다. 이것은 나이 드는 것을 '늙는다'는 말 대신 열매로 생각하지 못하고, 겉 사람만을 보고 표현하는 남성의 얄팍한 일면이기도 한다.

미국의 여류작가인 A.린드버그 여사는 40~50의 나이에 자신을 늙었다고 생각하는 사람은 심신이 빨리 쇠약한 사람이라고 했다. 그녀는 중년의 나이는 인생의 여명기라고 할 수 없고, 40~50이전에 속하는 원시적이며 육체적인 일 본위의 생활을 계속 할 수도 없다고 했다. 40~50이면 인생의 오후가 시작되는 것이고, 오전에는 번거로운 경쟁 때문에 생각할 겨를이 없었던 지적知的 문화적 또는 정신적 활동을 해야 하는 시기라고 하였다. 그러면서 그녀는 미국인들은 젊음, 행동 또는 물질적 성공을 지나치게 중요시하기 때문에 인생의 오후를 가볍게 보거나 그런 오후의 시기가 절대로 오지 않을 것이라는 단정을 내리는 사람이 많다는 것이다. 그러므로 그런 사람들은 인생의 오전을 연장시키려는 부자연스러운 노력으로 쓸데없이 체력을 소모시킨다는 것이다. 이런 부질없는 노력이 성공할 수 없는 것은 두말할 것도 없다. 우리가 자식들이나 힘이 넘치고 현명하지 못한 청년들과 경쟁한다는 것은 어리석은 일이다. 이런 안간힘은 추태이며, 오후에 볼 수 있는 열매 맺는 기회를 놓쳐버리는 것이다.

바구니 가득 대추를 담으니, 큰 것도 있고, 작은 것도 있고, 같은 크기인데도 완전히 발갛게 익은 것도 있고, 큰데도 언제 익을 것인지 새파란 것도 있고 그런가 하면 자라기도 전에 익어서 말라가는 것도 있다.

"어떤 대추는 꿀처럼 단데 이것은 씁쓸하구나."

어머니는 대추를 맛보시며 말씀하신다.

그러고 보면 열매도 열매 나름이고 또 꽃이 폈다 해도 다 열매를 맺는 것도 아니다.

우리 인생의 열매는 무엇일까. 가정이 열매일 수 없듯이 자식들이 열매일 수도 없다.

"꽃으로 만나는 것이 아니라 열매로 만난다."라고 하신 노모의 말씀은 생각할수록 의미 깊고 한층 차원이 높은 말씀인 것 같다.

1983. 4

대필代筆

"할매씨요. 지열엄마 계십니까?"

하는 소란스러운 목소리가 들려왔다. 누구냐고 묻지 않아도 한 동리에 사시는 순경이 할머니이시다.

"어서오세요. 요즘은 왜 통 안 오셨어요?"

맞인사를 하시는 우리 어머니는 곧바로 그 경상도 할머니를 서재로 안내하셨다.

"아이쿠, 지열엄만 여전히 공부(원고 쓰는 것)만 하고 계시구마, 우리집 며누린가 뭔가는 지금 동리 여팬네들과 몰켜 옷 사러 안 갔나. 하루도 집에 안 있어예. 어찌다 집에 하루라도 있으면 미칠 것 같다나… 그래 여기다 전화 걸고 저기다 전화 걸고 하더만, 집에 있으면 하루 종일 전화질이야. 아니면 쪽하니 채려입고 동리 여팬네들이랑 몰켜나가고…… 지열엄마, 난 그 꼴 보자보자 하니, 이 가슴속에서 하루에도 볼 덩어리가 몇 천개씩 위로 치올려 내려갔다 안 하나."

순경이 할머니는 당신 가슴을 두드렸다 한숨을 쉬었다 하면서, 겉치마를 거두고 깊숙이 서 몇 번 접힌 편지 봉투를 꺼냈다.

"지열엄마, 어짜꼬, 바쁘지만 편지 한 장 써줄꼬마. 이건 미국에 있는 평이할머니가 보낸거구."

"L.A에 계시다는 그 할머니가 보내신 거에요?"

"응, 벌써 왔재. 이것 읽어 보구 내 말 좀 전해줘. 아이쿠 지열엄마, 미안해 죽겠구먼."

"괜찮아요 할머니. 언제라도 가지고 오세요. 저야 글 쓰는 것이 일이니까요."

"그래도, 지열엄마는 공부하는 것 아이가. 그런 사람에게 이런 부탁하는 것 미안해서… 하지만 내사 어디다 대구 마음대로 써달라고 할 수 있나. 동네 젊은 것들은 모두 도둑년들이라. 내가 한 번은 저어기 영숙 엄마에게 부탁 안했나. 그랬드니 어느 틈엔가 우리 며누리가 와 가지고 막 내게 야단안하던가 동네 다니면서 지 망신시킨다고 말야."

"며느리 흉보셨어요?"

"어데… 내 이렇게 늙어도 집안 욕은 아무한테도 안한다. 단 한 사람 지열엄마한테만 말이다. 앙 그래 이 할마씨?"

순경이 할머니는 옆에 계신 내 어머니 어깨를 치면서 웃는다. 그러던 우리 어머니께선

"걱정 마시고 쓰실 것 있으면 가져오세요. 편지 쓰고 싶을 때 못쓰는 것은 하고 싶은 말 못하는 거와 똑같이 답답하니까요."

"암, 암. 할마씨 내 맘 잘 알고 있구마. 하하…."

나는 할머님이 내놓은 두 통의 편지를 읽어야 했다. 한 통은 사우디의 아들에게서 온 것이다.

"어머님 옥채 안녕하십니까.

소자는 별 걱정 없이 몸 건강히 일하고 있으니 너무 염려 마십시오. 아이들이 건강하게 공부 잘 하고 있다니 고맙고 안심이 됩니다. 제가

이 머나먼 곳에까지 와서 애쓰는 보람이 있다고 생각합니다. 날씨가 너무 더워 좀 고생이 됩니다만, 남들이라고 참는데 저라고 못 견디겠습니까. 이제 계약기간도 일년만 남았습니다.

어머님 부디 건강하시고, 제가 돌아 갈 때까지 조금도 늙으셔서는 안 됩니다.

그럼 또 편지 쓰겠습니다."

나는 다 읽고 나서 "뭐라고 쓸까요?"하고 할머니를 쳐다보았다.

"그저 낸 잘 있다카고, 날씨가 그리 덥다니 얼마나 고생이 되느냐고 묻고, 부디 몸 건강하라카이소."

"그렇지요. 돈 있고 병들면 뭐합니까."

내 어머니는 할머니에게 대꾸를 해 주었다.

"하모… 와 아니라요. 여게서 조금 벌고 조금 묵어도 될낀데, 와 그 먼델 가서 사서 고상을 하는지 내 가슴이 막 터질 것 같애예."

할머니의 푸념의 보따리가 풀리기 시작이다. 순경이 할머니의 방문은 나에게 편지 대필을 부탁하려는 것도 있지만, 이렇게 당신의 푸념을 털어놓는 데도 있었다. 우리 어머니나 나는 이웃이나 동네를 잘 다니지 않기 때문에, 여기서 하는 말은 밖으로 새어나가지 않으리라 믿기 때문이다.

두 분 노인이 앉아 말씀을 나누시도록 하고, 나는 돌아앉아 할머니의 사우디에 있는 아들에게와 미국 간 평이 할머니에게 각각 편지를 쓰기 시작했다.

"다 고년 때문이라. 그 며누리년이 맨날 돈 안 갖고 온다고 남편을 박박 긁는기라, 뉘 집은 뭘 사고 뉘 집은 뭘 샀다 카면서 남편을 졸라 그예 떠난기라."

노인은 며느리의 그 모든 것이 도시 못마땅해 하나 하나 예를 들어 가며 이야기를 해 나갔다. 나의 어머니는 그런 할머니의 심정이 안쓰러운지.

"요즘 며느리가 다 그렇지요. 배웠으나 못 배웠으나, 내 집이나 남의 집이나 다 그래요. 세상이 그런걸요. 죽어라 돈 벌어다 주는 남자만 불쌍하지요."

"내 말이 그기라. 예전 우리 같은 조강지처는 썩어지게 자슥 낳고 일만 안했나. 어디 앞이라고 입 한번 뻥긋한 일이 있나. 벌어다 주면 먹고 안주면 못 먹고, 또 첩년도 그렇제, 예전 첩년은 사내에게 아양 떨고 수발 다 들어주고, 그라고 등골 빼는기라. 현데 요즘 계집들은 쐐 빠지게 벌어다 줘도 투덜대고, 벌어다 준 돈은 여기 저기 멋대로 쓰고 댕기고, 툭하면 몰켜 화투놀이나 하고, 요샌 또 살 뺀다고 헬시크럽인가 뭔가 다니느라 야단이고…."

"헬스클럽 간판이 거리에 많아 붙어 있더군요. 언젠가 테레비에 나온 것을 보니까 자전거도 있고 뭐가 많던데요."

나의 어머니도 그런 것을 알고 있다는 뜻으로 말했다.

"하모. 바로 그기가. 뛰고 수영하고 자전거 타고. 배 살을 뺀다든가. 세상에 그게 다 뭐꼬. 비싼 돈 들여 처먹어 찐 살 아깝게 왜 빼노 말이다. 먹질 말지. 계집들이 그 짓이나 하구 댕기니 어쩌나, 자 남편은 더운 나라 가서 죽어라 고생인디, 지열 엄마, 정말 와들 그라지, 어응?"

노인은 답답한 듯 고개를 설레설레 저었다. 이런 푸념이라도 하는 것이 노인에게는 스트레스 해소가 될 지도 모른다.

나는 다 쓴 편지를 들고 돌아앉아 순경이 할머니께 읽어드렸다.

"먼저 사우디 아드님께 쓴 거에요."

"순경 애비 보아라.

오래소식 전하지 못했구나. 그래 그동안 몸 성히 잘 있었느냐. 여기도 지금은 복더위인데, 워낙이 더운 나라라니 고생이 얼마나 많겠느냐, 편지는 잘 받았다. 여기는 순경 어미도 잘 있고 순경이도 공부 잘하고 순열이도 잘 크고 있다. 조금도 염려할 것 없다. 그리고 나도 잘 있다. 그저 나는 자나 깨나 네 걱정만 하고 세월을 보낸단다. 계약 날짜가 얼마나 더 남았는지, 그저 하루가 이틀씩 가서 네가 집에 빨리 오는 것만이 이 어미의 소원이란다. 부디 몸조심하고, 순경 어미한테는 내가 편지 썼다고 알리지 마라라. 하루 빨리 보고 싶은 너의 어미로부터…."

내가 쓴 편지를 할머니에게 읽어드리니 그녀의 눈에 수은 같은 눈물이 가득 고여 갔다.

"그저, 순경 엄마도 잘 있다고 썼어요."

"하모, 잘 했다. 사실대로 알려 내 자식 마음 상하게 할 것 뭐 있노. 내 자슥 가슴 아프면 내 아픈 거나 똑같은 기라, 여보 할마씨요, 어찌 지열엄마는 내 맘을 그래 쏙 다 알고 있노…."
하며 할머니는 치마를 들어올려 꾹꾹 눈물을 누르고 나서, 민망한 듯 시익 웃으셨다.

"이것은 미국에 간 평이 할머니께 보내는 겁니다."

"평이 할머니 보시오.

보내준 편지 잘 받았오. 그래 얼마나 멀리 타향에서 고향이 그립겠오. 몸이 불편해서 병원에 있다니 나도 걱정이 많이 되는구려. 타향에선 뭐니 뭐니 해도 내 몸 건강이 제일이라우. 그것이 내 자신에도 좋고 자식들에게도 덜 미안한 것이라우. 미국엔 좋은 약도 많다는데, 그런 약 먹고 어서 빨리 나아서 서울에 한 번 와서 나와 같이 절에도 가고 우이동 골짜기에도 놀러 갑시다.

사람이 어디 가나 정신만 똑바로 차리고 살면 백세는 산다고 합디다. 평이 할머니도 나도 벌써 여든이 다 되었으니 우리 서로 살면 얼마나 더 살겠오. 하니, 몸이 빨리 회복되어 다시 한 번 만납시다. 그런 날이 있기를 꼭 기다리고 있겠오. 늙으면 자식 따라 사는 것이려니 체념하고 마음 편히 가지시오. 그리고 몸 건강히 오래 살다버면 우리도 살아서 만날 때가 있을 것이오. 평이 할머니 잘 계시오. 자주 편지하리다. 안녕…."

나는 미국에 보내는 글도 읽어드렸다.

"어쩜, 지열 엄마는 편지도 잘 쓰네. 살림도 잘하고……, 할마씨야, 앙 그르나?"

우리 어머니는 이 할머니의 말에 싱긋이 웃고 마신다. 나는 다 쓴 편지를 넷으로 접어서 서랍에서 꺼낸 항공봉투에 꼬깃꼬깃 접힌 봉투의 주소를 썼다.

"할머니, 다 되었으니까 우체국에 가셔서 이 봉투하고 돈만 내놓으면 됩니다."

"아이, 어짜꾸마, 너무 신세를 져서. 미국 있는 평이 할마씨 좋아하겠다. 미국으로 딸 따라갈 때 그 할마씨 얼마나 울어 싸튼지 내사 혼났구마."

"왜요?"

우리 어머니가 물었다.

"가기 싫다고 만(말)도 못하고, 아는 사람 하나 없는데 감옥살이하러 가나하고 말이다. 그래 딸보고 그냥 한달에 한 번 씩 돈 쪼깨만 보내달라구 아무리 사정을 해두 안 된기라."

"저런…."

우리 어머니는 마치 당신 일처럼 울상이 되었다.

"그런디, 딸은 미국 한 번 가면 좀체 나오기 힘든데, 어무이 죽는 것두 못 보면 어쩌냐 카면서 데려 간기라. 편지엔 병원으로 갔다 카는데, 우리 며누리 말로는 실은 그게 양로원이라는기라, 미국은 늙으며 다 양로원에 넣는다 카면서. 지열엄마 그기 참말이가?"

"글쎄요. 젊은 사람들은 모두 일하러 나가니까 그럴지도 모르지요."

"시상에… 평이 할마씨 불쌍타… 지 말마따나 말도 못 알아듣고 노랑머리 늙은이들만 있는 양로원에 있으니… 그래도 서울에 있을 땐 마실도 잘 댕겼는데… 어쩌다 게까지 흘러갔노….”

“아들은 없나요?”

우리 어머니는 그것이 궁금하셨다.

“와아, 있제. 근디 며누리년이 죽어도 시어무이하고는 안 산다 안 카나 그래서 딸이 디려갔지. 양로원인가 병원인가에 멍청히 앉아있을 생각을 하니 그 할마씨 불쌍해서….”

나는 이때다 싶어,

“그래요. 순경이 할머니는 이민 간 평이 할머니에 비하시면 몇 배나 행복하시지요.”

말해 드렸다.

“맞다. 지열엄마 말이 맞아. 이 늙은 몸이 어디 가서 죽지 못해 그먼 미국까지 가서 죽나….”

내가 써드린 봉투를 다시 들여다보시며

“무슨 글짠지 하나도 모르겠다. 하하하….”

순경이 할머니가 웃으셨다. 웃으시는 얼굴이 어딘지 쓸쓸했다.

“할머니, 시대가 많이 변했어요, 옛 생각만 하시게 되면 속만 상하실 거에요. 그러니 요즘 시대는 다 그런 거라고 생각하세요.”

“하모. 나도 그렇게 생각해 그러나 보면 속상하기는기라. 우리 땐 어디 그랬나. 시어머님이 한 밤중에 물 떠오라카면 물 떤기라.”

순경이 할머니의 돌아가시는 뒷모습에서 나는 그분의 꿈이 무너지는 것을 보는 듯했다.

할머니는 아마도 젊은 날, 아들을 기다리며, 또 공부 잘하는 아들을 바라보며 자신의 노후의 안정과 편안한 안방마님을 꿈꾸었는지도 모른다.

이것은 비단 순경이 할머니나 미국으로 간 평이 할머니 뿐 아니라,

이 시대 풍속의 한 토막이기도 한 것이 아닐까. 아들이 득세하면 아들 가진 어머니가 득세하게 되고 딸이 득세하게 되면 딸 가진 엄마 또한 흐뭇할 것이 우리 사회의 풍속도의 단면이기도 하다.

1983. 8

시詩가 있는 생활
그 첫 번째 이야기

아침마다 새소리를 들어 심신이 쾌적한 것은 마음에 시詩가 있기 때문이다. 너도 나도 무심한 비둘기에게 매일 모이를 주는 것도 시적인 따뜻함이 없으면 안 될 것이다.

우리는 일상생활 속에 얼마큼 시적 감흥과 미적 가치관을 가지고 살아갈까. 어느 노시인老詩人에게 누가 아직도 시를 쓰느냐고 물으면서 하는 말이 머리가 하얘지고 무슨 시가 나오느냐고 비웃더라는 것이다. 이 노인께선 순간 그 수모에 눈앞이 캄캄해졌다는 말을 들은 적이 있었다.

시詩란 어린이들이나 젊은이만 쓰고 읊는 것일까. 늙어서도 무슨 시가 나오느냐고 비웃던 자가 무엇인가 알기는 아는 사람이었을 것이다. 시에 대해서 전혀 몰랐더라면 그런 소리도 못했을지도 모른다. 시란 그만큼 물질과는 거리가 먼 것이기 때문이다. 나이가 들어서도 시를 쓴다는 것은 물질주의자들에겐 이해하기 어려운 것이다. 젊은이들은 현실이라는 수렁에 빠지기 직전이라 정서적으로 풍부하고 미적 감각에도 민감하며 진실에 대한 용기도 있지만, 현실의 거센 바람은 그런 것들을 빛바래게 만든다. 그러나 백발이 되어도 시를 쓴다는 것은 그 바람과 맞싸우는 것이며 자신의 삶에도 남의 삶에도 아름다움과 진실을 보여주는 것이다. 참 시인이 되는 것은 이솝의 우화처럼 바람과 해님의 싸움 이야기와 같다. 바람이 아무리 심하게 불어도 인간의 옷을 벗길 순 없다.

얼마 전에 옆집 할아버지께서 병원에 입원하신지 몇 달 만에 세상을 떠나셨다. 너무나 갑작스런 일이었다. 병환은 알았지만 그렇게 속절없이 돌아가실 줄은 짐작도 못 했다.

나는 그날 원고를 쓰고 있었다. 밖에 약간의 소요가 일면서 옆집 할아버지께서 세상을 뜨셨다는 말이 들려왔다. 펜을 놓고 대문 밖으로 나갔다. 놀랍게도 옆집 할머니는 언제나처럼 비둘기에게 모이를 주고 계셨다. 할머니의 심정을 이해할 듯 했다. 나는 다가가서 할머니의 손을 잡아드렸다.

"글쎄, 애들이 모이를 달라고 야단들이지 않아……."
하시며 애써 눈물을 참으셨지만 그만 울어버리셨다.

"아니 그렇게 쉽게 가시다니요."

나는 겨우 한 마디 위로의 말을 꺼냈다.

"글쎄 말이야. 어제 밤까지도 그런 기미가 없었거든. 이렇게 갈 줄 누가 알았나…. 2시가 되니까 의사가 댁으로 모셔가라고 하지 않아. 집에 돌아오자마자 운명하시더구먼. 3시 반이야."

시계를 보니 4시였다.

말씀을 하시면서도 할머니는 계속 비둘기에게 모이를 주었고 그녀의 발아래선 까맣게 비둘기들이 모여 모이를 쪼아 먹고 있었다. 6년 전 우리 집에서 한 마리로 시작한 비둘기가 이제는 수도 헤아릴 수 없게 되었고, 또 옆집 할머니 할아버지의 비둘기가 되어버렸다. 이분들의 비둘기 사랑은 우리가 발끝도 못 따라갈 정도이다.

나는 안다. 방에 할아버지 시신을 두고 나와 비둘기에게 모이를 주는 할머니의 마음을. 어찌 할 수 없는 슬픔과 절망의 순간 비둘기들에게서 위로를 받고 싶은 그 마음을.

빅터 프랑크는 제2차 세계대전 시 죽음의 아우슈비츠 수용소에서 유태인들이 중노동과 굶주림으로 매일 매일 죽어가는 그 절망 가운데서 그에게 위로가 되어 준 것은 저녁노을의 아름답고 장엄한 낙조였다고 했다. 또 그 중 한 막사에서 간밤에 탈출한 한 동료 때문에 독일 감시원으로부터 혹독한 곤욕을 당했으면서도 그가 무사하도록 바라는 기도소리가 들려올 때 이래서 인간은 살만한 가치가 있다고 위로를 받았다 했다.

시적 마음이란 배가 불러야 나오는 것은 아니며 나이가 젊은 사람들에게만 있는 것도 아니다. 시적인 마음이란 아무리 고통스럽고 추악한 현실 속에서라도 또 하나의 아름다운 면을 볼 줄 아는 눈을 가진 것이다.

그 유명한 E. T. 영화를 보았다. 아이들이 등장하는 것이라서 그런지 아이들 영화처럼 선전되었지만 내가 보기에 보통 아동용 영화보다 깊이가 더 있는 것 같았다. E. T.는 또 하나의 시詩였다. E. T.는 10살 난 주인공 엘리옷에게서 발견된다. 그러나 처음에 아무도 외계인을 발견했다는 그의 말을 믿지 않았다. 형도, 친구들도, 어머니조차도. 항상 소외당했던 엘리옷은 E. T.를 발견하고부터는 활기를 찾는다. E. T.와 엘리옷이 기분이 좋으면 실내의 화분들에서 꽃이 피지만, 그 들이 몸이 아프거나 할 때면 화분의 꽃들도 시들었다. 큰 병을 이겨낸 E. T.는 고향으로 가고 싶어 하고 그를 떠나보내는 엘리옷은 눈물 아까운 줄 모르고 흘린다. 그 장면이 너무나도 처절해 필자도 울어버렸다고 한다. 그러나 E. T.는 말한다.

"우리에게 이별이란 없어. 나는 너의 가슴 속에 언제나 있을 거야."

말과 동시에 그는 손가락으로 엘리옷의 가슴을 가리킨다. E. T.가 떠난 하늘에는 오색의 무지개가 뜨고, 그 때에는 어른들까지도 믿는다.

우리 주위에 시인이 있다는 것은 얼마나 좋은 것인가. 그들은 보기 싫은 현실 속에 숨은 아름다움을 보도록 권하고 또 그것을 읽는 우리에게 시심詩心을 불러 일으켜 준다.

당나라의 대시인 백악천白樂天은 70평생 시를 썼다. 그는

"내 시를 모르는 사람은 시마詩魔요, 내 시를 아는 사람은 시선詩仙이다."

라고 했다 한다.

그의 말년에 지은 「달통한 백낙천」이란 시는

> 아침에는 머슴아이 쌀 소금 떨어졌다 하고, 저녁에는 계집종 입을 옷이 떨어졌다 이르니 …(중략)… 얼마 되지 않는 재산일망정 선후를 따져 처리하느라, 반은 그대들의 생활비로 충당하고 반은 나의 술과 안주 값에 쓰리라 …(중략)… 아마도 내 몫 다 쓰지 못하고 아침이슬보다 빨리 황천에 사리라. 허나 죽기 전까지 더 산다 해도 나쁠 것도 없으니, 허기지면 먹고 즐거우면 마시며 조용히 잠자리라, 깨닫고 달통했노라, 백낙천은 달통했노라!

하는 자신의 깨달음의 희열을 만년에 시로 쓴 것이다.

세계적인 부호 휴즈가 조금 시적인 데가 있었더라도 '비참하게 최후를 마친 권력자'라 불리지도, 그렇게 처참하게 허망하게 죽지는 않았을 것이다.

이렇게 시심詩心이란 E. T.처럼 꽃을 피우게도 하고 인생의 진실을 깨닫게도 해준다. 그리고 멋지게 살게도 해준다.

1984. 7

시詩가 있는 생활
그 두 번째 이야기

어느 고물장사

대문 밖에 트럭소리와 시끄러운 삽질 소리가 나서 나가 보았다. 건너 집 공사 쓰레기를 치우고 있었다. 우리 집에서도 대문 밖에 공사하고 남은 큼직한 돌들과 직경 30센티 정도 되는 길이가 좀 긴 나무가 있었다. 이것을 치워야겠다고 마음먹고 있는데, 마침 앞집에서 정원을 꾸미는데 쓰고 남은 그 댁의 쓰레기 정리 때 같이 치워달라고 부탁했던 것이다. 돌만해도 우리 집 정원을 꾸미고 남은 돌이라, 일부러 사려고 하면 5~6만원어치는 족히 될만한 것이어서 그 정도의 부탁은 해도 괜찮겠다는 생각이 들었다. 그런데 나가보니 쓸만한 돌은 다 가져다 쓰고는 그 긴 나무통만 남겨놓았다. 쓰레기 트럭이 왔으니 당연히 그 나무까지 처리해 주려니 했다.

"쓰레기 치우시는데 이 나무도 좀 치워주시죠. 이것 하나 때문에 트럭을 따로 부를 수도 없으니……."

그런데 공사주인은 뜻밖에

"그걸 어떻게 치웁니까. 이 트럭은 흙만 치우는 거예요."

하고 냉정히 말했다. 그 많은 돌을 달라고 했을 때와는 너무나 표리가 부동한 태도였다. 나는 순간 배신당한 듯한 기분이 들었다. 쓸만한 돌은 다 가지고 가서 자기 집을 꾸몄으니 그 정도의 어렵지 않은 일을 청소하는 김에 해주는 것은 그야말로 당연한 일인데…….

나는 아무 말도 않고 어처구니가 없어 멍하니 서있었다. 그때 어디선가 기타 소리가 들려왔다. 주위를 돌아보니 바로 그 문제의 통나무 위에 한 노인이 앉아서 기타를 치고 있었다. 얼른 그 모습이 눈에 띄지 않았던 것은 그 노인의 체구가 워낙 작은데다 그 옆에 세워 놓은 고물 리어카가 반쯤 그를 가리고 있었고, 또 주위가 워낙 시끄러웠기 때문이었다. 마음이 우울했던 탓일까, 그제 서야 시끄러운 잡음 속에서 내 귀에 들어온 가냘픈 선율은 <우리의 소원은 통일>이었다. 단음으로 치는 멜로디였지만 그 선율은 나의 우울한 마음을 달래주었다.

기타를 치는 노인의 모습은 마치 북유럽의 동화 속에 나오는 난쟁이 또는 요정같이 보여, 절로 미소가 지어졌다. 가만히 보니 노인은 고물상인 모양이었다. 고물상이라고 기타를 치지 말라는 법은 없지만 우리 주변에서는 보기 드문 광경이었다.

주택가에는 해가 떠서 질 때까지 심심치 않게 고물장사가 가위소리를 내며 고물팔라고 외치며 지나다닌다. 어쩌다 대하는 그들의 인상은 좋지는 않다. 파는 쪽에선 불필요한 폐품을 처분하는 것이기는 하지만 얼마의 돈을 받으려하고, 상대적으로 고물장사들은 폐품인데 하며 신문지 같은 것도 저울을 속여 가며 가져가고, 때로는 팔고 싶어 하지 않는 물건도 가져가는 것이 습성화되어 있어서 자연 그들의 표정은 늘 그늘져 있는 듯 하다. 그러니 여유롭게 기타를 치는 고물상의 모습은 이색적일 수밖에 없었다.

"아저씨 기타 잘 치시네요."

하고 나는 먼저 말을 건넸다. 그는 할아버지로 보였지만, 나는 아저씨라고 불렀다.

그는 고개를 들더니,

"뭘, 그저 좀 만져보는 거지."

하며 쑥스럽다는 듯이 웃었다. 활짝 웃는 표정은 아니었는데도, 어쩐지 웃는 낯이었다.

"아저씨는 늘 기타를 치시면서 고물상을 하시나요?"

"아니야, 누가 못 쓰게 된 것을 판 것인데, 내가 고쳐서 가끔 치지. 사람이 늙으면 고독하거든. 나는 그럴 때 가끔 기타를 만져서 골치 아픈 것들을 다 잊어버리게 하지."

그의 뜻밖의 말에 나는 놀라며,

"아저씨, 정말 멋있으시네요."

하고 나로서는 최고의 찬사를 그에게 보냈다.

"멋은 무슨 멋… 음악이란 그냥 듣는 것도 좋지만 이렇게 직접 음을 내보는 것도 좋아."

나는 더욱 놀라며 그를 쳐다보았다.

옆에 있는 리어카를 보니 빈 라면 상자 서너 개 밖에 없었다. 오후 이맘때쯤이면 다른 고물상들은 으레 리어카에 힘겹도록 많은 고물들을 싣고서 다니는 것이 보통이었다.

그는 다른 동요 하나를 더 연주하고 나서 일어났다.

"아저씨, 이 나무 버리고 싶은데 어떻게 하죠?"

나는 왠지 그에게 의논하고 싶어졌다.

"이 나무…… 이거 임자 만나면 적어도 만원은 받을 텐데…… 그렇지 않겠어?"

그는 고개를 갸우뚱하며 말했다. 그가 내게 반말을 하는 것으로 보아, 나를 무척 젊게 보았거나, 아니면 그의 본분이 고물상이 아님을 느

낄 수 있었다. 그는 통나무를 한번 훑어보더니

"가만히 있어, 내 이것을 쓸만한 임자에게 여기 좋은 나무가 있다고 말해 줄 터이니 며칠만 기다려요."

했다. 막벌이꾼의 말이 아니었다.

"아저씨, 그럼 꼭 부탁해요."

"염려 말아요. 운반하기 어려워서 그렇지, 임자만 만나면 옳구나 하고 가져갈꺼야."

그는 치던 기타를 리어카에 넣고 끌고 가기 시작했다.

나는 리어카에서 삐죽 나온 기타를 바라보며 집안으로 들어왔다. 마당으로 들어서니 빈 맥주병이 마당 한구석에 즐비하게 놓여있는 것이 눈에 띄었다. 나는 대문을 열고 밖으로 뛰어나갔다. 기타대가 보이는 리어카가 막 골목을 돌아가고 있었다.

"고물상 아저씨!"

나도 놀랄 만큼 큰 소리로 그를 불러 세웠다. 그 리어카가 방향을 바꾸어 돌아왔다.

"아저씨, 빈 병이 있는데 가져가시겠어요?"

"병도 가져가고 폐품도 다 가져가지."

그는 리어카를 우리 집 대문에 세워놓고 마당 안으로 들어섰다.

"그런데 이 맥주병일랑 가게에다 팔아요. 가게에선 20원 주지만 우리는 10원 밖에 못 주거든. 왜냐하면 갖다가 내가 20원에 파니까."

나는 그의 정직함에 다시 놀랐다.

"괜찮아요."

그는 빈 병을 세었다. 병은 50개가 조금 넘었다. 그는 뒷주머니에서 돈을 꺼냈다.

"아저씨, 그냥 가져가세요. 많지도 않은데요."

그는 꺼낸 돈을 손에 쥔 채

"그렇다고 이걸 그냥 가지고 갈 수야……."

"괜찮아요. 가끔 들르세요."

"하지만, 그냥 어떻게……."

그는 주저하며 병을 리어카에 실었다.

"안녕히 가세요."

인사를 하고 대문을 닫으려 하자

"뻥튀기라도 받으시오."

그는 뻥튀기 주머니를 들어 보였다.

"아니에요. 아이들이 다 커서요."

뻥튀기도 싫다고 하자 그는 멍하니 나를 쳐다보았다. 그의 표정에서는 …뭐 저런 사람도 다 있나… 하는 것 같아 보였다. 나는 속으로 … 아저씨가 다른 고물장사와는 달라서 그래요… 하고 말했다.

실례가 될지 모르지만 고물상이라면 사회에서는 하층에 속한다. 그런 사람의 입에서 시적인 감상이나 시적인 언어가 나온다는 것은 그리 쉽게 볼 수 있는 일이 아니다. 지난여름, 나는 자그마한 집 한 채를 짓느라 적지 않은 고생을 했다. 무책임하고 거칠고 이기적이고, 집 주인만 보면 술과 담배를 내놓으라고 하는 건축노동자들에게 시달린 탓이어서 그런지, 기타 치는 고물상 아저씨를 보고 조금 감상적이 되었다. 아무리 하루 벌어 하루 먹는 노동자들이지만 그들의 사고방식과 생리에는 문제가 있다고 생각했다. 물론 다 그렇지는 않겠지만. 그러고 보면 학식이 높고 교양이 있다는 사람들 사이에서도 정도의 차이가 있게, 거칠고 책임성 없고 표리부동하고 이기적인 모습이 엿보일 때가 더 심한 경우를 보았으면 보았지 없지는 않다.

사람의 매력이란 무엇인가. 그것은 높은 사회적 지위도 아니고, 고귀한 인품은 더욱 아니다. 일상적인 모습에서 보여지는 인간적인 순수함이 그 매력 아닐까. 모든 사람이 다 매력적이지는 않듯이 시를 쓴다고 해서 다 시적인 정서가 풍요로운 것도 아니며, 시가 무엇인지 몰라도 시적 언어와 시적 감수성이 풍기는 사람이 있다. 예컨데 많은 사람들이 시적 감수성을 갖게 된다면 사회는 훨씬 더 부드러워질 것이라는 기대를 해본다. 이는 각박한 현실에서 잠시 먼 곳을 여행하는 듯한 해방감을 맛보게 할 것이라는 나의 철학이 뒷받침한다. 우리가 일상생활에서 갖는 어린이들과의 대화에서 인생에서 전혀 신경을 써 본적이 없는 것들을 발견하게 되는 것은 바로 이런 것이다. 시뿐 아니라 음악도 미술도 마찬가지이다. 지난여름에 왔던 세계적인 비디오 아티스트 백남준씨는 "예술이란 다 가진 사람들이 찾는 극치의 사치품"이라고 했다. 얼른 듣기에는 그럴 듯 한 예술의 정의 같지만, 그것이 예술의 전부를 말해주는 것은 아니다. 문학에 있어서는 그의 표현을 극구 부인하고 싶다. "예술은 한 개인의 운명을 인간 전체의 운명으로 바꾸어서 일시적인 존재의 위험에서부터 피할 수 있게 해준다."는 칼 영의 말에 더 공감이 가기 때문이다. 유치한 음을 내는 기타를 치는 고물상에게 지나친 예술성을 부여하려는 것은 아니다. 그러나 너무나 거칠고 야박한 현실에서 동화 속에 나오는 난쟁이 또는 요정 같은 할아버지의 모습은 "시가 있는 생활"이라는 말을 실감시켜주는 한 장면이었음을 전하고 싶다.

1984. 9

인간人間의 멋과 맛

사람은 제 잘난 맛에 산다고 한다. 나는 이 말을 부정하고 싶은 생각은 없다. 또한 나는 남보다 못나고 남보다 가진 것도 없고 쓸모도 없다는 열등의식으로만 가득 차도 살맛 안 나는 일이다.

어릴 때 선생님이나 어른들한테 위인들의 이야기를 많이 들으며 자랐다. 특히 일제하 식민지시대의 일본교육은 위인을 강조했던 것 같다. 지금도 기억이 생생한 것은 히틀러가 제2차대전을 일으키고 일본과 동맹을 맺을 당시 일본은 아이들에게 히틀러를 영웅화시키고 그를 본받으라고 히틀러의 어린시절 등의 책을 많이 출판하여 읽게 했던 것이다. 그러나 전쟁이 끝나고 어른이 되어 보니 히틀러는 천하의 악인이며 정신이상자이고 많은 사람을 죽인 인류의 적이었던 것이다.

이런 예는 어찌 히틀러뿐이랴, 우리는 어릴 적부터 많이 그릇된 교육을 받아 온 것이 사실이고 지금도 그릇된 교육이 없지 않다. 인간 삶에 있어서 무엇이 진정한 진리인가란 끊임없이 모색되는 문제 중의 문제이다. 그렇기 때문에 우리는 하나라도 더 알아야하고 눈을 떠서 올

바른 것을 조금이라도 더 알아야 한다. 점점 나이를 들면서 아는 것 보다 잘못 알았구나, 잘못 봤구나, 내가 틀렸었구나 하고 수정해야 할 일이 많아졌다. 이런 것도 자신이 그만큼 더 알아졌다는 것일 것이다.

그런데 눈떠간다는 것에도 여러 가지가 있겠지만 많이 알다보니 식자우환識字憂患이 생기고 또 남보다 좀 더 안다고 잘난 척하는 오만의 곰팡이가 수반되는 경우도 적지 않다. 남이 모르는 것을 내가 알고 있는 것도 있지만 내가 모르는 것을 다른 사람이 알고 있다는 생각을 미처 하지 못하는 것도 무지라면 무지인 것이다. 그래서 소크라테스는 알아갈수록 모르는 것이 많다는 것을 깨달아 "나는 내가 모른다는 것을 안다"라는 명언을 남겼나보다. 뿐만 아니라 그는 덧붙여서 "무지가 곧 죄"라고 하였다.

무지가 죄를 일으키는 것은 사실이다. 그렇지만 무식이 죄일 순 없다. 무식과 무지는 다르기 때문이다. 무학의 농부와 학식을 쌓은 학자를 놓고 누가 더 잘났다고 말할 순 없다. 농사로 일생을 보낸 시골 노인과 학문이 거리가 멀 듯이 책상머리에서 학식을 쌓은 학자는 대자연의 섭리를 몸으로 알지 못한다. 그러나 서로 다른 길을 걸어왔다 할지라도 노익장들에게 우린 경의를 표해야한다. 그 길이 어떤 길이었던 간에 자신이 걸어온 길에서 터득한 것을 다른 사람은 도저히 알 수 없고 따라갈 수 없기 때문이다.

인간의 삶에도 한계가 있듯이 우리의 앎에도 한계가 있다. 살아가면서 하나라도 더 많이 알고 싶지만 모든 것을 다 알고 살 수는 없는 내가 모르는 것은 네가 알겠고 네가 모르는 것은 내가 알고 있을 수 있으니 상호 일깨워주며 사는 인간사회란 하나의 커다란 공동체인 것이다. 그러니 내가 좀 지식을 가졌다는 것을 그리 자랑할 필요가 없다.

얼마 전 우리 집에서 도배하는 영감님을 불러서 집안 전부를 도배한 일이 있었다. 큰 방 두 개와 작은 방 두 개로 계약을 했는데, 도배를 하다가 이 영감님은 작다고 한 방이 작지 않으니 임금을 더 달라는 것이었다. 나는 어처구니가 없어 영감님이 직접 방을 보고 계약한 것인데 새삼스럽게 무슨 소리냐고 옥신각신 하였다. 그러면서 무의식중에 그네들의 근성 운운하는 생각이 들었다. 그 영감님은,

"배운 사람이 더 나빠요!"

하며 원수에게 사무친 말을 하듯 대들었다. 너무나 뜻밖의 말을 듣고 보니 가슴이 뜨끔했다. 그 영감님의 어조가 어딘지 심상치 않아 나는 무슨 말을 그리 하시느냐고 물을 수밖에 없었다. 영감님 말에 의하면 며칠 전에 어느 대학의 교수 집에 도배를 하러 갔다는 것이다. 그런데 예상했던 것 보다 도배지 두 두루마리가 더 들었다는 것이다. 그런데 교수라는 주인은 영감님의 계산착오이므로 더 돈을 줄 수 없다고 했다. 영감님은 그 교수가 교묘하게 이렇게 따지고 저렇게 따져서 꼼짝없이 지고 말았다는 것이다. 나는 그 이야기를 듣고 교수 편을 들어 아마 뭔가 잘못된 오해일 것이라고 말하였다. 그러자 영감님은 씩 하고 시니컬하게 웃더니,

"누가 잘했던 간에 배웠다는 사람은 저보다 생활이 낫지 않습니까. 아주머니 배웠다는 사람 참 무섭습니다."

하며 또 하나의 예를 이야기했다.

오래 전에 그가 젊었을 때 어느 목사님 댁에 도배를 하러 갔다는 것이다. 도배를 다 마치고 집에 돌아왔는데 뒤쫓아 지물포 사람과 같이 목사와 목사부인이 헐레벌떡 찾아와서 하는 소리가 탁상시계가 없어졌다는 것이다. 정말 기가 막혔지만 그런 것은 본 일이 없다고 했는데도, 목사내외는 들어가도 좋겠느냐고 묻지도 않고 방으로 들어와 획 둘러보고는 역시 미안하다는 말도 없이 나가더라는 것이다.

"세상에 이럴 수가 있어요? 우리 못사는 사람들은요, 경우는 있어, 이날까지 이런 일을 하고 다니지만 남의 물건에 손대지 않고 살아 왔

습니다."

그의 말투에는 배운 사람에 대한 어떤 불신과 증오 같은 것이 배어 있었다.

나는 아무 말도 할 수 없었다. 그의 말을 전적으로 받아들이기에 앞서 말이란 일방적이었을 때 공정을 기하기가 어렵기 때문이기도 했다. 그렇다고 도배영감이 자신의 입장만을 말했다고 생각되지도 않았다. 그런 예가 꼭 지식층에만 있는 것도 아니고 또 설사 그렇다 해도 그 교수가 교수 전부를 말하는 것은 아니고 그가 만난 목사가 전체 목사를 대표한 것도 아니다. 하지만 왠지 나의 입맛은 씁쓸했다. 그 날 나는 더 이상 방이 크다 적다를 따지지 않고 그의 요구대로 돈을 주었다. 도배영감님의 말이 옳았다거나 무서웠다기보다 배웠다는 사람이 더 나쁘다는 말에 기가 죽어서였다고나 할까. 도배영감님이 돌아가고 난 뒤에도 그가 남기고 간 "배운 사람이 더 나빠요."란 말은 오랫동안 귓전에서 사라지지 않았다. 배운 사람과 못 배운 사람의 이런 심한 괴리는 어디서부터 오는 것일까. 배운 사람도 못 배운 사람도 다 같은 사람이지만 분명히 차이는 있다. 배운 사람은 더 많이 알고 있는 것이다.

언젠가 나의 큰딸이 토요일마다 시외버스를 타고 경기도 마석으로 한문공부를 하러 다닌 일이 있다. 그 시외버스엔 주로 시골 사람이 많이 타는데 어찌나 승객이 많은 지 정원도 넘게 태운다는 것이다. 그도 그럴 것이 하루에 두 번 밖에 운행을 안 하니 빨리 돌아가고 싶은 사람들은 필사적으로 비집고 탈 수 밖에 없었다. 이미 짐짝이나 다름없을 정도의 만원버스가 흔들릴 때마다 버스 안에서는 이리 밀리고 저리 밀려 노인과 아이들은 짓눌리고, 여인들의 치마는 흘러내리고 머리는 산발이 된다는 것이다. 그런 어느 날 내 딸아이는 사람들 틈에 끼어 울부짖는 두 어린애를 받아 무릎에 앉히고 또 한편 짐까지 받아 들었기 때문에 우는 아이를 달래느라 진땀을 뺐다는 것이다. 마석에 도착을 하자 어린애 엄마 되는 여인은 고맙다고 하면서 아가씨는 마석사람이 아닌 것 같은데 여기에 어인 일이냐고 묻더라는 것이다. 내 딸아이는 공부를 하러 온다는 말을 할 수 없었다고 한다. 그들은 하루하루 먹기 위해 이렇게 불편하게 시달리며 물건을 팔러 다니는 사람들이므로 공부라는 것은 사치로 밖에 여기지 않을 것이라고 느꼈기 때문이라는 것이다. 그런데 가다보니 가는 길이 같아서 할 수 없이 이곳 마석에 사시는 노한학자 임창순 선생님께 한학을 배운다는 말을 하게 되었다고 한다. 그 여인은 이 말을 듣고, "기특하군요. 아가씨, 우리 몫까지 많이 공부해줘요."하며 진심으로 선망과 존경어린 눈길을 보내더라는 것이다.

딸이 집에 돌아와서 내게 이 이야기를 하였다. 우리는 거기에 대해 많은 이야기를 나누었다. 남보다 좀더 배운다는 것은 어찌 되었건 많은 사람들 중에서 선택되었다는 것을 의미한다. 처음에는 나를 위해서 공부하기 시작했더라도 어느 만큼 올라가서는 다른 많은 사람들을 위해서 배우고 있다는 것을 알아야 할 것이다. 그렇기 때문에 그것은 하나의 멍에인 것이다. 많은 사람들이 먹고 살기 위해 일터로 나갈 때 자신이 원하는 공부를 할 수 있다는 것은 그 자신이 잘나서 그런 기회가 주어진 것이 아니다. 나를 위해 다른 사람들이 뒷받침을 해주고 있기 때문이다. 따라서 지식인은 그들의 지식을 사회에 환원함으로서 다른 사람들에게 존경의 대상이 될 수 있는 것이다. 도배영감님이 말한 "배운 사람이 더 나쁘다"는 증오에 찬 소리 뒤엔 기대에 대한 배신감 같은 것이 있는 것이다.

사람마다 개성이 다르고 지적 수준과 물리적 수준이 다르고 지적 수준과 물리적 수준이 다르다 보면 거기에 따른 시시비비가 많을 수밖에 없다. 그러나 이해와 관용이라는 것이 있고 위선과 관용이 있다. 그러므로 인격과 비 인격이 있기 마련이다.

수필가 김병권 선생님은 「속아주는 멋」이란 수필에서 복잡한 인간관계에서 불신과 배신 이해와 타산으로 줄달음치기보다 차라리 상대방의 실수와 탈선을 적당히 속아주고 감싸주면서 아량을 베푸는 일들이 쌓이고 쌓여 나간다면 결과적으로 자신의 인격을 결과적으로 격상시켜주는 일이라고 했다. 과연 오늘날 이런 종류의 여유를 갖고 있는 사람이 얼마나 될까.

한 15~6년 전쯤 되는 일 같다. 문인들의 모임이 끝나고 늦게 집으로 돌아가는데 방향이 같은 이원수李元壽선생님과 동행을 하였다. 어두운 골목길에서 국민 학생 정도로 보이는 어린 아이가 이 선생님 앞을 가로 막으며 뭐라고 말을 하였다. 나는 한 발자국 앞서 있었기 때문에 그 말을 듣지 못했다. 이 선생님은 주머니에서 백 원을 꺼내 주셨다. 내 옆으로 오셨을 때 무슨 일이냐고 물으니 요즘 밤거리에 집에 갈 버스값을 잃어버렸다고 돈을 달라는 아이들이 많다는 것이다. 그리고는

"얼마쯤 있으면 저 아이도 저 짓을 안 하겠지……."

하셨다. 나는 그 때 이원수 선생님의 아동문학 작가다운 고운 마음씨와 멋과 여유를 새삼 느꼈었다.

멋이나 여유가 배운 자와 못 배운 자를 구별하는 것은 물론 아니다. 그렇지만 배운자에게 기대를 거는 것은 그들을 높이 평가하고 싶은 마음에서 오는 것이다. 그 기대가 어긋났을 때 실망을 하고 증오까지 생기게 된다.

멋이란 맛과 통하는 것이다. 지나치게 알뜰한 주부는 매력을 상실하듯이 얼굴에 오만을 도배질한 치졸한 식자들은 그 누구에게나 영 입맛이 없게 한다.

인간의 멋과 맛은 어디서 느껴지는 것일까. 그것을 두 말 할 것 없이 덜 세속적이고 순수하며 때론 낭만적이고 때로는 세상을 겸허하게 바라보는 겸손인 것이다. 이것이 인간미, 곧 여유와 맛과 멋이다.

1983. 4

작가作家의 고초苦楚

제목을 「작가의 고초」라 쓰고 나니 뭔가 쑥스러운 심정이 든다. 작가가 글 한편을 쓸 땐 피눈물 나는 고충을 겪어가며 써야 한다고 하는데, 어찌 소설가뿐 이랴, 자기 길을 가는 모든 사람들에게 있는 것이다. 꼭 예술가만이 피눈물이 나는 고통을 겪는 것은 아니다.

돌이켜보면, 소설을 써 온지 약 30년 가까이 돼 오지만 그 긴 세월에 비해 이 시간 앞에 내놓을 만한 작품이 없는 것 같아서 그저 부끄럽기만 하다. 그러나 나 나름대로 작가로서 고통이라든가, 고독이라든가 하는 것이 설혹 있더라도 그것을 내놓으면 여류작가의 넋두리가 되기 쉽다. 내가 여기서 쓰려는 것은 그런 것이 아니라 글을 쓴다는 것에 대한 책임감이랄까, 나의 작은 고초를 쓰려한다. 여기에서는 고초랄 것도 없이 아주 사소한 이야기에 지나지 않는다.

한 이태 전인가, 한 모임이 끝나고 나오는 길에 몇몇 문우들의 술좌석에 낀 일이 있었다. 무슨 말끝인가 생각이 나지 않지만 D대학의 오국근 교수가 자기 반 학생 중에 꾁씨 성을 가진 학생이 있다면서 이야기를 꺼냈다. 하늘 천天 밑에 새 조鳥를 쓰는 희성 꿕씨의 내력에 얽힌 짤막한 에피소드였다.

어느 때인지 몰라도 어느 마을에 한 처녀가 산마루 고개를 넘다가 갑자기 소나기가 쏟아지는 바람에 근처에 있는 굴속에 들어갔다. 비가 그치자 굴속에 함께 있던 젊은이는 온데 간데 없이 사라지고 처녀가 굴 밖에 나와 보니 비 개인 하늘에 새 한 마리가 "꿕!" 하며 날아가더라는 것이다.

오교수는 즐거운 환담으로 이야기 했는지 모르지만 나는 순간 무엇에 쏘인 것 같이 느껴졌다. 굴속에서의 사건보다 꿕씨 라는 성을 붙인 것에 대해서였다. 나는 그 후에 오교수의 이야기가 문득문득 생각 날 때 마다 작품화 하고 싶은 충동을 느꼈다. 그러나 이 이야기에 어떻게 문학성을 넣을 수 있나를 나 나름대로 고민해가며 구상해보았다. 그러나 무엇보다도 한자에 대한 어느 정도의 지식은 있어야 했다. 나의 한자 지식이라야 지극히 희박하고 주로 한글로만 글을 쓰기 때문에 점점 더 한자엔 자신이 없어졌다. 어느 날 막연히 생각한 끝에 자전을 뒤져보았다. 오교수의 말이 사실이라면 중국에서 나온 한자 자전에 꿕이란 한자가 없어야 하기 때문이었다. 두 권의 자전을 찾아보았지만 꿕 이라는 한자는 없었다. 여기서 조금 확신을 얻은 나는 사학史學을 하며 한자 지식이 있는 큰 딸아이에게 오교수한테 들은 이야기를 해주며 혹시 꿕이라 읽히는 한자를 본 일이 있느냐고 물어보았다. 딸아이 말로는 자기가 아는 한자지식으로는 하늘 천天을 변으로 하는 한자는 없다는 것이었다. 그만큼 천天 자는 절대적인 것이라고 했다.

"그렇다면 꿕이란 성씨를 만든 사람은 정말 대단하지 않니? 난 그 점을 높이 평가하고 싶단 말이다."

"그러고 보니 그렇군요. 작품으로 만들면 재미있겠는데요."

나는 딸아이의 말에 용기를 얻어 이조 시대의 역사를 대충 훑어보았다. 유교의 규율이 엄격하고 혈통을 중시하는 사회이므로 양반계급에선 있을 수 없는 일이고 설사 있다 하더라도 가문망신이라 해서 숨겨버렸을 것이고 혹 상민계급이라면 그들은 성씨를 창작해 낼 만큼 한자에 대해 지식도 없고 또 용기도 없었을 것이다. 이런저런 궁리만 했고 좀체 작품화하기가 쉽지가 않았다.

그런데 지난 가을 『한국문학』에서 작품독촉을 여러 번 받고, 늘 마음에 두었던 이 이야기를 작품으로 썼다. 제목은 「어떤 신화神話」로, 그 내용은 혼사를 치르지도 않은 딸이 임신한 것을 보고 아버지가 여러 번 고민하던 끝에 딸을 위해 하나의 신화를 만들어 내고 아버지 없이 태어난 아이에게 꿕씨라는 성을 지어주고 꿕씨 자손은 대대손손이 엄격한 사회 속에서 당당하게 가문을 지키며 살아간다는 이야기이다.

작품을 보내고 나서 돌연 불안감이 찾아 온 것은 좀더 꿕씨에 대해 알아보고 썼어야 하지 않았을까 하는 생각이 들었기 때문이었다. 물론 내용은 작가가 상상해서 쓴 것이긴 하지만, 혹 꿕씨 집안의 사람이 보고 사실과 다르다고 한다든지 아니면 왜 남의 집안 얘기를 썼느냐고 하면 어쩌나 하는 염려도 있었다. 꿕이라는 한자가 사실 그대로 한 개인의 창작이고 사전에도 없었고 또 딸의 말대로 하늘 천天을 변으로 하는 한자가 없다고 하니 당연히 궉𪇰이라는 활자도 없고 그러니 그 한자는 따로 써서 넣어졌으리라 생각했었다. 그런데 책이 나온 것을 보니 궉𪇰이란 글자가 엄연한 활자로 나타나 있었던 것이다. 나는 이 당당한 궉𪇰이라는 활자를 보는 순간 가슴이 덜컥 내려앉았다. 나는 더 많은 사람이나 더 많은 자전을 찾아보지 않았던 것을 후회하며 저번 자전보다는 더 큰 자전에서 찾아보았다. 딸의 말대로 역시 천天을 변으로 하는 한자는 없었다. 그러나 조鳥를 변으로 하여 찾으니 궉𪇰이란 자가 있었다. 풀이를 보니 성씨姓氏 꿕씨로 나와 있었고 그 옆에 국자國字라 적혀있었다. 국자란 우리나라에서만 쓰이는 한자라는 뜻이다.

나는 그것을 보고서야 비로소 안도의 한숨을 쉬었다. 물론 작품은 졸작이지만 내가 쓰고자 한 이야기는 사건 그 자체에 초점을 맞춘 것이 아니라 엄격한 유교사회 속에서 그런 빗나간 사건, 즉 너무나 인간적인 사건을 묵살하지 않고 당당히 존재케 하고 성씨까지 창작해낸 주인공에게 초점을 맞춘 것이다.

대학한자전大學漢字典에는 한자가 4만 1천 3백 8십 8자가 기록되어있는데 그 중에 국자國字가 얼마나 될까. 건성 훑어보아서 내 눈에 띈 국자國字는 돌乭이라는 이름자와 궉鴌자뿐이었다. 그 밖에도 많이 있겠지만 이 땅에서 만들어내고 통용되는 국자는 극히 적은 수인 것 같다. 그것은 어디까지나 창작인 것이다. 그러니 꿕자를 창작해 낸 그 집안의 창의성을 작품화한 것이 흐뭇하게 생각된다. 그리고 언젠가 시간이 있을 때 차분히 다시 개작하고 싶은 생각이 있다. 그러나 글을 쓴다는 것은 큰 것이던 작은 것이던 활자화되어 세상에 나갈 때는 작가가 모든 책임을 져야 하기 때문에 불확실한 이야기를 쓸 때는 언제나 불안감이 없지 않다. 그 것이 작가의 고초이기도 하다.

1984. 2

봄을 처음 느꼈던 어느 날

내가 처음으로 봄을 느낀 나이는 몇 살이었던가. 아마 여덟 살이었던 것 같다. 국민 학교 입학을 앞두고 그 해 이른 봄 나는 홍역을 앓았다. 홍역은 누구나 다 앓는 것이고 그 위험한 열병을 치르고 나야 살아가는 데에 어떤 저항력이 생기는, 즉 다시 말해 이것을 이겨내야만 사람이 된다던 것이다. 지금은 아예 예방접종으로 치루어 버리지만 예전에는 홍역을 앓다가 죽은 아이들도 많았다. 그래서 홍역을 치루어야 철이 난다는 말도 있었다.

한참 발발거리며 돌아다닐 때 홍역을 앓았으니 본인은 물론 주위사람들에게도 무척 애를 먹였던 모양이다. 열이 많이 나 자꾸 방을 뛰쳐나가려고 하고 밤에는 헛소리를 해서 어머니는 낮이나 밤이나 내 곁을 떠나지 않으셨다고 한다. 홍역은 전염병이라 해서 일제시대 때 순경이 잡아간다고들 해 밖에 소문이 날까 쉬쉬했고, 어린 동생들이 옮을까 두려워서 사랑채에 가두어 두기도 했다니 홍역이 대단하기는 대단했던 것 같다.

열 탓으로 밤이나 낮이나 내 눈앞에는 희귀한 것들이 난무했다. 그것들은 지금도 생생히 기억에 남는데, 오색찬란한 여러 가지 무늬 같은 것들이었다. 그것들은 밤하늘의 별들까지 반짝이기도 하고, 만화경 속으로 들여다보이는, 요지경처럼 현란하기도 하고, 또 어떤 때에는 색채 선명한 벌레들이 오물거리는 것 같이 보이기도 했다. 그런가 하면 검은 바탕에 예쁜 무늬가 있는 호랑나비가 눈앞에서 어지럽게 맴돌기도 하고 내 몸은 붕 떠서 천장까지 오르락내리락 하여 천장의 무늬가 가까이 아주 가까이 있기도 했다. 억지로 눈을 떠보면 나는 뜨거운 아랫목에서 찬 윗목까지 기어나가 장롱을 잡고 있다가 장롱에 박힌 자개의 번쩍이는 색상에 놀라기도 했다.

이렇게 서너 일 고열로 신음하다가 열이 차차 내리면서 전신에 붉은 반점이 솟아나기 시작했다. 나는 이 반점들을 밖으로 몰아내기 위해 며칠 동안 페르시아 융단 같은 찬란한 병균과 고투한 것이다.

열이 완전히 내리고 정상으로 회복되자 그 동안 먹지 못했던 모든 것이 먹고 싶었다. 그러나 어머니는 홍역은 회복기가 어렵다 하며 미음과 죽만 주시고 열이 떨어졌는데도 찬바람을 쐬면 다시 앓게 된다고 하여 마루에도 못 나가게 하셨다.

나는 답답한 나머지 손가락에 침을 발라 창호지 문구멍을 뚫어 밖을 내다보기도 했다. 밖이 그렇게도 그리울 수가 없었다. 마당 한구석 석등 옆에 있는 나뭇가지에 새파란 잎들이 돋아난 것을 보고 나는 깜짝 놀랐다. 해마다 모아온 것인데도 그때처럼 그 나무들이 신기하게 보인 그 때의 인상적이었던 모습도 아직 기억난다. 홍역을 앓기 전인 며칠 전 까지 만해도 마당에 하얀 눈이 있었는데 내가 앓는 사이에 무엇인가가 많이 변한 것을 느꼈다.

오랫동안 못 나갔던 나를 찾아오는 아이들도 있었다.

“원희 아직도 안 났어요?”

"아직도 놀지 못해요?"

하고 마당까지 들어온 아이들을 나는 문구멍으로 내다보면서도 왠지 뛰어 나가지 못 했다. 아직 밖에 나가면 못 쓴다는 제지도 있었지만 내 몰골은 어린 나이에도 그들 앞에 보이기 싫었던 것이다. 그리고 또 하나는 단 며칠 동안의 앓음이었는데도 불구하고 혼자서 어디 먼 곳을 갔다 온 것처럼 며칠 전까지 그렇게 같이 재미있게 놀던 아이들이 생소하게, 나와는 거리가 먼 아이들처럼 아주 이상하게 느껴졌던 것이다. 그래서

"아직 몸이 덜 나았단다."

하는 말을 듣고 돌아서 나가는 아이들의 뒷모습을 바라보면서 말 한마디도 못했다.

내 얼굴에 돋았던 붉은 반점들도 사그라져 희끗희끗해지자 집안에서만 놀라는 허락을 받았다. 나는 오랜만에 방안에서 해방되어 마루로 나올 수 있었다. 오랜만에 보는 마루의 찬장도, 뒤주도, 뒤주 위에 있는 크고 작은 백 항아리들도 그렇게 반갑게 느껴질 수가 없었다. 이것이 우리 집이구나 새삼스레 느껴지기도 했다.

후원까지는 나가도 된다고 해서 뒤로 돌아가니 앙상한 가지였던 매화나무며 앵두나무에 새파란 잎들이 제법 많이 돋아나 있었다. 땅에도 마른 풀 속을 헤치고 새싹들이 삐죽삐죽 솟아나 손가락으로 헤쳐 보니 촉촉하고 향긋한 흙 내음이 났다. 나는 새싹들이 내 발 밑에서 으스러질 것을 염려하여 요리저리 피해가며 돌을 징검다리처럼 밟아갔다. 그중에 한 돌이 뒤뚱거리다가 뒤집어 지면서 넘어지고 말았다. 넘어지면서 내 눈에 들어온 것이 있었다. 뒤집어진 돌 밑에 숙주나물 같은 새싹들이 가지런히 깔려있는 것을 본 것이다. 그 새싹들은 무거운 돌에 깔려 햇빛을 제대로 보질 못했다. 줄기가 연하디 연했고, 돌에 눌려 더 이상 뻗지를 못해 멋대로 구부러져 옆으로 누워서 자라고 있었다. 그

런가 하면 막 흙을 떠밀며 나오느라 애를 쓰는 새싹들도 보였다. 너무나 신기했다. 나는 흙을 밀고 나오는 새싹들 위에 덮인 소복한 흙을 털어주기도 하고 돌들을 뒤집어 그 밑에 깔린 새싹들을 일으켜주기도 했다. 어린 마음에도 돌에 깔린 새싹들이 애처롭게 보였던 모양이었다. 손과 옷이 더러워지는 것도 모르고 돌들을 들어 한쪽 구석에 날라놓기를 반복했다. 누가 내 뒤에 와 있는 것도 모르고 열심히 했다.

"아주 잘 하는 구나."

하는 소리에 그제서 뒤돌아보았다. 거기에는 우리 집 사랑채에 묵고 있는 손님 아저씨가 서있었다. 흰 무명바지 저고리에 수염도 머리도 긴 아저씨는 얼굴이 병자처럼 희디희었다. 마치 돌에 눌린 새싹들처럼 씩씩한 데가 하나도 없었다. 그 아저씨는 좀체 밖에 나오는 법이 없었고 아침식사만은 안방에 들어 아버지와 함께할 정도였다. 나는 그 아저씨가 우리 친척이 아닌 것을 알고 있었고, 또 우리 집에 숨어있다는 것도 알고 있었다. 그 아저씨가 우리 집에 왔을 때 어머니는 나와 일하는 식모에게 밖에 나가서 아저씨 얘기를 하면 안 된다고 몇 번씩 다짐을 받았기 때문이었다.

"너 다 나왔구나."

아저씨는 내 머리를 쓰다듬으며 말했다.

"네, 아저씨도 답답해서 나오셨어요?"

내 말에 그는 빙긋 웃었다. 아저씨는 내가 나르는 돌을 같이 옮겨주었다. 큰 돌들은 아저씨와 같이 옮겼고, 매번 그 밑에 눌려 있는 새싹이 나오면 나는 손뼉을 치며 좋아했다. 그러나 아저씨는 그 눌려있는 새싹들을 말없이 한참 내려다보며 생각을 골똘히 하는 것 같았다. 나는 그러는 아저씨와 새싹을 번갈아 보며

"왜요? 아저씨……."

하고 그의 눈치를 살피기도 했다.

나는 비틀어지고 구부러진 새싹들을 바로 잡으려 일으키다가 그만 새싹의 뿌리를 뽑기도 하고 부러뜨리기도 했다.

그때 아저씨는

"그냥 두면 이제 제 힘으로 일어날 꺼다. 위에 짓누르는 돌만 치워 줘도 된다."

했다.

아저씨와 나는 돌 나르는 것에 재미를 들여 시간 가는 줄 모르고 했다. 아저씨는 허리가 아프신지 허리를 두드리며

"이제 그만 하자."

하셨지만

"안돼요. 돌 밑에 깔린 다른 새싹들이 죽으면 어떻게 해요."

라는 나의 말에 아저씨는 내가 귀엽다는 듯이 나를 안아 주기도 하며, 다시 나와 함께 돌을 날랐다. 그래도 아저씨는 허리가 아프신지 몸을 똑바로 일으켜 크게 숨을 쉬고 하늘을 바라보며 무엇인가를 작은 소리로 읊기도 했다. 지금 생각하니 확실하지는 않지만 어쩌면 이상화李相和의 시詩 「빼앗긴 들에도 봄은 오는가」가 아니었던가 싶다. 또 하나, 그 날과 연관되어 기억나는 것은 그 때에 아저씨가 홍역으로 지저분한 나의 얼굴임에도 불구하고 여러 번 뽀뽀를 해 주셨는데 길게 자란 그의 수염이 찔러 어찌나 따가웠는지 그것도 지금까지 느껴지는 것만 같다.

그 후 아저씨는 우리 집에서 언제 나가셨는지 잘은 모르지만 두 번 다시 오지 않으셨다. 또 그 아저씨가 누구며 무엇을 하시던 분이었는지 누구에게도 물어본 일이 없지만 그 아저씨가 나쁜 아저씨가 아니라는 것만은 확신하고 있다.

내가 봄이라는 것을 처음 느낀 것은 아마 그 때가 아니었던가 싶다.

1985. 3

하느님의 선물

나는 타인으로부터 받은 선물이 많이 있다. 그 중에서도 나의 세 아이들이 준 선물들이 제일 많다. 또 받은 카드도 많은데 그것들도 역시 아이들이 준 카드가 으뜸으로 많다.

엄마 생일, 엄마 아빠 결혼기념일, 어머니 날, 크리스마스 등 해마다 네 번 이상 선물과 카드를 받아보고 있다. 큰 딸 숙경이가 초등학교에 입학하고부터 학교에서 어머니날에 엄마에게 편지쓰기를 시작해서부터 또 철들어 엄마의 결혼기념일까지 동생들과 같이 챙기고 있는 것이다. 또 숙경이는 결혼을 해서도 이 네 번의 축하는 한번도 거른 일이 없다. 나는 아이들로부터 받은 카드, 편지와 선물들을 지금껏 대부분 가지고 있다. 한글을 갓 깨우치면서 쓴 서툰 글씨가 적힌 카드, 편지, 구멍가게에서 정성껏 산 십 원짜리 반지도 있다. 지금 내 책상에는 십오륙년 전에 선물로 받은 손바닥만한 크기의 사진액자가 아직도 있고, 결혼 17년 기념으로 받은 신랑 신부 고무인형도 때가 낀 채 놓여 있다. 또 내 경대 서랍 속에는 세 아이들이 선물로 준 브로치가 백 원 짜리에서부터 고급스러운 것에 이르기까지 또는 저희들이 학교 미술시간에 만든 것들이 수두룩하다. 어쩌다 서랍 속을 정리할 때는 지저분해서 버릴까 하다가도 하나하나가 그때그때 아이들의 정성과 사랑이 담긴 것이라 생각하면 버릴 수가 없어 그대로 넣어 두고 있는 것이다. 그래서 내 경대 서랍은 잡동사니가 많다. 모두 값싸고 낡은 것들이고 지금은 손가락에도 가슴에도 달을 수 없을지라도 그냥 간직하고 있다.

퍽 오래 전의 일이나, 둘째 딸 화경이가 고등학교에 갓 입학했을 때의 일이다. 담임선생님과 만나고 나오는 길에 교장선생님도 뵙고 싶어서 교장실에 갔었다. 내 딸 아이가 이 학교에 들어왔다는 인사와 학교 사정 등을 30분 정도 이야기를 나누고 돌아왔다. 집에 돌아와서 보니 내 가슴에 달았던 브로치에서 핀만 남아있고 알맹이는 어디에선가 떨어져 나가고 없었다. 값비싼 것은 아니었지만 화경이가 중학교 때 학교에서 공예시간에 가죽에다 물을 들여서 만든 꽃송이 브로치였다. 아마 길에서 잃어버린 것이라 생각하고 만들어서 엄마를 준 딸에게 미안했다.

꼭 1년이 지난 후 화경이가 2학년으로 진급하자 나는 또 인사 겸 담임선생님을 만나 뵙고 또 1년 전에 뵈었던 교장선생님에게도 들렀다. 교장선생님은 나를 반갑게 맞아 주시면서

"혹시 1년 전에 오셨을 때 이거 떨어뜨리고 가시지 않으셨어요."

하고 책상 위에 내 잃어버린 가죽 꽃송이 브로치를 내 앞에 내놓으셨다.

나는 순간 잃어버린 브로치보다 한 학부모가 떨어뜨린, 그것도 값싸고 망가진 브로치를 1년 동안이나 간직했다가 돌려주는 그 알뜰한 마음가짐과 그 예의에 일순 숙연해지지 않을 수 없었다. 그리고 그것을 받아 가지고 나오면서 나는 많은 것을 생각하지 않을 수 없었다. 망가진 브로치니까 쓰레기로 버릴 수도 있었다. 아니면 학생을 통해 보낼 수도 있었으며 어떤 믿음 없이는 어려웠을 것이다. 언젠가는 그 학부

형이 학교에 올 때 교장실에도 들르리라는 믿음 때문이었을까. 그 교장선생님께서는 이화여고에 오래 재직하셨던 정희경 선생님이셨다.

아이들로부터 받은 선물 다음으로는 남편이 준 선물들이 많다. 그가 내게 준 선물들도 역시 값나가는 것이라고는 별로 없다. 그가 뭐가 좋고 고가품인지를 모르는 것이 아니었고 그저 세 아이들을 기르기에 바빠 경제적으로 풍족하지 못했기 때문이었다. 그는 늘 잊지 않고 내 생일에 장미꽃, 카드와 케이크를 사 들고 왔다. 아니면 새벽 일찍 일어나 잠자는 아이들까지 깨워 아이들과 내가 일어날 때면 같이 생일상을 차려놓아서 나를 놀라게도 했다.

그는 자주 외국으로 출장도 가지만 가족선물이란 별로 없다. 우리나라가 잘 살기 위해선 국산품을 써야 하고 남의 나라 것을 사면 안 된다는 그의 지론 때문이었다. 그런 남편에게 가끔 불평도 했고 불만도 있었지만 그의 지론이 옳은 말이기에 어쩔 수 없는 일이었다.

그러나 저러나 남편이 나에게 주는 가장 큰 선물은 매달 갖다 주는 월급봉투일 것이다. 그런데도 불구하고 나는 곧잘 투덜거렸고 불만도 표시했다. 아무리 봉도 뜯지 않고 갖다 준다 해도 그것은 갈증 나도록 적은 것이었다. 그럴 때 마다 그는 '미안해' 하기도 했고 때론 '내 능력이 그뿐이야' 하기도 했고, 때론 '시집 잘 못 왔어. 나는 사업가로 영리한 일을 하는 사람이 아니야. 연구원이지.' 하기도 했다.

그러는 사이 나도 철이 들고 아이들도 하나하나 학교를 나오고, 나라도 많이 살기 좋아졌다. 이젠 두 손으로 월급봉투를 받는다. 그리고 언제 '감사합니다' 하기도 하면 그는 '그 말 진짜야?' 하고 고개를 갸웃거리기도 한다. 어쨌거나 우리는 늘 쪼들리는 살림 속에서도 남편은 남편대로 복지원이나 뇌성마비협회 등에, 나 또한 이웃과 교회와 음성군에 있는 꽃동네에 작은 돈이나마 다달이 보내고 있다. 우리는 받기만 하는 쪽보다는 주는 편에 속해있음을 알기 때문이다. 선물을 받는 것도 좋지만 선물을 주는 것이 더 즐겁게 한다.

남편이 나에게 준 가장 큰 선물 중에 하나가 내 서랍 속에 있다. 그것은 그가 우리 결혼 25주년 기념일에 준 카드이다. 그 안에는

우리의 인생과 당신의 문학을 위해
더욱 건강하고 원숙해 가며, 그리고
우리 가정의 행복, 우리의 사랑을 깊이
…
Yours sincerely

남편이 내게 준 알뜰한 마음이다.

카드 표면의 사진과 그림과 시는 더욱 마음을 숙연케 했다. 결코 화려하거나 예쁜 카드라고는 할 수 없으나 표지에는 커튼 사이로 엷은 하늘이 흘러나오는 배경에 테이블 위에 흰 글라디올러스 두 송이가 있는 화병이 평화롭기 이를 데 없다. 그 옆에는 은색활자로 시가 있었다.

For you
행복의 얼굴은 물빛
젖은 가슴은 언제나 부드러워
부딪힘도 긁힘도
물은 알지 못하리
때론 물처럼 흐르고
때로 물처럼 고이고
우리 늘 물처럼 살고

누가 쓴 시인지도 알 수 없고 누가 찍은 사진인지도 알 수 없었다.

그러나 남편의 마음도 이러하겠거니. 늘 바빠하는 남편이 그 카드를 골랐을 생각을 하니 가슴이 뭉클했다.

나는 이 카드를 책상 서랍 속에 넣어두고 가끔 꺼내어 그 시를 읽어본다.

> 행복한 얼굴은 물빛
>
> 젖은 가슴은 언제나 부드러워
>
> …
>
> 우리는 늘 물처럼 살고….

지금 내 책상 위엔 손바닥마한 나뭇잎 모양의 곽이 하나 있다. 이것은 필리핀 제품으로 아주 오래 전에(아마도 20여 년은 된 듯싶다) 선배 손소희 선생님께서 주신 선물이다. 손소희 선생님이 마닐라에 다녀오시면서 똑 같은 것을 여러 개 사다가 후배 여류작가들에게 하나씩 주신 것이다. 필리핀의 특산품 나무인지 무척 가볍고 자그마해서 책상 위에 놓고 지우개, 핀, 클립 등을 넣고 쓰기에 딱 이다. 나는 이것을 손선생님한테 받을 때부터 줄곧 잘 쓰고 있다. 이십여 년 동안 내 책상도 두 번이나 바뀌고 그때마다 책상 위의 문구도 여러 차례 새것으로 바뀌었지만 이것만은 내내 내 책상 위에 있다. 세월이 한참 흘러 이제는 이 곳 저 곳 긁히고 낡았지만 그럴수록 더 정이 들어서 멀리 할 수가 없다.

손소희 선생님이 이 세상을 떠나신 지도 벌써 몇 해가 지났다. 그 아픔도 잊혀져 가고 있는데 어쩌다가 이 조그마한 나무 곽을 무심코 들여다 볼 때면 손소희 선생님의 모습이 떠오른다. 그분이 생존 시 내게 주신 단 하나의 선물이지만 때로는 잠시 동안, 때로는 아주 오랫동안 감상에 젖게 만든다.

향파 이주홍 선생님이 돌아오시지 못하는 여행길에 오르신 지도 한 해가 훨씬 넘었다. 선생님이 내게 남겨 주신 문인화 두 폭이 내 방과 마루에 걸려 있어 그것을 의식하고 볼 때면 향파 선생님의 모습이 떠오른다.

한 폭은 과일이 담긴 정물화에다 두보杜甫의 시가 담긴 것이고, 또 한 폭은 강태공이 낚시하는 한가로운 풍경화이다. 역시 두보의 시를 적은 것이다. 벌써 5~6년 전에 내가 부산에 갔다가 향파 선생님 댁에서 하룻밤을 묵었을 때이다. 아침에 일어나 선생님이 계신 이층 서재에 올라가니 신문을 보고 계시던 선생님이

"구강(鳩岡, 나의 호) 그림 한 장 줄까?"

하시며 내게 주신 그림이다. 뜻밖에 받은 그림이었다. 가을바람이 살랑 부는 이른 아침에 그 정물화는 어딘지 모르게 그날 아침 분위기와 잘 맞았다. 두보의 시는 한시漢詩여서 선생님은 해설까지 써 주셨다.

가을 바람이 일어남이여
흰 구름이 날도다.
초목이 누르게 익을제
기러기 남쪽으로 돌아오누나.
난초는 빼어나고
국화는 꽃다운데
그리움이 생각하여
잊혀지지 않도다.

강태공 낚시 풍경화는 선생님이 돌아가시기 몇 달 전에 문병 차 부

산에 내려갔을 때 주신 선생님의 마지막 선물이었다. 건강이 안 좋으셨던 터라 한시 해석은 받지 못했다.

지금도 방, 마루에 걸려있는 선생님의 그림과 시를 읽으면 선생님을 뵙는 듯 하고, 향파 선생님을 기리는 나의 마음이 '그리움이 생각하여, 잊혀지지 않도다' 라는 시 구절과 같다.

여름이면 우리 마루와 방의 그림들이 바뀐다. 계절에 맞는 것을 선택하게 된다. 그 중에서 장소는 바뀌지만 항상 걸려있게 되는 것이 <고향의 봄>이다. 향파 선생님께서 그림을 그려주시고 이원수 선생님이 직접 가사를 붓글씨로 쓰신 아주 예쁜 동심의 세계가 담겨있는 그림이다. 한 여름 대청에 화문석을 깔아 놓고 누워서 <고향의 봄>을 보고 있으면 더위가 가실 정도로 시원해 지고 콧노래가 저절로 나온다.

나의 살던 고향은
꽃피는 산골,
복숭아 꽃
살구 꽃
아기 진달래…

이원수 선생님이 세상을 떠나신 지도 올해로 7년이 되어온다. 81년 정월에 눈이 내리는 날 나는 장지까지 따라갔었다. 향파 선생님은 87년 비가 부슬부슬 오는 정월에 돌아가셨다. 이원수 선생님이 가신지 꼭 6년만 이었다. 두 분은 십 년 나이차가 있으셨는데도 불구하고 그렇게 가까운 벗일 수가 없었다. 서울과 부산이라는 먼 길을 서로 자주 왕래하셨다. 이원수 선생님이 세상을 떠나시기 전 날까지도 전화통화를 하셨다고 하셨다.

두 분이 나에게 남겨주신 그림과 글 밖에도 이 세상에 남겨 주신 많은 작품들은 그분들의 분신과도 같다고 생각한다.

나는 이 모든 선물들을 하느님의 선물이라 이름 붙이고 싶다. 관심과 사랑과 성의가 깃든 어떤 가치에도 비교할 수 없는 고귀한 것들이기 때문이다.

1988.12

행복의 조건

러시아 작가 체홉의 작품들 중에 「귀여운 여자」가 있다.

퇴직 관리의 딸, 올가는 귀엽고 예쁘장하게 생긴, 남을 사랑할 줄 아는 다정다감한 여자이다. 나이 어렸을 때 아버지의 사랑을 듬뿍 받고 자란 올가는 성년에 이르러 어느 연극배우를 사랑하여 결혼을 한다. 두 사람은 행복했고, 그녀는 남편의 예술을 돕는데 최선을 다 했다. 그런데 어느 날 예기치 않은 사고로 남편이 죽었다. 행복이 깨진 올가는 죽은 남편 생각에 한동안 모든 것을 포기해 버린 듯 비탄에 젖어 은둔생활을 한다.

그런 올가의 집에 타지방에서 임명되어 온 수의사가 묵게 되었다.

그 수의사는 젊고, 마음씨가 아주 착한 사나이였다. 그 의사의 출현으로 올가의 우울했던 생활은 청산하고 다시 활기를 되찾았다. 그녀는 죽은 남편에게 했던 것처럼 수의사를 열심히 도왔고 그러면서 사랑도 하게 되었다. 그녀는 다시 행복해 졌다.

그러나 그 수의사는 임기가 끝나자 언젠가 다시 돌아오겠다고 약속을 하고 자기 고향으로 돌아갔다.

그녀는 다시 외로워 졌으나, 언젠가는 그가 돌아올 것이라 믿으며 기다렸다.

세월이 얼마만큼 흘렀다. 그러던 어느 날 수의과 의사는 엉뚱하게도 다른 여자와 결혼을 했고 낳은 아이까지, 세 식구가 함께 왔다.

올가는 처음에 무척 당황을 했으나 곧 생각을 고쳐먹고, 자기 집을 목적으로 찾아 온 그들을 맞아들였다.

수의사의 아이 이름은 샤샤라 하는 귀여운 여자아이였다. 그 애는 올가를 '아줌마'라고 부르면서 따랐다. 올가도 샤샤의 천진스럽고 사랑스러운 모습에 이끌려 샤샤를 돌보며 사랑했다. 그녀의 샤샤에 대한 사랑은 마치 모성과도 같아 아낌없이 샤샤를 위해 헌신했다. 아이뿐 아니라 샤샤의 친 부모도 올가의 폭넓은 사랑에 고개 숙였다.

이런 올가를 동리 여자들은 '바보 같은 여자'라고 흉을 보았지만 나중에는 모두 올가의 티 없이 맑은 성품을 선망했고 칭찬을 아끼지 않았다.

이 작품이 발표되었을 때 맨 먼저 이 글을 읽은 사람이 톨스토이라고 한다. 그는 '참으로 행복한 여자로군' 이라며 감탄을 했다는 말이 있다.

내가 처음으로 이 작품을 읽었을 때는 올가가 딱하다고 생각을 했고 어이없는 부분에서는 웃음이 나기도 했다. 하지만 그녀의 하느님 같이 폭넓은 사랑과 인성에 고개가 숙여졌다.

행복이란 무엇인가?

국어사전을 찾아보니 행복이란 심신의 욕구가 충족되지 않으면 불행하다는 말이 된다. 얼마 전에 부귀와 영화와 명예도 있다고, 자타가 인정한 사람이 세상을 떠났을 때 어쩐지 그를 가리켜 행복한 사람이었다고들 하지 않는 것 같다. 첩도 둘이나 있었고 자식은 12명이나 있었다.

이복형제들이라 재산 상속으로 으르렁거렸고, 원수같이 지내는 자식들도 있다는 것이었다. 그가 죽었을 때 아마도 그를 위해 눈물을 흘릴 부인도, 자식도 없었을 것이라는 말도 있다. 그 본인은 생에 있어서 순간순간 목적달성의 만족감과 쾌락적 희열이 없지 않았겠지만 그가 자신을 위해 맛본 만큼 말 못할 고통도 있었을 것이다. 그것을 알고 있기에 객관적으로 그를 행복했던 사람이라고 말하지 않는다. 오히려 짤막한 소설 속의 주인공 올가가 불행한 처지에 놓였음에도 불구하고 작은 행복을 고맙게 받아들이는 태도는 읽는 이들에게 행복이란 무엇인가를 알게 해준다.

우리 인간은 어느 동물보다도 욕심이 많은 것이 특징이고, 능력 것 살고 얻으리라는 신의 특권을 부여 받았다. 동시에 신은 그 능력을 조정할 수 있는 지혜도 주셨다. 그 지혜를 미처 깨닫지 못하는 사람은 신이 그를 거두어 갈 때 어쩔 수 없이 모든 것을 잃고 만다. 즉, 사람이 능력 것 얻은 것은 마지막 가는 길에는 가지고 갈 수 없다는 것이다.

우리가 제 각기 가지고 있는 가치관은 개개인에 따라서 다르겠지만 단 한 가지 동일한 것이 있다면 그것은 너나 할 것 없이 행복함을 추구하는 것일 것이다.

행복이란 눈에 보이는 것도 아니고 손에 잡히는 것도 아니다. 그런데도 분명히 우리 주변에는 행복한 사람, 또는 불행한 사람이 있다.

천하를 다 얻어도 마음의 행복을 얻지 못하면 우리는 불행하다고 한다. 물질적으로 약간 궁핍해도 장래를 바라보며 사는 사람들 보고 우리는 불행한 사람이라고 말 하지 않는다.

행복이란, '나만 좋으면…'으로 흡족하지 않다. 나의 행복을 타인으로부터 인정을 받는 것도 행복의 조건 중의 하나다.

희랍신화의 그 유명한 파리스의 심판이 있다. 트로이 전쟁을 일으키고 결론은 트로이를 망하게 한 파리스의 심판인데, 트로이의 왕자 파리스는 적국 희랍, 스파르타 왕비를 사랑한 나머지 적국으로 숨어 들어가 왕비 헤레네를 약탈 해 돌아왔다. 그러나 트로이의 시민들은 애욕에 눈이 어두운 왕자를 아무도 환영하지 않았다. 한편 왕비를 약탈당한 스파르타 왕은 그 유명한 트로이의 목마에 군대를 넣어 트로이로 쳐들어갔다. 이미 왕자의 행위에 등을 돌린 시민들이나 군인들은 속수무책으로 패배하고 트로이는 그날로 영원히 그 이름이 지구상에서 지워지고 말았다. 이 것이 파리스의 심판인 것이다. 이 파리스의 심판은 오늘 날에도 우리의 인생의 항로에 곧 잘 등장한다. 행복은 분명 나의 것이련만 그것이 이기적일 때 우리는 언젠가는 심판을 받고 만다.

희랍신화 속에 행복, 불행의 가치관이 오늘날에도 우리의 생활에 현존하고 있다는 것은 그 속에 우주와 인간의 삶에 대한 초월적인 진리가 계시돼 있기 때문일 것이다.

파리스의 심판을 쉽게 풀이한 프랑스의 사상가 몽테뉴의 말을 빌려보자. 행복이라 불리는 기본적 조건의 하나는 어떤 큰 것이 아니고 작은 가치들이 흩어지지 않고 잘 조화를 이루는 것이라고 했다.

조화란 어떤 것들의 이름인가. 덕德, 선善, 쾌快의 세 가지를 말함이라고 했다. 그 중 그 어느 하나라도 결여되면 인간은 자타가 인정하는 행복을 느낄 수도, 얻을 수도 없다는 것. 덕, 선, 쾌라고 하면 어쩐지 거창한 것 같이 생각되지만 알고 보면 그렇게 대단한 것도 어려운 것도 아니다.

덕은 곧 진眞이어서 내 생활에 거짓이 없으면 되는 것이다. 추하고 어두운 것 보다는 격이 좀 높은 것이다.

선도 글자 그대로 착함이다. 남을 해치지 않는 선함, 더 못 가진 자를 위한 적선, 선량함, 내 욕심뿐 아니라 남에게 조금씩 베풀어 주는 것 등등 일 것이다. 이웃은 내 몸같이도 선함이다.

쾌는 즐거움이나 즐거움이란 흥겹게 노는 것만이 아니다. 내 인격은

쌓는 것도, 선한 일을 하는 것도 결과는 내게 즐거움을 주고 타인에게도 흐뭇함을 준다. 그러고 보면 쾌란, 덕과 선이 수반되지 않으면 이기적 쾌락에 지나지 않는다는 이야기다.

이렇게 보면 행복은 분명 내 자신의 것이면서도 나와 타인이 더불어 갖는 것이다.

이기적인 사람을 가리켜 그 누구도 행복한 사람이라고 말 하지 않는다. 불평불만이 많은 사람을 보고 행복한 사람이라고 말 하지 않는다. 남을 헐뜯기 좋아하고, 남을 시기하는 사람을 보고 행복한 사람이라는 이가 없다.

그렇다면 어떤 사람이 행복한 사람인가 우리는 어렵지 않게 찾을 수 있을 것 같다.

행복한 사람은 남을 사랑 할 줄 아는 사람이다. 자신의 분수를 알고 거기에 만족하는 사람이다. 내가 먼저라는 이기심을 강하게 앞세우기보다 남과 잘 어울리는 사람, 서로 돕고 조화를 이루는 사람이 행복한 사람이다. 재물이나 명예가 있고 없고는 관계가 없다. 「귀여운 여자」 주인공 올가처럼 어떤 어려움도 부당함도 유연하게 받아들이고 새로운 삶에 적응해 가는 것이다.

우리네 삶이란 뜻 하지 않은 일들이 예고 없이 찾아온다. 그것이 인생이라고 나는 생각한다. 중요한 것은 그럴 때 마다 우리는 깨닫고 한발 한발 성숙해 가는 것이다. 행복과 불행의 조건은 결코 멀리 있는 것도 아니며 누가 갖다 주는 것은 더욱 아니다. 내 안에 있는 성품이며 인품인 것이다.

1990. 3

단풍처럼

매일 아침 산책 삼아 산에 오르면서도 하루하루 변해가는 산을 별로 의식하지 못했던 것 같다. 그러던 어느 날, 언제나처럼 산을 오르는데 갑자기 내 시야가 훤히 밝아 오면서 한 그루의 단풍나무와 부딪쳤다. 그 나무는 마침 떠오른 아침 햇살에 붉게 타고 있었다. 아! 벌써 단풍이 – 발걸음을 멈추고 바라보았다. 나의 시선을 끈 나무는 그 주위의 어떤 다른 단풍나무들보다도 유난히 찬란했다.

한 여름 그리도 푸르렀던 나무들이었다. 그런데 어느 사이 그 푸르렀던 잎들은 조금씩 변색해 가고 있었다. 어떤 나뭇잎은 갈색으로 퇴색되어 가고 어떤 잎은 누르스름하게, 또 어떤 잎은 변색되기도 전에 그 형태가 일그러지며 메말라 고사枯死해 가고 있기도 했다. 나는 그런 나뭇잎들 속에 유난히 아름답게 단풍이 든 나무에 매혹된 듯 잠시 걸음을 멈춘 것 이었다. 그때 나처럼 산책하던 한 여인이 걸음을 멈추며 말을 걸어 왔다.

"단풍이 너무 아름다워요."

그녀는 무의식 중 탄성이 나온 모양이었다. 나도 미소로 응답했다. 지나가는 그 누구의 눈길을 끌만큼 그 단풍나무는 눈부셨다.

"저런 단풍은 꽃보다도 예쁘지 않아요."

그녀의 말을 듣고 보니 그렇게도 생각되었다. 가을의 단풍이 봄의 꽃보다 더 화려할지도 모른다. 봄이나 여름 꽃은 싱싱하고 어여쁘지만 가을 단풍처럼 화려하고 찬란한 맛은 없을지 모른다. 그러나 단풍의 아름다움은 푸르던 잎이 엽록소를 잃어가 그 세포가 화청소로 변해가는 노쇠현상이다.

"예쁘게 단풍 드는 것도 건강한 나무여야만 되는 모양이죠."

나는 내 발 아래 방금 떨어진 단풍잎 하나를 주으면서 말했다. 내가 주은 잎은 비록 낙엽 지기는 했으나 그 잎새 모양은 생긴 원래의 모습을 지닌 채, 물감으로 적황색 바탕에 초록 점까지 무늬를 놓은 듯 색채가 아름다웠다.

"그렇군요. 저기 저 나무는 아직도 푸른데 잎이 단풍도 들기 전에 말라 버렸어요. 잎의 건강상태를 말해주는 것인지도 모르지요."

어느 사이 우리는 동행이 되어 걷고 있었다.

"산의 나무들이 곱게 물들려면 공해가 없어야겠지요. 설악산의 단풍이 좋은 것은 자연환경이 좋아서 그런 것 아녜요."

어찌 나무뿐이랴. 사람도 환경이 좋고 심신이 건강해야 곱게 늙는다.

나는 문득 단풍과 연관되는 분이 떠올랐다. 얼마 전에 타계하신 나의 스승이신 향파 이주홍 선생님이시다. 어느 가을날이었다. 선생님은 단풍을 바라보시며

"단풍처럼 늙어 인생을 마무리 하고 싶구나."

하셨다. 그 말씀을 하셨을 때 선생님은 70을 하나, 둘 넘기고 있으셨다. 선생님은 고희를 넘으셨어도 그 누가 봐도 노인으로 믿지 않을 만큼 정정하셨고 젊음을 오래 유지하시며 노화를 늦추는 비결을 알고 계

신 것 같았다. 늘 부지런하시고, 젊은 사람들 못지않게 많은 작품을 쓰셨다. 뿐 아니라 연세 드실수록 작품들이 더욱 좋았다. 80을 넘어서도 그러셨다. 그런 분이 수술도 많이 하고 쇠약해 지셨다는 소문을 듣고 찾아가 뵈었다. 선생님께서는 많이 수척하셨어도 평소와 다름없이 책상 앞에 앉으셔서 독서를 하고 계셨다. 그 모습은 언제나처럼 다름없이 의연하셨고, 백발이 아침 햇살에 반사되어 우아하리만치 초연하셨다. 건강이 어떠시냐고 여쭈었더니

"내가 하고 싶은 일 조금씩 할 수 있을 만큼 괜찮아."

하셨다. 그래도 쉬시는 것이 좋지 않겠냐고 했지만

"난 단풍처럼 늙고 싶은데 말이야."

하시며 그렇게 안 되는 것 같다는 듯이 고개를 갸웃하셨다. 그 후 한두어 달 있다가 세상을 뜨셨다. 연락을 받고는 놀랐었다. 그렇게 빨리 가실 줄은 몰랐기 때문이었다. 병석에 오래 계신 것을 뵙지 않아서 그런지 내 기억 속의 선생님의 자태는 언제나 의연하고 정정하시다. 가족에게 이야기를 듣자 하니 선생님께서는 아주 자리에 누우시기 한 달 전 까지 틈틈이 그림을 그리셨다고 했다.

지금 생각하니 선생님이야 말로 단풍처럼 곱게 늙어가고 단풍잎이 낙엽 지듯 어느 날 그렇게 자연스럽게 세상을 떠나신 것이 아닌가 생각된다. 생존 시 그토록 단풍처럼 아름답게 늙어가고 싶다고 소망하신 것처럼 곱디곱게, 그리고 화려하게 가신 것이다.

"어떻게 하면 우리도 단풍처럼 아름답게 늙을 수 있죠?"

나는 내 옆에서 같이 걷고 있던 동행자를 까맣게 잊고 있었기에 돌연한 그녀의 말에 현실로 돌아왔다. 그리고 내심 놀라지 않을 수 없었다. 생각은 했지만 입 밖으로 단풍과 늙음에 대해서 한마디도 하지 않았었기 때문이었다. 이런 것이 이심전심이라고 하는 것일까. 그녀도 단풍을 보며 내심 자신의 인생을 생각했던 모양이었다.

"소원하면 되지 않을까요."

"소원만 해 가지고 될까요?"

"건강도 좋아야겠고 또 내적 인격도 있어야겠죠. 노욕도 없어야겠고, 따라서 덕도 있어야겠고, 정신적 여유도 있어야겠고……."

"어휴!"

우리는 이런 것도 과욕인양 웃었다.

어느덧 나의 목적지인 큰 바위에 도착했다. 그녀는 대동문까지는 가야 한다며 나와 헤어졌다.

"좋은 말씀 잘 들었어요."

산에 올라 저 멀리 바라보니 산의 푸르름이 많이 변색해 가고 있었다. 다갈색 단풍으로, 또는 울긋불긋 화려한 단풍으로, 그 기슭 아래 주택들이 안개 속에 잠겨 있었다. 처음에 안개인 줄 알았던 그것이 순수한 안개가 아닌 스모그 현상으로 생겨난 공해 덩어리라는 것을 나중에 알게 되었다. 자연이 아름답고 건강해야 모든 생물이 건강할 수 있다. 그렇지 않으면 병이 들 수밖에 없다. 단풍처럼 아름답게 늙을 수가 없다.

1992. 4

천상에서 주신 문학상

2002년 5월 19일 미국에서 아들의 박사 학위 수여식에 참석하고 귀국하니 짐을 저리할 새도 없이 전화벨이 울렸다.

"송 생님이십니까. 언제 귀국 하셨습니까? 여기 부산입니다."

부산이라는 말과 오랜만에 듣는 경상도 억양에 우선 놀랐다.

부산이라는 말도 경상도 억양도 내게는 결코 새삼스러운 것을 아니었지만 한동안 잊었던 것들이었다. 부산 이주홍 선생님이 작고하신 후 부산에서 내게 전화 걸러 오는 일은 거의 없었으니 말이다. 생존하신 이주홍 선생님의 목소리를 오랜만에 들은 것 같은 착각을 일으킬 정도였다. 이주홍 선생님은 생존 시 자주 내게 전화를 주셨다. "송 선생이십니까 여기 부산입니다." 이렇게 첫 말씀을 하셨다.

선생님의 음성이 끊인 지 어언 27년이나 되 온다. 그런데 비슷한 억양에 부산이라는 소리에 나는 어리둥절할 수밖에 없었다.

"여기 이주홍 문학상 재단입니다. 이번에 재단으로 승격되어 본상이 송 선생님께 드리게 결정 되었습니다. 시일은 5월 21일 입니다."

전하는 분은 백인천 부산아동작가였다. 그동안 여러 차례연락을 했는데 연락이 안되어 고생했다고 했다.

'21일면 내일 모레다.' 수화기를 놓으며 잠시 정신이 멍했다. 잠시 후 정신을 가다듬고 이주홍 선생님 사모님께 전화를 했다. 이 전화도 오랜만이었다.

사모님의 말씀도 같았다. 연락이 안 되어 서울 까지 사람을 보내기도 했다고 했으니 그 동안 그분들의 애타던 모습이 충분히 알고도 남음이었다. 한국문인협회 여성문학회 등 여러 곳에 알아보았으나 아는 사람들이 하나도 없었단다. 출판사 등 이리저리 전화를 걸다가 결국 미국에 간 것을 알아냈다고 했다. 하지만 행선지의 전화도 알 길도 없고 언제 귀국하는지도 몰라 수상자 없는 수상식을 해야 하겠구나 걱정을 했다고 했다.

사모님과의 통화가 끊자마자 또 전화벨이 울렸다. 이번에는 이주홍 선생님문학재단 이사장인 강남주 시인이었다. 강남주 시인은 이주홍선생인의 제자이자 현 수산대학의 총장이시다. 이주홍선생인의 으뜸제자중의 한분이고 스승이 작고하신 후 줄 곧 이주홍 선생님의 문학상을 제정 하는 등 제자의 역할을 신심을 기울려 하시는 등 아름다운 사제지간의 참 모습을 보여주셨다.

이번에는 부산시 주최로 재단까지 설립하게 된 것을 보니 적지 않은 노고가 짐작이 갔다. 선생님이 아동작가여서 아동작가들에게만 상을 수여했는데 한층 업그레이드해서 재단으로 승격시켜 아동작가 뿐 아니라 문학 전반에 걸쳐 소설 시 평론까지 문학상을 만들었다고 했다. 동시에 이주홍 선생 기념관도 부산시 주관으로 개관하게 되었다고 했다.

"그래 제일 먼저 심시원님들이 본상을 선생임을 주기로 만장일치로 결정했다고 했습니다. 아마 천상에 계신 선생님이 '네놈들 참 잘했다' 하실 겁니다. 어떻습니까? 바라지도 않은 상을 받으시니 좋으시죠."

하며 강남주시인은 끝으로 농담 한마디하고 전화를 끊었다.

수화기를 놓으며 강남주이사장의 말이 귓전에서 떠나지 않았다.

"천상에서 향파 선생님이 '네놈들 참 잘했다' 하실 겁니다. 바라지 않은 상이 갔으니 좋지요"

눈시울이 뜨거워졌다. 정말 천상에 계신 이주홍 선생님이 그렇게 생각하실까?

그동안 분수에 넘게 많은 상을 받았지만 한 건도 바란 일은 없다. 모두가 뜻밖이었고 그래서 모두가 하느님의 선물이었다.

곧 인터넷으로 부산 행 열차표를 예약했다. 쉴 사이도 없이 부산으로 떠나야 한다.

보름간의 긴 여행의 피로와 시차 때문에 잠을 못 이루며 그동안 잊었던 갈숲 시절이 즐거웠던 나날을 회상했다. 잠은 점점 멀어져갔다.

몇 년 있으면 문단 생활 50년이 되어 온다. 햇수로 세어보면 반세기는 참 길다. 허나 길다고 생각하면 길고 걸어온 길은 짧게만 생각된다. 이거다 하고 내놓을 것도 없는 문학이다.

어디선가 이주홍 선생님의 음성이 들려오는듯하다.

"송 선생이십니까. 여기 부산입니다. 언제 안 오시렵니까."

2007